中国民族自治县公共治理优化研究

ZHONGGUO MINZU ZIZHIXIAN GONGGONG ZHILI YOUHUA YANJIU

◎ 赵一君 / 著

中央民族大学出版社
China Minzu University Press

图书在版编目（CIP）数据

中国民族自治县公共治理优化研究/赵一君著. —北京：中央民族大学出版社，2012.3

ISBN 978-7-5660-0162-7

Ⅰ.①中… Ⅱ.①赵… Ⅲ.①自治县—地方政府—行政管理—研究—中国 Ⅳ.①D625

中国版本图书馆 CIP 数据核字（2012）第 031450 号

中国民族自治县公共治理优化研究

作　　者　赵一君
责任编辑　舒　松
封面设计　布拉格
出 版 者　中央民族大学出版社
　　　　　北京市海淀区中关村南大街 27 号　邮编：100081
　　　　　电话：68472815（发行部）传真：68932751（发行部）
　　　　　　　68932218（总编室）　　　68932447（办公室）
发 行 者　全国各地新华书店
印 刷 者　北京宏伟双华印刷有限公司
开　　本　787×960（毫米）1/16　　印张：16
字　　数　220 千字
版　　次　2012 年 3 月第 1 版　2012 年 3 月第 1 次印刷
书　　号　ISBN 978-7-5660-0162-7
定　　价　38.00 元

序

《中国民族自治县公共治理优化研究》是我的研究生赵一君的博士学位论文。现在他的这部书稿经过认真修改后，将由中央民族大学出版社刊印发行，向我索序，我答应写几句话，以表达我的欣喜之情和祝贺之意。

《中国民族自治县公共治理优化研究》以我国民族自治县公共治理优化作为研究对象，从我国民族自治县公共治理现状分析入手，以治理理论为分析平台，将政府主体、市场主体、非政府部门主体、公民个人、文化环境、治理机制、绩效评估和公共产品供给等作为自治县公共治理中的要素，并从多角度来分析这些要素。以期从西方治理理论和西方国家地方公共治理经验中借鉴某些可操作的方案，从而解决自治县公共治理中存在的问题，实现自治县公共治理的优化。

此项研究具有前沿性、挑战性和实用性，同时也不乏创新性。它弥补了国内外理论和实务界对中国民族自治县公共治理优化问题系统研究的不足，具有较高的学术理论价值和现实意义。该书系统地分析了自治县公共治理的概念、内涵，建构了自治县公共治理理论分析的新框架和逻辑起点，提出和解释了自治县公共治理的内部体系和外部体系，并阐述了自治县公共治理体系优化的原则和指标体系；该书还阐明了自治县公共治理的优化就是治理主体、治理文化环境、治理机制、治理工具、公共产品供给的优化，并指出了自治县公共治理各要素优化的途径。

尽管该项研究有投石问路之功，但仍需指出的是我国民族自治县公共治理优化问题的研究是一个综合的学科领域，涉及面广。书中所展现的田野调查资料略显薄弱，且书中所提的有些优化措施也较为宏观，这就需要作者去进一步深入研究。

总之，我真心希望一君能在已有研究的基础上，更加勤勉努力，得出更为厚实和新颖的研究成果。以飨读者！我们期待着！

荣仕星

2011 年 10 月

目 录

导　论

一、选题背景

选择本课题研究主要基于下列四个方面的要素：

（一）西方国家政府改革实践及其取得诸多成效的国际因素

20世纪60年代以来，在西方掀起了诸多声势浩荡、此起彼伏的政府改革和创新运动，如“重塑政府”、“政府再造”、“新公共管理运动”。其所追求的目标就是通过政府改革，创新政府治理模式，造就适应社会变革，更具有回应性和责任感、更具效率和效能、更加透明和灵活，在治理水平、治理方略、服务质量上更具国际竞争力的新型政府。虽然这些运动发端于西方社会，但它所企求的回应性政府、灵活性政府、高效性政府、服务型政府等对我国民族自治县（以下简称自治县）政府的改革和制度创新都具有理论和实践上的借鉴意义。

（二）我国民族自治县社会环境的深刻变化

当前，经过30多年的改革开放，我国的综合国力不断增强，人民生活水平大幅度提高，社会环境发生了巨大的变化。就我国民族自治县地方的社会环境来说，宏观环境上社会主义市场经济逐步建立和完善，经济快速增长，科技文化迅猛发展，社会变革加快，国内国际交往频繁，竞争激烈；微观环境上公民自主意识、独立意识和公民参与意识不断增强，社会结构已从一元化、封闭、凝滞转变为多元与复杂、开放与动态，社会利益格局也从一元化、平均化向复杂化、多样化和多元化转变。这样一个飞速发展的社会对政府所提出的唯一不变的要求就是“再发展”、“再改革”、“再创新”。尤其是既要对中央、省负责，又要对基层各族群众负责的自治县政府来说，其治理模式的改革与创新显得更为必要和迫切。

（三）我国民族自治县政府管理面临的困境

尽管历经多次政府职能转变的机构改革其面临的困境有所改观，但由于仅限于精简机构层面的政府改革，并没有直接遏制自治县政府机构规模的增长，反而造成自治县政府治理能力、服务质量不同程度的衰退，行政成本的增加，重新陷入困境之中。这是自治县政府治理模式与日趋成熟的市场经济运作模式存在较大矛盾造成的。一方面市场经济运作不断受到较多的行政干预，削弱了市场主体在市场生存发展的能力；另一方面，自治县政府治理能力下降，而行政成本却不断增加，财政支出不堪重负。尤其是在全球化、信息化的背景下，这一矛盾还会进一步加剧。另外，目前自治县政府治理模式与 WTO 规则，以及世界各国政府治理趋势也存在较大差距。这就必然要求以长远的目光、科学的态度来探索并构建自治县政府的治理模式，使自治县政府治理更好地适应社会主义市场不断完善的需要，不断增强县域经济实力和竞争力，充分满足县域内社会及多元利益群体的价值诉求。

（四）我国民族自治县政府承担的艰巨任务

目前，我国民族自治县（旗）共有 120 个，人口共计 3472 万人。民族自治县政府与非民族自治县政府面临最不同的现实背景是民族因素、贫困因素和边疆因素。

民族因素就是存在民族问题，反映有复杂的民族关系，有鲜明的民族文化和民族意识；贫困因素主要反映在自治县经济不发达，贫困人口多、与汉族地区的发展差距增大；边疆因素是指一些自治县地处边疆，肩负着边疆稳定与繁荣的重任。

这三大因素造成了自治县的经济发展差距（地区人均 GDP 发展差距、城乡收入差距、城乡公共服务发展差距）、人类发展差距（生活水平差距、生活质量差距）和社会发展差距（教育差距、信息差距、技术差距、医疗卫生差距、交通运输差距、体制差距、观念差距、生态环境差距）。但是，其最大的差距是社会发展差距。面对这样的现实情况，如何改变自治县发展滞后的现状？如何更好地推进民族地区社会、经济、文化的全面发展，并逐步缩小同发达地区的差距，以期达到全国同步的发展水平呢？这些问题事关民族团结、国家的稳定、小康社会的建设和和谐社会的构建等全局性的重大问题，必须认真对待，并加以逐步的解决。

诚然，自治县政治、经济、文化的健康发展，自治县落后状况的改观一刻离不开党和政府的关心，离不开国家政策的倾斜和资金的大力支持。但是，内因决定外因，外因只有通过内因才起作用。自治县地方政府和各族人民群众是民族地区政治、经济、文化发展的内因。只有自治县政府和自治县域内各族人民群众的共同努力，才是自治县地方摆脱贫困，社会经济持续发展的根本动力。尤其是正处于从传统走向现代，人民群众生活由贫困走向日趋富裕，城镇化和工业化步伐日益加快，社会处于急剧变革时代的自治县地方，更迫切需要一个廉洁高效的政府来组织、领导各族群众，以加速自治县地方的现代化进程。因此，非常有必要探讨自治县政府公共治理规律，研究政府治理的科学理论体系和建立适宜的政府治理模式，这是推动自治县地方政治、经济、文化健康发展的迫切要求。

二、选题意义

目前，国内外研究公共治理的理论成果丰富，但系统、专门研究县级公共治理的论著尚难寻找，尤其是研究自治县公共治理尚属空白。实际上，自治县公共治理研究是一个具有重要理论和实践意义的研究课题。其重要意义主要表现在以下三个方面：

（一）有利于探索和构建可资借鉴的自治县公共治理模式

尽管现有自治县公共治理模式弊端突出，但旧有治理模式的影响却根深蒂固，因而要想用新型的治理模式取而代之并非一日之功。新型的治理模式的确立不仅要有理念的提出，更重要的是制度设计。我们认为，任何新的公共治理模式的确立必须有制度基础作保证。因而，本课题研究通过分析自治县公共治理的治理理念、治理体制、治理机制、治理工具的变革创新，试图从中找出规律、发现其中问题的症结，并进行具体的对策分析和制度设计，以构建一套可资借鉴的自治县公共治理模式。这对于理性选择自治县公共治理模式创新的目标，科学设计自治县政府职能，促进自治县政府公共治理质量和效能的提高，都具有十分重要的意义。

（二）有利于自治县政府行政改革理论的创新和改革实践的深化

历次自治县政府的行政改革都没有走出机构“精简—膨胀—再精简—再膨胀”和权力配置上“一放就乱，一统就死”的怪圈，究其原因在于没有对自治县政府的治理模式有一个科学的、系统的认识。

目前，自治县政府的行政改革更多地着眼于宏观即“体制层面”和“结构层面”，局限于政府机构数量的增加与减少及政府职能的调整与转变，关注的热点集中在机构改革、职能转变及政府与企业、政府与市场、政府与社会的关系等问题上，这在研究的广度和深度上还是不够的。只有从理念、职能、体制、机制、方式方法、绩效管理等诸多方面系统地研究自治县政府治理模式的改革与创新，并从自治县政府治理模式改革与创新的实践中，总结出其发展的一般规律，预测其未来发展趋势，才能为自治县政府治理理论的创新和改革实践的深化作出贡献。

（三）有利于促进和丰富我国政府发展理论的研究

政府发展理论或学说是以政府发展问题为研究对象，主要研究政府发展的概念、特征、目标、起点、发展阶段、战略、途径、测定目标、模式比较、动力机制、环境等内容。

目前，政府发展理论逐渐成为一门独立的行政管理学的分支学科。任何理论的创立与发展都离不开社会实践，尤其是与政府管理实践密切联系的政府发展理论，更是离不开政府管理的实践。作为我国重要县级政府组成部分的自治县的政府治理实践也必然是我国政府治理的实践，以及与此相适应而产生的政府治理理论也是我国政府理论发展的组成部分。本选题研究以揭示自治县政府发展规律为最终目的，这必将为丰富与发展我国政府发展理论做出有益的贡献。

三、研究思路与研究方法

本书试图从自治县公共治理现状分析入手，以治理理论为分析平台，将政府主体、市场主体、非政府部门主体、公民个人、社会文化环境、治理机制和绩效评估等看作自治县公共治理中的要素，并从多角度来分析这些要素。在治理理论视阈下重新思考传统自治县政府公共治理，通过个案分析、对比研究的方法，试图从国外地方公共治理经验中借鉴某些可操作的方案，解决自治县公共治理中存在的问题，实现自治县公共治理的优化。

本人采用的研究方法主要有：

（一）文献研究法

民族地区的公共治理是一个复杂的过程，其中涉及政府和非政府等多方面的主体。治理结构中还涉及相关机构的设置、权限划分、协调合作、程序操作等问题。对国内外的相关的文献资料进行搜集和研读，有助于对民族地区的公共治理问题进行全方位多角度分析，进而深化这一问题的研究。

（二）田野调查法

这是本书的较为突出的研究方法，同时也能弥补第一种方法的不足。民族地区公共治理的问题何在？效果如何？需要第一手的资料。并相应地对一些公共治理中的问题进行分析，借此来说明何种治理机制是值得借鉴的，以期达到治理的优化。

（三）比较研究法

由于不同的国家在公共治理方面有着自己的特色，本书通过对比中国和国外有些国家在公共治理方面的优点和差距，来弥补自治县公共治理方面的不足，并提出一些相应的建议。

第一章　治理理论与西方国家治理经验的借鉴

治理理论是近年非常盛行的一种公共管理理论。本章重点讨论治理理论的核心内容，以及对我国民族自治县公共治理的借鉴意义。

第一节　治理理论概述

一、什么是治理？

“治理”（governance）源于古拉丁语和古希腊语的“操舵”一词，原意主要是指控制、指导或操纵，与政府（government）的含义交叉。第一次使用“治理”是在14世纪，作为引导或领导解释。

回顾治理研究的漫长历史，“治理”长期以来主要用于国家公务相关的宪法或法律的执行问题上。在政府治理方面则起源于1989年，世界银行首先使用“治理危机”（crisis in governance），并于1992年发表了“治理与发展”的年度报告。目前，在我国研究治理问题的学者可分为三部分：一是经济与管理领域，主要是研究公司治理问题，已取得大量研究成果；二是政治与公共管理学者，主要从政治和政府角度研究治理问题，从上世纪90年代末期以来这方面的研究方兴未艾；三是城市规划与地理学者，主要研究城市治理与治理问题。需要说明的是，治理的概念起初用于城市环境，即城市治理，主要解决日益复杂的城市问题和城市发展，后来被用于企业层次（公司治理）、国家层次（国家治理）和地方政府（地方治理）上，最新的用法是全球治理，用于解决全球范围的经济社会的发展。

什么是治理？虽然“治理”（governance）这一概念并不是什么新的名词。但是，由于世界观和研究角度的影响，导致不同的学派、不同的人有不同的观点，可谓是仁者见仁，智者见智者。罗茨（R. Rhodes）曾列举出了6种有代表性的定义，斯托克（G. Stoker）认为关于治理有5种主要观点。在联合国和世界银行的各种报告中，治理更被看为好政府或高效政府的代名词。据统计，目前全球研究机构和学者提出治理概念不下200个[①]。在目前世界范围内，无论是理论界，还是实务界都在热烈谈论治理的情况下，有必要对治理的概念和内涵做一梳理。

（一）有关治理的概念

1. 治理是政府的代名词或同义词。这一概念把治理等同于政府，指统治特别是权威指导和控制的过程或行动，强调政府行政部门的有效性。

2. 治理是比政府更宽泛的概念。它是指社会产生权力、权威、影响和制定公共事务和公共生活的决策和政策的过程。治理包含了正式组织（如政府）与公民社会的相互作用。这是与好政府、好统治相联系的概念。这个概念突破了治理就是政府的概念，强调了治理必须包括有公民社会的参与。

3. 治理是一门公共管理艺术。它包括三方面的内涵：政治统治的一种形式；管理国家或组织的经济和社会资源的过程；政府设

① 孙柏瑛：《当代地方治理——面向21世纪的挑战》，中国人民大学出版社，2004年。

计、阐明、执行政策和履行职能的能力。指出治理与公共管理，与政府密切联系的概念。

4. 治理是个人和机构、公共和私人共同管理他们公共事务的方法的总和。它反映的是解决矛盾和寻求共同利益的持续的过程。既包括被赋予权力的正式组织和统治，也包括人们和机构为了利益而形成的非正式安排。此定义突出公私合作与共同利益等问题。

5. 治理是政治、经济和行政权威管理国家的各级事务。它包括公民和社会表达他们的利益，执行他们的法律权力，履行他们的义务，调和他们差别的机制、过程和机构。[①] 这一概念强调治理不仅仅是政府，而是包括各个组织。该概念也强调治理的过程性。

6. 治理好和不好的概念。这一概念为世界银行 1996 年所定义。认为好的治理是可预见的、开放的、开导式的政策制定，法制、透明的政府过程和强大的公民社会参与管理公共事务。不好的治理是以独断的政策制定、非透明的官僚过程、非正义的法律系统、行政权力的滥用、公民社会不能参与公共生活、无处不见的贪污腐败等为特点。此定义突出了好的治理的特征。这个特征涵盖了政策、政府、公民社会等问题。

7. 治理是政府，但又不限于政府的一套社会公共机构行为者。治理是政府这一概念为斯托克（G. Stoker）所定义。认为做好事的不仅仅依靠政府；强调组织的自主管理，强调权力的依赖，强调解决经济社会问题的各方的界限和责任的混合不清。

8. 治理是各种公共的或私人的个人和机构管理其公共事务的诸多方式的总和。它为全球治理委员会于 1995 年在《我们的全球伙伴关系》所定义。它所突出的是使相互冲突的或不同的利益得以调和并且采取联合行动的持续的过程。它有四个特征：治理是个过程；治理过程的基础是协调；治理包括公共部门和私人部门；治理是一种持续的互动。

---

① UNDP, Governance for sustainable Human Development, New York, 1997.

9. 公司治理的概念。它是指一国政治经济体系中企业制度安排。这种安排决定企业为谁服务，由谁控制，风险和利益在投资人、管理层、员工和相关利益群体之间怎样分担，以及企业最高领导班子如何构架，如何决策。

(二) 治理的内涵

1. 治理作为一种统治方式是政府统治形式的现代发展

研究者认为，作为治理主体的政府，其作用具有有限性，从而抛弃了政府万能论的神话。要解决复杂的社会经济问题和推动经济发展与社会进步，政府必须依靠非政府组织或第三部门的合作，依靠公民社会的积极参与。政府与公民社会的关系不再是传统意义上的统治与被统治的关系，而是平等合作友好交流的伙伴关系。治理重新界定政府的性质、职能、作用，突出非政府组织或第三部门的作用，模糊政府与非政府组织间的界限，主张把政府与非政府组织看做是解决社会问题、促进社会发展的两个组织。

2. 治理作为一种结构是一种关系即委托代理关系

从委托代理理论的视角看，治理主要是指公民与政府之间的委托代理关系。作为委托人，公民怎样行使监督权，怎样设计可行的良好的机制激励作为代理人的政府更好地为公众服务，减少或避免道德风险（如腐败等）和败德行为的发生。另外，又一层意思指政府内部科层组织内的委托代理问题和机制设计问题，也就是如何使政府组织机构更有效率。

3. 治理作为一种过程是政府的精简与提升

治理是政府的精简与提升，精简就是政府职能和政府组织机构的精干与简练，祛除传统政府机构臃肿、效率低下的通病；提升就是政府管理理念的革新，政府管理新机制的应用，政府管理由一元到多元主体的参与。

4. 治理作为一种机制是对市场机制与政府机制的反思和发展

市场机制作为“看不见的手”，在人类资源配置上发挥着很重要的作用。由于存在信息不对称、垄断、外部性、公共物品、人们的私欲与贪婪等原因，导致市场机制的资源配置作用不能有效地发挥作用，产生人们常说的“市场失灵”问题。市场失灵的发生为政府干预提供可能和唯一的原因。但信息不对称、政府公共部门的官僚主义和低效率、政府机关工作人员的经济人特性等原因，也可致使政府失灵，而且“政府失灵”比“市场失灵”有过之而无不及。治理的出现正是为了克服政府失灵与市场失灵，寻求在日益复杂的环境中人类如何进行可持续发展。政府、市场、非政府组织、公民社会相互作用，相互影响，相得益彰。一方面，市场发挥基础作用；另一方面，政府协调和公民社会积极参与，共同促进人类社会经济的可持续发展。

5. 治理作为一种理想追求

治理是顺应了当代人类社会对科学与民主的追求，是世界范围内科学与民主潮流发展趋势的有机组成部分。它是新自由主义的产物，非常重视和强调个人的参与、个人充分的自由和个人能动性的发挥。因此，没有民主就没有治理，没有公民社会的充分参与就不可能产生好的治理。①

二、治理理论产生的社会背景及其理论来源

治理理论的产生是对全能主义政府管理存在问题的反思和变革。所谓全能主义政府是西方发达国家20世纪初期为应对自由放任主义行政导致市场垄断和失灵而发展起来的管理模式，其初衷的目的在于弥补市场之不足。

从20世纪30年代中期开始，政府经济社会等职能大规模扩张。经济职能的扩张表现为政府对市场和社会经济生活的大规模干预，其主要标志是凯恩斯主义的盛行和政府规制的丛生；社会职能的扩张在欧洲表现为20世纪40年代后期开始的建立“人民社会主义”和“福利国家”的努力。

① 踪家峰：《城市自治研究》，南开大学博士学位论文，2002年。

治理理论的理论来源主要有以下几种：

（一）新公共管理理论

新公共管理理论的主要观点是：1. 政府的管理职能应是掌舵而不是划桨。2. 政府服务应以顾客或市场为导向。3. 政府应在公共管理中引入竞争机制。4. 公共组织和私营组织的管理在本质上是相似的，政府应当借鉴私营部门行之有效的绩效管理、人力资源开发等管理方式、方法和技术。

（二）公共选择理论

这一理论形成于20世纪60年代，其代表性人物有布坎南、布莱克、罗尔斯等人。该理论注重运用经济学方法来研究政府的管理活动及各个领域公共政策的制定和执行，关注政府与社会的关系，强调个人自由和市场的作用，主张放松市场与社会管理。

（三）新自由主义理论

新自由主义理论的主要观点包括：1. 反对国家干预。国家干预会制造更大的不平等，会导致资源配置效率的低下和资源的浪费，扼杀个人的自由和创造潜能。2. 私人企业制度和自由市场制度是目前所能选择的最好制度。自由必须是个人自由原则之上的法律制约和保证。

（四）新制度经济学理论

该理论产生于20世纪60年代，80年代开始广泛流行。代表人物有布坎南、科斯和诺思等人。是经济学的一个分支学派，侧重于对制度的研究。其主要观点包括：1. 制度分析方法适用于所有国家。2. 制度具有创造实现合作的条件，降低交易成本，保护个人自主领域，约束主体的机会主义行为，增进秩序等功能。制度的完善供给决定着一个国家的经济发展速度。3. 只要产权明确，政府不需要干预经济，市场经济就能自发地消除外部性，纠正市场失灵。4. 不同的产权形式会产生不同的经济效益。共有产权状态，其经济成本与收益没有明确边界，外部性最大因而效率最低；国有产权状态，因国家选定代理人对资源使用和收益分配不具备充分权力，且国家对代理人的监督成本又很高，再加上有时国家追求政治利益多于经济利益，因此外部性也大，效率也低；私有产权状态，明晰产权界定带来的结果是外部性最小，所以资源配置效率最高。

三、我国民族自治县公共治理的内涵

（一）自治县公共治理是新形势下自治县政府管理的新探索

20 世纪 80 年代以来，经济全球化和信息化浪潮以前所未有之势席卷世界每一个角落，影响和改变着人类的生产、生活和游戏规则，成为国家和社会发展的重要力量。与此同时，世界范围内的地区化浪潮也风起云涌，分权和多中心治理成为世界潮流的发展趋势。进入 21 世纪不久，我国政府又提出全面建设和谐社会的战略目标，因此，我国社会进入一个重要的社会转型期。这对我国民族地区而言，是一次具有重大历史意义的社会变迁。其主要的特点是：1. 由于是一场史无前例的社会变迁，尤其是政治领域的变迁，可资鉴借的经验教训尚少，各项制度供给都需要政府在摸索中前进；2. 由统治型政府向公共服务型政府的转变过程中，单一化的治理主体不能适应社会变迁的需求，难以协调市场和社会第三方的利益诉求，需要多元治理主体协作共存，以维护社会秩序和谐稳定；3. 市场经济体制的运行变革了以往实行多年的权力和制度构架，许多社会领域在变迁中出现制度的错位和真空，急需寻找全新的社会治理模式。

总之，经济全球化和全面建设和谐社会的战略目标，对自治县发展模式、政府公共管理模式提出了挑战，要求人们探讨适合经济全球化时代潮流和全面建设和谐社会战略目标的我国自治县发展模式，适应社会变迁要求的自治县政府公共管理模式。自治县公共治理就是在这种条件下提出，并需要在实践中被检验着的自治县公共管理的新模式。

（二）自治县公共治理是一个复杂的治理体系或治理结构

自治县公共治理本身是一个复杂的治理体系或结构，它包括下面的关系：1. 自治县公民与自治县政府的关系，主要指其委托代理关系，这是自治县公共治理最基本的问题；2. 自治县政府内部科级组织内的关系，主要指政府内的委托代理关系；3. 自治县政府在多层级政府体系中的关系，主要指自治县政府与乡镇政府，自治县政府与上级政府及中央政府间的关系；4. 自治县政府与非营利组织；5. 自治县政府与营利组织；6. 自治县政府与外来投资企业、跨国公司等的关系。

在经济全球化和全面建设和谐社会的战略目标的条件下，如何形成一个良好的关系氛围，将成为自治县发展必须考虑和解决的问题。

（三）自治县公共治理是自治县政府管理的现代发展形式

自治县县域内的治理实质是，在复杂的环境中自治县政府与其他组织和县域内公民社会共同参与管理自治县的方式。在此过程中自治县政府必须协调其内部、政府与政府之间、政府与市场之间、政府与公民社会及其他组织之间的关系，共同促进自治县的发展和自治县综合实力的提高。从自治县管理到自治县治理，既是自治县政府的深化和现代化，也是自治县管理方式的巨大转变。良好的自治县治理不仅要求自治县政府的效率、有效性、责任性、透明性和回应性，要求自治县政府管理方式的巨大变革，而且要求公民社会的广泛参与和民主意识的增强，要求非政府部门的充分发展和服务水平的提高。

（四）自治县公共治理是非线性的

传统的自治县政府管理强调政府决策是政府组织，而自治县治理则表明自治县政府的决策包括非传统的政府因素，是决策的多元化发展。这种决策过程的转变一方面是传统政府职能的稀释和政府组织的精简；另一方面表明在复杂环境中的自治县发展中，越来越多的自治县治理主体对自治县的一种主动的参与，自治县的兴盛与衰败不再是政府的事，而是自治县发展相关主体的事情。

第二节　治理理论在西方发达国家的实践及其借鉴意义

一、三个发达国家地方政府的公共治理状况

（一）美国地方政府公共治理

美国地方政府公共治理，主要指在地方政府这一层级上的治理。美国的公共权力结构是多中心、分散化的模式，与中国单一的、集权式的公共权力层级制体系不同。因此，美国地方政府与中国地方政府在公共治理方面有着很大的区别：其一，在中国，除了居于金字塔结构顶端的中央政府以外，纵向上从省、市、自治区直至乡镇、街道，横向上覆盖全国的所有层级、任何规模的政府均称为地方政府；而在美国，地方政府是指除了联邦政府和州政府以外的所有政府类型；其二，中国所有地方政府都隶属其上一层级政府及中央政府节制管辖，而美国无论是地方政府之间，还是地方政府和州政府、联邦政府之间，均没有行政隶属关系，实行自主治理；其三，中国的地方政府与行政区划完全一一对应，不存在跨政区的地方政府，而美国人口普查局（U. S. A. Census Bureau）则认定了20个州际实体，其中多数地跨两州，个别跨度更大。如华盛顿大城市区运输管理局作为一个地方政府，即涉及马里兰州、弗吉尼亚州和哥伦比亚特区。①

美国地方政府不仅数量庞大，而且呈现出丰富的多样性和广泛

① 张智新：《试论美国地方政府的结构功能及其构建原则》，载《首都经济贸易大学学报》，2005年第5期。

的差异性。这种多样性和差异性不仅表现在不同州之间的地方政府之间，而且充分体现于同一个州内部的地方政府之间；不仅表现在各种地方政府的名称、规模方面，而且充分体现于其组织结构、功能以及产生和运行方式等方面。虽有差异但在整个美国地方政府体系中还是能够找出一些基本的相似性。①

第一是地方政府的形成基础方面，都是以满足不同的利益团体的特定需要为逻辑前提而形成的。和中国不同的是，美国各州不仅仅设置市、县、乡镇一类的一般目的政府，而且都设有特别目的区（如学区、排水区、防洪区、卫生区以及州际实体和多功能区）。

第二是地方政府的基本职能方面，普遍以提供公共产品和服务为基本职能，并不介入微观经济活动。与中国地方政府以领导经济建设为主要职能不同，美国一般的地方政府如县、自治市、镇等，基本职能是向辖区纳税人提供公共产品和服务，包括教育、卫生、社会保障、公共安全、公共交通、公用设施和公共工程、土地规划和控制、社区环境保护等。美国地方政府也负有推动当地经济发展的责任，但并不直接经营公有企业，也不介入微观经济活动，而是通过提供优质的公共产品和公共服务，为辖区经济繁荣提供良好的外部环境，包括环保、居住、交通、安全等环境。

第三是地方政府的组织运行方面，普遍采用准公司式的治理结构，实现了精干高效、监督有力。美国地方政府的组织结构几乎是复制了公司的法人治理结构。在公司治理结构中，股东大会、董事会和总经理是相互协调又相互制约的关系，由此形成合理的治理结构。在美国地方政府中，选民、市长或市政经理（行政长官）、市政理事会（立法机构）也是相互协调又相互制约的关系，由此形成合理的政府治理结构。选民们投票选举出市政理事会、市长或镇会议的代表，并由他们去聘用市经理或镇经理，由市经理或镇经理对

① 张智新：《试论美国地方政府的结构功能及其构建原则》，载《首都经济贸易大学学报》，2005年第5期。

市政的日常事务行使管理权。有关市镇的重大事项，要由市政理事会或镇会议讨论决定，市经理或镇经理则必须对市政理事会或镇代表会议负责。

归结起来，美国地方政府可以定义为：为满足不同利益群体的共同需求而产生、履行各种不同类型的服务、为数众多的地方单位。① 美国地方政府是由一般目的政府、特殊目的政府及准政府组织构成的互不隶属的"百衲被"式体系，其内部结构、功能等方面存在较大差异。这一体系赖以形成并发展的政治哲学基础是人民主权原则、自主治理原则、司法调控原则、共同利益原则、政治和行政分离原则等。20 世纪 80 年代以来，美国地方政府的改革趋势主要体现在组织形式上的多样化导向、政府间关系的合作化导向、公共产品和服务对象上的顾客导向、纵向权力关系上的分权导向、内部管理上的企业化导向。无论在构建基础还是在改革取向上，美国地方政府对中国行政体制改革特别地方政府治理均有一定借鉴意义。② 从美国地方政府定义中我们能看到在以地方政府为主体的地方治理中所体现出的特点，这些特点在发达国家地方治理中具有一定的代表性。这方面的内容在下一部分将予以总结。

（二）匈牙利地方政府公共治理

与其他市场经济国家不同的是，匈牙利不同水平的地方政府之间没有层级关系，正如法案所宣称的那样，地方政府的基本权利是平等的，所不同的是其承担的任务内容。法律规定地方政府享有的基本权利包括地方政府的法律地位、功能和权力、强制性机构的设立、活动资金的保证或来源、资产管理规则，以及地方政府代表的法律地位、选举程序、权利和义务等。法律还规定，所有的地方政府均要选举出自己的代表实体和村镇长，由他们代为行使地方自治

① 张智新：《试论美国地方政府的结构功能及其构建原则》，载《首都经济贸易大学学报》，2005 年第 5 期。

② 张智新：《美国地方政府：结构、逻辑和改革》，载《江南大学学报》（人文社会科学版），2005 年第 8 期。

的权力。新的地方政府通过选民自由、民主和公平的选举而产生，它们享有许多实质性的权力，如教育、环境保护、民防系统组建等，即使是规模最小的村镇政府都拥有与首都布达佩斯相同的权力，也都享有程度大致相当的自治权。在双层体制中，地方政府由自治政府和县政府组成。自治政府被称为自治性的地方政府，而县政府则被称为地区性的地方政府，首都布达佩斯及其 23 个区享有特殊的法律地位，并具有独立的功能与权力。自治性的地方政府包括村、非县级镇和县级镇政府，它们可以管理其辖区内本应由其所在的县政府来管理的地方事务，并以社区为基层单位提供公共品。特别是，县级镇除了提供必要的公共品外，还为与其有地域关联的地区提供公共品服务。县级镇虽不是县的一部分，但它既需要完成基层和中层政府的任务，又要履行县政府的若干功能与权力。县政府代表中等水平的地方政府，按法律规定，它应完成自治政府不能完成的任务，其职能被限定在提供医疗服务、教育、文化及其他公共服务上。因此，县政府并不是自治政府的上级机构，它不能直接授权给自治政府。自治政府可以较为自由地为地方提供公共品，它们除了承担法律所规定的任务外，也可以处理任何未为法律所限制的事情；而县政府则负责为那些无力提供公共品的社区或覆盖全县大部分地区的公共品供给组织提供财政补贴，同时法律还规定了县政府对某些具有区域特征的公共品也有强制性的提供任务。

匈牙利《地方政府法案》规定了地方政府的基本职责及其履行形式：地方政府有发展地方经济、保护建筑物、住房管理、雨水疏导、防火防灾、维护公共安全、能源供应、增加就业、开设幼儿园、提供公共卫生服务、支持科学与文化艺术活动、举办运动会、确保少数民族权利的实现、为地方居民健康生活方式的实现创造条件等基本职责。此外，地方政府还承担了中央政府委托给它们的任务，包括饮用水供应、小学教育、地方公路建设、公共照明、公墓维修等。这些基本职责大多通过提供公共品而实现。

（三）法国地方政府公共治理

在全球化与欧洲一体化浪潮的推动下，法国从 1982 年开始的地方分权把改革的触角深入到市镇联合体中，制定或修改多项鼓励市镇间联合的法律，并赋予联合体一定的事权和财权，深刻改变了市镇关系。联合体在内、外部两个维度，通过融合各种利益关系，形成与其他地方政府、中央、私人部门、第三部门、欧盟等互动合作的治理结构，从而鲜明地体现了法国地方治理的特色。

在法国，市镇有着悠久的历史。市镇（commune）作为法国的基本行政区划单位始于 1789 年，是法国地方行政体制中历史最悠久的一级建制。漫长的历史已经使这一组织方式逐渐成为地方居民认同感的一部分和法国“共和”与“民主”的基石。

作为法国地方政府的市镇，在早期起到了积极的作用。正是依照民主、共和的原则，通过自主建立的或大或小的市镇，法国人民在政治民主和经济发展的进程中都取得了历史性的成就。从历史的观点看，市镇是基层民众治理的较有成效的地域范畴，也是法国地方治理的重要层级。任何事物都有历史的作用和局限性，由于多种因素的原因，尤其是随着经济全球化的推进，市镇治理体制暴露出许许多多存在的问题。“当代发达国家地方治理运动的兴起，并不是某一个因素影响的结果，而是民族国家面对的一系列内外部环境压力和挑战共同作用的结果。其中，经济全球化对当代地方治理的出现具有重大的影响。全球化的趋势不仅在客观上改变了政府组织的作用、关系模式和运行形式，而且还决定了当前地方治理需要回应的基本问题和完成的基本任务。从某种意义上说，经济全球化浪潮是当代地方治理变革道路选择的直接催化剂。”① 经济全球化是法国进行市镇联合体改革的重要外部原因。其内部原因也是体制方面的，只是在经济全球化背景下问题更突出。内外两方面存在的问题

① 孙柏瑛：《当代发达国家地方治理的兴起》，载《中国行政管理》，2003 年第 4 期。

的是推进改革的原因，也是改革的动力所在。

法国在进行市镇联合体治理改革时也体现出关注民主、公正等理念，进而展开多角度整合的特点。我们不难从市镇联合体的政策制定方面看到其关注基层民主、重视公民参与的举措。市镇联合体在实施政策之前，通过将信息发布于新闻报刊让公民对此发表意见，召开公民会议直接听取公民意见，组织部分公民实地考察等多种方式，将公民纳入民主的决策过程之中。通过这种方式，公民参与不仅使得联合体的基础设施更加适合社区和居民的实际需求，也有利于公共基础设施得到较好的利用和保护，也使政府的政策易于被居民接受，更具有合法性，从而提升了基层治理的有效性。为更好地发表意见和保护权益，公民还可通过自行创立民间社团，组建有关公共政策议题的公民咨询委员会、公民系列论坛等途径参与联合体的公共政策，增强联合体的合法性。

二、发达国家地方政府公共治理的特点

从以上三个西方发达国家地方政府公共治理的相关内容，我们可以归纳出发达国家地方政府公共治理大致具有如下特点：

（一）地方政府有很强的独立性

1. 自我自治性。自治性是现代发达国家地方政府的基础。自治简单地说即自我治理。地方自治就是指国家特定区域的人民，依据宪法和法律的规定，在国家的监督之下，有权自主地决定和管理本地区的公共事务的一种政治制度。发达国家大都实行地方自治管理，地方公共事务由民选的机构按照人民的意愿管理。

2. 独立法人性。发达国家的地方政府都是具有法人资格的自治体，它们享有独立的地位，拥有自己独立的财产、机构、人员和预算，有享受权利、承担义务的能力。

3. 非相互隶属性。发达国家的地方政府虽然有不同层级之分，但不同层级的地方政府之间不存在行政上的等级隶属关系。也就是说，一个地方政府既不受另一个高一层级的地方政府的指挥和领

导，也不指挥和领导另一个低一层级的地方政府。低一层级的地方政府无须服从高一层级的地方政府的指挥，也无须对其负责。各地方政府无论其管辖的范围大小、人口多少，都享有平等的法律地位。

4. 结构的差异性。所谓差异性，是指发达国家地方政府在组织结构和职能结构上存在着非同一性。国外有学者认为，地方政府一词意味着中央政府容忍地方的差异性，也就是说中央允许地方有因地制宜地设置机构、配置职权的权力。他们认为，差异性是区别中央政府与地方政府的重要标志。中央政府对于全国的施政，必须一致，因此一致性是中央政府施政的一项基本原则。而地方政府，尽管必须在国家法律规定的范围内行事，但在同一法律和制度下，所采取的实施办法则可以因地制宜，所以差异性是地方政府的重要特征。

（二）公民的民主意识强

不论是美国、匈牙利还是法国，它们国家地方政府的形成和组建都体现出基层公民较强的民主意识。没有较强的民主意识，基层地方的治理就不可能顺利展开。即使能够推进地方治理，其治理成本也是高昂的。

（三）公民具有较强的自我治理理念

从以上三个国家可以看出，公民的自我治理有着较好的历史传统，并将这一传统发扬光大。公民们自己内心深处就有这种意识：自己的事情首先由自己进行管理，社区的事情由社区内的全体公民进行管理。这种较强的、“分子式”的自我治理理念对于地方公共治理有着重要的作用和意义，当然对各个层次的公共治理也具有重要意义。国家只不过是更高层次的集体，是地方的有机整合而已。

（四）各种自治组织以及第三部门作用较大

因为公民的治理意识强，当就某些共同问题的治理，同政府、其他组织的关系的协调和处理等较大问题出现时，建立组织就成为必然。各种自治组织建立的目的就是维护相关利益，参与治理活动。由于社会的分层、关注等问题的不同、民主的观念认识的差别、利益的诉求等的差异，不同的人参与了不同的组织。这样，治理参与的组织主体多种多样且数目繁多。各种组织的活动频繁，都积极参与各自关注的公共事务的治理。在西方发达国家，第三部门参与治理的热情也较高，在公共政策的制定和执行监督过程中作用较大。

（五）各种治理主体协调有力

在西方发达国家公共治理中，政府、私营组织、第三部门、自治组织都能在治理的过程中关注问题的解决。换句话说，也就是这些治理主体都有着明确的目的导向。再加之它们国家的历史传统和不同地方政府同其他组织的关系，以及组织之间关系的相对融洽、平等，这使得主体之间的关系变得目的明确，协调有力。

三、治理理论对我国民族自治县公共治理的借鉴

任何一种借鉴需要首先考虑的问题就是如何适应本国、本地的实际，所借鉴学习的东西能否解决或改善问题，也就是要进行本土化的思考。徐勇教授认为："尽管治理是在西方社会语境下发展并被赋予不同含义，但作为一个政治学的分析概念对于中国的政治发展也有其独到价值，只是我们必须将这一词汇放在中国特定的历史进程中加以考察。"① 许多学者就治理理论及其适用性提出了多方面的观点。多数学者认为这一理论对中国具有借鉴价值。何增科先生认为，"治理和善治理论作为一种分析框架，对于研究、总结和展示我国改革开放以来政治发展的成就极为有用。"② 并且已有一些学者开始尝试着用治理理论解释和分析中国的实践。但同时也有学者

① 徐勇：《治理转型与竞争——合作主义》，载《开放时代》，2001年第7期。

② 何增科：《治理、善治与中国政治发展》，载《中共福建省委党校学报》，2002年第3期。

指出，治理理论在发展中国家仍然存在有适用性问题。我们认为，治理理论包含许多值得借鉴的理论资源和政策参考的价值，尤其对我国民族自治县的公共管理、行政改革及其行政发展具有借鉴意义。

众所周知，治理理论是基于对全能主义政府管理存在问题的反思和变革。所谓全能主义政府是西方发达国家20世纪初期为应对自由放任主义行政导致市场垄断和失灵而发展起来的管理模式，其初衷在于弥补市场之不足。

从20世纪30年代中期开始，政府的经济社会等职能大规模扩张。经济职能的扩张表现为政府对市场和社会经济生活的大规模干预，其主要标志是凯恩斯主义的盛行和政府规制的丛生；社会职能的扩张在欧洲表现为20世纪40年代后期开始的建立“人民社会主义”和“福利国家”的努力。政府职能急剧膨胀最终使政府陷入全能主义的危机之中。这些危机包括：

一是财政危机。由于政府职能与责任增加，管理成本快速增长，但财力资源有限而又无获取新资源的良策，造成了公共管理上的财政危机。

二是管理危机。政府公共部门的固有特点，如垄断性、权力集中的层级制结构和规则为本的管理方式等，加上庞大政府的规模，致使公共管理失调、失控，官僚主义盛行和政府公共部门效率低下，造成了管理上的危机。

三是信任危机。越来越多的法规限制公民的选择权利和挤压社会的自由空间，公共行政的活动、使命及其运行方式的“合法性”受到怀疑和挑战，造成了公民对政府的信任危机。

这些危机尤其是财政危机的存在迫使人们寻找新的理论支持，并在新理论的指导下进行政府行政体制改革。治理理论就是在这样的社会历史条件下产生的，其目的是解决传统政府管理存在的若干问题。因此，所追求的价值目标，或好的治理（管理），也即“善治”的十个基本内容：合法性、法治、透明性、责任性、回应、有效、参与、稳定、廉洁、公正。这样的目标与我国的行政改革目标是不谋而合，与我国民族自治县行政改革和行政发展一致。治理理论对我国民族自治县的公共治理有如下几方面的指导意义：

（一）借鉴治理理论的治理原则，实现自治县建立服务型政府的目标

最能体现出现代治理理论与传统政府管理理论不同的是法治原则、共治原则、顾客导向原则等。法治原则，要求法律本身具有一种主体性，而不只是具有工具性。如果仅把法律理解为一种工具，那么，这个社会依然是一个人治的社会，而不是法治的社会。法律制定后要严格执行，如果得不到有效的执行，法律就成为一纸空文，立法机关的权威就会丧失。

“治理”与“政府管理”的一个重要区别是主体的多元化，就是要使企业、公民、民间机构和有关群体广泛参与经济社会事务的管理，与各级政府机构进行合作，实现对社会的共管共治。

（二）借鉴治理理论的治理结构模式，实现自治县公共治理主体和谐发展

治理理论重视公共治理结构的调整和优化。公共治理结构主要分为政府管理系统内部结构和政府与非政府主体的共治结构。无论从纵向还是横向结构来看，自治县政府管理系统的内部结构都存在影响治理效果的问题。这主要表现在不同层级的政府之间、同级政府不同部门之间职权（包括财权、事权以及人事权）分配不明晰，调整和优化政府系统的结构将是改革议程中的重点。

在过去几十年里，我国自治县政府经历了一个逐步放权、让权的过程。非政府主体参与公共治理的程度有发展，由长期是一个由政府控制支配一切、政府是唯一主体的单维治理结构向多个主体共同参与的多维治理结构转变。但是，这种共治结构还远远不够完善。主要表现为：1. 治理主体运作不规范，各自发挥作用的范围、方式等缺乏详细明确的制度，导致现行的治理结构不明晰、不稳

定；2. 有关法律制度得不到全面彻底的落实，导致所设计的治理结构难以形成；3. 各治理主体特别是非政府的治理主体不够成熟，发挥作用的能力有限。

鉴于上述表现，为建立和完善政府与各非政府主体协作共治的结构，需要推进已有法律制度的贯彻落实。要继续转变政府职能，放权和让权。特别是要有意识地培育非政府主体，促进其发展。

（三）借鉴治理理论的治理机制，实现自治县治理机制的现代化

建立合理、高效的治理机制对于实现善治十分关键。因此，借鉴治理理论的治理机制，对实现自治县治理机制的现代化非常重要。比如自治县的治理机制应建立和完善以下五种机制：1. 问责机制。建立法规制度，使政府部门及其官员和其他被赋予公共权力的主体有义务向特定主体解释说明其行为，接受后者的质询，对后者的要求作出回应。2. 参与机制。建立制度，使政府以外的各种主体以多种形式，广泛参与治理。3. 公开机制。将公共权力、参与公共事务管理的有关主体的信息和行为公之于众，增加其透明度。4. 监督评估机制。它对于促进公共治理不断改善有积极作用。5. 沟通协调机制。一方面，参与治理的各个主体之间需要沟通协调。另一方面，在治理主体与各利益相关方之间也要沟通协调。只有各方沟通协调，达成共识，善治目标才能实现。

（四）借鉴治理理论的治理手段，改进和创新自治县的治理工具

治理手段是指治理主体用以对治理对象产生影响的工具。在公共治理实践中采用的各种具体手段很多，从强制性的立法限制到潜移默化影响观念和行为的教育引导。学术界和实务界通常将这些手段分为法制手段、行政手段、经济手段、宣传教育手段、绩效评估手段等大类。这些不同的手段作用机理不同，适用情形不同，产生的效果也不一样。近年来，一些自治县也取得了一定的成绩，一些地方和部门在改进和创新治理手段方面做出了不少尝试。但是，总体而言，自治县大多数的治理手段效果欠佳，有的甚至产生了负作

用，影响到社会的稳定和发展。因此，改进和创新治理手段是自治县改善治理议程中不可缺少的内容。

总之，治理理论在于运用各种制度，运用权力去引导、控制和规范公民的各种活动，最大限度地增进公共利益。当然，我们也应看到治理理论产生于西方，并在西方的行政改革实践中应用，其效果有的良好，有的处于试验阶段，甚至也有的使人们产生了质疑。况且，治理理论产生的政治环境、经济环境和人文环境与我国有差距。因此，我们应全面认识治理理论及在该理论指导下西方国家的经验积累。反对全面否定和全盘吸收两种错误倾向，也反对以时机不成熟为借口，过分推迟对该理论及其经验的借鉴。可以在一些领域，一些地区使用治理理论，进行“试验田”建设。总之对于自治县公共事务的治理可以适当引用治理理论，并参考西方发达国家的治理经验从而构建合理的公共权力行使框架。

第二章　我国民族自治县公共治理现状

自治县是我国民族区域自治政治制度的重要内容，其实质是为了实现各少数民族当家做主，充分行使自治权，更好地治理本民族的公共事务而设立的县级地方自治政府。实践证明，50 多年来，自治县在推动县域政治、经济、文化的发展，培养少数民族人才方面发挥了非常重要的作用，也取得了巨大的成就。然而，随着自治县域内社会的变迁，市场经济的日趋健全，公民民主意识的增强，传统的自治县公共治理面临新的挑战。

第一节　我国民族自治县基本情况

一、我国的民族及民族自治地方

我国是一个统一的多民族国家，通过识别并由中央政府确认的民族有 56 个。我国各个民族之间人口数量相差很大，其中汉族人口最多，其他 55 个民族人口相对较少，习惯上被称为“少数民族”。据 2000 年第五次全国人口普查统计，55 个少数民族人口为 10449 万，占全国总人口的 8.41%。[①] 遵照少数民族的民族成分、

① 《中国的民族区域自治》白皮书，2005 年 2 月。

历史情况和聚居地域，我国《宪法》规定在民族平等和自愿的基础上，经过协商确定，在少数民族聚居区建立民族自治地方，实行区域自治。各民族自治地方都是中华人民共和国不可分割的一部分，其行政单位分自治区、自治州、自治县（旗）三级。到2005年底，我国民族自治地方的总面积为611.96万平方公里，占全国国土总面积的64%左右。截至目前，中国共建立了155个民族自治地方，其中包括5个自治区、30个自治州、120个自治县（旗）。根据2000年第五次全国人口普查，在55个少数民族中，有44个建立了自治地方，实行区域自治的少数民族人口占少数民族总人口的71%。同时，中国少数民族聚居地域较小、人口较少，并且分散，不宜建立自治地方但相当于乡的少数民族聚居建立了1173个民族乡，作为民族自治地方的补充形式。11个因人口较少，聚居区域较小，而没有实行区域自治的少数民族中，有9个建有民族乡。

二、我国民族自治县的基本情况

（一）治理对象不同

自治县的治理对象是非汉族的各族群众，他们在知识水平、价值观念、风俗习惯、宗教信仰等方面不同于发达地区的汉族。如受教育水平，中国少数民族人口受教育程度参差不齐，除个别民族如朝鲜族、满族、蒙古族等民族高于全国平均水平以外，其余绝大部分都相对较低。

（二）治理环境不同

1. 地理环境不同。中国少数民族聚居区大都山高谷深、戈壁纵横、严寒干燥、土地贫瘠。在西南，高原、山地约占全国土地面积的90%，如广西是“八山一水一分田”，云南、贵州是“九山半水半分田”，三省区有相当部分地区属于“老少边山”地区；西北的宁夏、内蒙古、青海、新疆、甘肃五省区则干燥少雨、黄土密布，再加上滥伐森林、破坏植被，水土流失严重。面对这样恶劣的自然环境，其治理难度可想而知。2. 经济环境不同。相对于汉族地区，民族自治地方生产方式落后、经济发展水平低。3. 文化环境不同（包括宗教信仰）。各少数民族的衣、食、住、行都有自己的特点，有自己独特文化。我国是一个多民族的国家，又是一个多宗教的国家。全国 55 个少数民族都有自己的宗教信仰，除普遍信仰原始宗教外，还信仰佛教、道教、伊斯兰教、天主教和基督教。有些民族如傣、回、藏、布朗几乎全民信教。另外，少数民族地区少数民族众多，在长期的发展中，形成了大杂居、小聚居的局面，且各民族都有自己特有的语言文字、风俗习惯和宗教信仰，形成了具有浓郁个性、各不相同的民族风格、气质、理想和伦理。民族自治县政府必须细心谨慎地处理好民族地区的宗教问题、民族问题，求同存异，保护和弘扬各民族的文化传统，促进民族关系的和谐。4. 国际环境不同。在中国，实行民族区域自治的地区大都处于边疆地区，民族成分复杂、宗教信仰浓厚、跨国民族众多、有漫长的边境线。在全国 138 个边境县中，112 个属于民族自治地方，居住在边境地区的少数民族有 30 多个。与非民族地区地方政府不同，边境地区少数民族地方政府还承担着维护边境安全稳定、祖国统一、巩固边防的重大责任，作为民族地方政府必须谨慎处理民族问题。因而对自治县政府来说，其任务更为艰巨而复杂。

（三）拥有的权力不同

民族地方政府作为自治机关，它被宪法和法律赋予了一些特权，即在民族自治地方行使自治权。

自治权的内容包括：制定自治条例和单行条例；安排管理地方经济；安排使用地方财政；使用一种或几种语言文字；依法组织地方的维护社会治安的公安部队；管理和发展本民族文化事业。非民族地方政府是没有这种自治权的。

总之，少数民族自治县与其他地区相比，在地理区位、经济发展、社会发展、文化发展，宗教信仰、自然条件等方面存在着特殊性。这种特殊性使民族地区社会各个方面的发展呈现出自己的特点。正因为这种特殊性，自治县在县域内公共治理中有着特殊的要求和治理的重点。

第二节 我国民族自治县公共治理状况

——以河北大厂回族自治县为个案

一、大厂回族自治县基本情况与公共治理取得的成就

河北省大厂回族自治县于 1955 年建制，建制前是隶属于另外一个县的民族自治区（相当于现在的乡镇级）。大厂回族自治县面积 176.3 平方公里，全县下辖 17 个乡，75 个村。2004 年总人口 11 万 1686 人，其中回族 2 万 6863 人，占 24.05%；绝大部分为汉族，占 75.65%左右；其他为满、蒙、壮、苗、藏、布依、土家族、锡伯等少数民族。[①] 建制 50 多年来，各族人民之间和睦相处，共同为大厂回族自治县经济社会的发展做出了巨大的贡献。

大厂回族自治县经济社会的发展所取得成就主要表现在以下几方面：

（一）经济发展取得显著成就

依照《民族区域自治法》第十九条规定，结合大厂回族自治县实际情况，大厂回族自治县人民代表大会制定了自治条例，该条例于 1990 年 4 月 15 日大厂回族自治县第十届人民代表大会第一次会议通过，并于 1990 年 6 月 20 日河北省第七届人民代表大会常务委员会第十四次会议批准。条例的通过和实施更加推动了大厂回族自治县经济社会前进的步伐，取得了快速的进步和辉煌的业绩。

大厂回族自治县经过五十多年的发展，特别是 1986 年以后，各族人民在党的领导和民族政策推行下，以小县图强有作为的不懈

① 资料来源：《大厂回族自治县县志》。

努力，使该县的经济发展取得了辉煌的成绩。从以下例子和一组数字能看出所取得的进步。地区生产总值：按可比价计算，2004年达到15亿5534万元，是1985年4749万元的33倍，是1955年1782万元的87倍，是1949年1355万元的115倍。财政收入：2004年达到1亿2616万元，是1985年852.3万元的15倍，是1955年64.5万元的196倍。粮食生产、农业产值和农业生产条件得到了全面的提升。全县工业企业2004年达到3166家，是1985年的1.89倍，是1955年的3.66倍，创造产值50亿3048万元，是1985年的57倍，是1955年的1万6227倍。农村年人均纯收入和职工工资都得到了很大幅度的提高；2004年，城镇居民人均可支配收入达8994元。农村居民人均纯收入达4829元，比1955年的57元增长了83倍。城镇化水平逐步加快；城乡居民存款2004年达到11亿7906万元，是1985年的78.48倍，是1955年的地1万2678倍。全社会固定资产投资也有了大幅提高。

（二）文教事业蓬勃发展

50多年来，自治县教育、文化、卫生、交通、邮电等事业蓬勃发展，取得了很大成就。

首先，教育水平明显提高。2004年末，全县学校总数为49所，教职工数也由1955年的271人发展到2034人。乡镇中心校、中心幼儿园、高中教育园区、国家民委基础教育示范基地等相继建成，基本普及了学前教育和高中教育。

其次，医疗条件明显改善。2004年末全县医疗机构为9家，农村医疗卫生网点135家，每千人拥有医生数为3.8人，而1955年仅为1人。

再次，交通事业发展迅猛。2004年全县汽车拥有量1万1294辆，而1965年之前还没有一辆汽车，公路通车里程由1978年的54公里增至158公里。2003年以来，该县在城乡公路建设上累计投资2亿多元，全面改造了主要路段，全县95%以上的村实现了“村村通”。

第四，文化事业硕果累累。全县以文化馆、文化广播站为中心，形成了专业、业余、全民参与的县乡村三级群众文化网络。建起2个宣传文化示范乡和8个示范村，40%以上的村有民间艺术组织，农村共建图书室82个。作为全国文化战线一面旗帜的县评剧团把舞台搭进了全国20多个省市的城乡农村，创演的节目囊括了文化部“文华奖”、“曹禺戏剧文学奖”等国家级大奖。

（三）民族关系团结和谐

平等、团结、互助的民族关系，回汉人民一家亲。这是大厂回族自治县社会经济发展的一项“制胜法宝”。这些成就的取得是正确的政治路线、思想路线、行动路线的结果。历届县委、县政府和各职能部门团结全县各族人民，在不同的时期有着不同的工作中心和目标，全县人民的共同努力，取得了丰硕的成果。

二、大厂回族自治县县政府及职能部门在公共治理中的作用

作为一个民族自治县，大厂回族自治县认真执行国家的政策和《民族区域自治法》以及县自治条例的有关规定，在全县的经济社会建设中各自发挥了作用。在全县公共建设和服务的过程中，本人将关注以下这些公共治理主体：县政府及其职能部门、社会组织和人民团体、村民（居民）自治组织等。具体到县政府主要涉及经济建设和公共服务的提供方面。鉴于县政府及其职能部门涉及工作面太广，本人就深入调查时所获得的资料以及较为重要的内容予以整理、总结。

（一）抓住经济发展核心

作为大厂回族自治县公共治理中的核心主体，县政府在决策、协调、指导职能部门以及全县的各项工作中确实起到了“火车头”的作用。在宏观指导方面，大厂回族自治县政府确立了县国民经济和社会发展“十一五”计划及2010年远景目标，其指导思想是：牢牢把握经济建设这个中心，以发展为主体，以结构调整为主线，

以改革开放和科技创新为动力，以提高人民生活水平为出发点等等。[①] 我们可以清楚地感觉到县政府的决心和发展目标。

（二）重视民族、宗教工作

县政府始终牢记民族问题无小事。关注民族问题，把民族工作做深、做细、做实。

县政府始终坚持执政之道，贵在实干。从人民群众最现实、最关心、最直接的问题抓起，多办得人心、暖人心、稳人心的好事、实事。把好事办实，把实事办好，使人民群众深切感受到党和政府的温暖，“金杯银杯不如老百姓的口碑，金奖银奖不如老百姓的夸奖”。才能始终得到人民群众的支持和拥护。

县政府全面落实党的宗教政策，人民群众享有宗教信仰的自由，宗教活动依法有序进行。县委、县政府积极引导宗教界人士、信教群众参与社会主义政治文明、物质文明、精神文明建设。每届县人大代表、政协委员中都有宗教界人士，他们活跃在自治县的政治舞台上发挥参政议政、民主监督的职能。县政府和民宗局重视民族宗教干部队伍和教职人员队伍建设，坚持宗教教职人员“季度上站”培训，对教职人员进行民族宗教政策、法规、爱国主义、社会主义和时事政策教育，增强党和政府同宗教界的密切联系，提高宗教界人士的法制观念和独立自主、自办方针的认识。县宗教管理部门依法每年对宗教活动场所进行年度检查考核，检查考核内容包括驻寺阿訇的理论政策水平，依法管理、依法传教能力，遵守国家法律、法规和财务管理、收支情况等，使清真寺寺管会、驻寺阿訇提高了依法治寺、依法传教的能力和水平。着力培养年青一代爱国爱教的伊斯兰教教界人士。采取自己培养和向中国伊斯兰教经学院输送的方式。全自治县 30 名阿訇，绝大多数都是年轻人。这些年轻阿訇爱国尊教，具有一定文化和经学水平，能把党的宗教政策和国家法律、法规贯彻到日常教务中去，受到了各级领导和信教群众的

① 资料来源：《大厂回族自治县县志》。

好评。

大厂回族自治县政府还注重引导宗教与社会主义相适应。有关部门为宗教界人士定期举办时事政治、政策理论、宗教知识等学习班。广大宗教界人士积极响应党和政府的号召，挖掘宗教中的积极内涵，利用各种场合、各种机会向群众宣讲教义中与中华传统美德、当代法律法规、科学文明生活方式相一致的内容。

（三）加强公务员自身建设

自治县政府的工作能否顺利展开以及效果如何，关键是要建设一支高素质的公务员队伍。

关于公务员队伍的建设所取得的成绩主要表现在以下几个方面：

1. 激励机制开始运行。从1994年起，国家对公务员进行年度考核。1995年圆满完成了首次国家公务员考核工作，共有1073人参评，共评出优秀等次186人，占17.3%，合格887人，占82.7%。2004年度国家公务员年度考核工作中，共有870人参评，共评出优秀等次147人，占17%，合格等次721人，占82.9%，基本合格等次和不合格等次各一人，占0.1%，试用期未定等次12人。从1996年开始，采取手册考核的形式，实行旬记实、月分析、季小结、半年初评、年终总评的考核办法。

2. 培训工作开始步入正轨。政府先后开展了行为规范培训、普法培训、计算机等级培训、WTO知识培训。1998年组织17个局、委、办35名学员参加了首期国家公务员计算机等级应用能力培训，1998年组织任职培训138人。2003年对全县政府系统28个单位的500余名国家公务员进行了教育培训。

3. 廉政约束机制发挥作用。1994年以来，共有18名公务员分别受到不同的纪律处分。进一步提高了公务员的自律意识。通过对公务员管理的制度化建设，使公务员树立了正确的执政观念，使每一个岗位都有合适的人员，为政府行政能力的提高提供了保证。

（四）提供农业信息和服务

自治县政府办协同农业局、畜牧局等职能部门，每年就农业生产、病虫害防治，农产品加工等问题进行指导。为农业生产提供很多的信息，同时为农村个体户提供贷款，促进农业产业化进程，推进公司加农户产业链建设，等等。

（五）社会保障工作

对于自治县政府及其机关来说，关心县域内的弱势群体，是创建和谐社会，保证各民族共同发展的环境保障。在这一方面，政府及其职能部门就农村和城镇五保户采取了一系列措施。

1986 年以来，政府全面贯彻国家社会福利政策，大力发展社会福利事业，建立健全福利机构，增加资金投入。县城建的光荣院，设施齐全，环境优美，有会议室、娱乐室、医务室、健身房等。农村建有敬老院。农村五保供养工作，以深化改革、分类指导、巩固完善、稳步发展、全面落实五保供养政策为指导，对农村鳏寡孤独及无儿无女的残疾人在吃、穿、住、衣、葬五个方面进行全面供养。同时大力提倡乡办敬老院，有条件五保老人在坚持“入院自愿，出院自由”的前提下实行集中供养。“自 1986 年，全县共供养五保对象 1143 户次，1263 人次；其中入住敬老院五保对象 828 人次；入院率达到 69.2%”[①]。表 2－1 是有关“五保户”的开支情况。

表 2－1　1995 年至 2004 年“五保户”开支情况（单位：户、人、元）

年度＼项目	户数	人数	人均费用	总费用
1995	69	76	780	59280
1996	60	65	951	61815
1997	54	62	990	61380

① 资料来源：《大厂回族自治县县志》。

续表

项目 年度	户数	人数	人均费用	总费用
1998	53	59	1096	64664
1999	53	58	1102	63916
2000	45	51	1068	54468
2001	48	52	1114	57928
2002	45	54	1118	60372
2003	45	54	1142	61668
2004	46	53	1156	61268

1997 年，国务院下发《关于在全国建立城市居民最低生活保障制度的通知》，县政府也下发了《农村最低生活保障制度暂行办法》和《城镇居民最低生活保障线实施办法》，1998 年开始实行最低生活保障制度。1998 年至 2004 年全县共保障城镇低保对象 1004 户次，2264 人次，发放低保金 154 万 7769 元；共保障农村低保对象 2681 户次，6538 人次，发放低保金 52 万 5321.2 元。表 2－2、2－3分别是农村低保和城镇低保开支情况。

表 2－2 1998 至 2004 年农村低保开支情况（单位：户、人、元）

项目 年度	户数	人数	总支出
1998	37	94	9195
1999	76	181	18710
2000	181	552	40104. 2
2001	249	657	42706
2002	285	763	42706
2003	603	1444	127900
2004	649	1513	154000

资料来源：《大厂回族自治县县志》。

表 2-3　1998 年至 2004 年城镇低保开支情况（单位：户、人、元）

年度＼项目	户数	人数	总支出
1998	7	15	1788
1999	9	20	6600
2000	29	41	260152
2001	52	86	60336
2002	119	241	108529
2003	204	485	251512
2004	272	637	483000

资料来源：《大厂回族自治县县志》。

自治县重视优抚工作。坚持“上为中央分忧，下为百姓解愁”的宗旨，强化服务意识，开拓创新，使各项优抚工作均呈现出良好的发展态势。把解决“三难”（生活难、就医难、住房难）工作作为优抚工作的重点，并切实做好。

（六）环保工作

随着经济发展，环境污染日趋严重。政府提出“环境也是生产力，保护和改善环境就是发展生产力”。县政府首先建立健全环保专门机构，进一步加强对环境管理工作的领导。其次狠抓“三废”和噪音的治理，使全县环境得到逐步提高。再次关停污染严重的企业，把好项目审批关。严格执行“三同时”制度，即项目审批同环保、土地、供电等部门相关联。达不到环保要求不予审批。1999 年至 2004 年全县新增工业企业 290 个，全部执行“三同时”制度，大部分排污企业的治污设施都能正常运转。最后，建有环境监测站，配备专业科技人员，对环境质量进行监督并发布空气质量周报。经过多方努力，2005 年 1 月，大厂自治县通过了国家环保总局的相关验收。[①]

（七）法制法律服务与安置帮教工作

1986至2004年，通过多种形式，利用多种渠道，广泛开展法制宣传。县司法局上法制课89场次，出法制宣传栏220期，录制法制节目30期，法律咨询2790次，集中上街宣传260次，悬挂条幅350条，张贴标语500余条，出动宣传车85次，发放宣传资料约8万多份。通过普法教育，不少企业、事业单位学会运用法律手段管理经济，群众个人学会用法律武器维护自己的合法权利，避免和挽回经济损失上千万元。1995至2004年，司法局共录制并播出了青少年法制宣传教育专题节目“社会、家庭、学校”60期，科学研究青少年犯罪的原因、特点及预防措施，有效遏制青少年犯罪发生及预防青少年犯罪，他们通过讲座、实地采访、论谈等形式进行宣传教育，在全县引起了较大反响。

1982年大厂回族自治县自建国资律师事务所以来，律师充分发挥作用，加强法制，维护当事人的权益，并为广大群众排难解忧，促进了经济的发展。1986至2004年底，共办理刑事案件82件，民事案件720件，非诉案件150件，解答法律咨询1548件，代写法律文书850件，接受群众咨询3万余人次，担任20个企、事业单位的常年法律顾问；通过办案为国家、企事业单位、群众挽回经济损失4632万元，避免经济损失1亿1619万元。

1999年增加对刑满释放和解除劳教人员的帮教工作，同年成立了县安置帮教办公室。司法局以对释解人员集中排查清理为重点，强化衔接工作，杜绝脱管和失控现象发生，预防和减少重新违法犯罪的发生。

（八）民事调解工作

1986年全县设人民调解组织151个，调处大量的民间纠纷，避

① 资料来源：《大厂回族自治县县志》。

免许多人民内部矛盾的激化。到 2004 年，全县共有人民调解组织 110 个，配备调解人员 340 人，调解各类纠纷 208 件，劝止群众上访 5 件，防止矛盾激化 2 件，解答法律咨询 658 人次，代写法律文书 108 份。通过人民调解工作，使人民群众学会运用法律知识维护自己的合法权益。

三、大厂回族自治县的社会组织与团体的作用

（一）工会

工会在维护职工合法权益，加强职工之间的联系，开展互助活动等方面起着重要作用。同时，工会还是本单位职工发扬民主，进行自我教育自我管理的好形式。“截至 2004 年底，全县共有机关事业及各类企业数 220 个，建立基层工会组织的 208 个，占应建的 94%，共有职工 1 万 6179，发展会员 1 万 5768 人，占职工总数的 97%。全县共有系统工会 13 个，乡镇工会 5 个，工业园工会 1 个，直属工会 2 个”。[①] 大厂回族自治县总工会举办过多次培训班和技能比赛，提高了职工的思想和科技素质；县总工会通过举办书画展、运动会、文艺晚会等问题活动的形式活跃职工文化生活；还多次参与扶贫济困活动，帮助需要救助的人员。工会还是职工思想汇集的地方，生产与管理中的许多好的建议和方法多由工会提出，工会也切实起到了维护职工合法权益，积极参与自我管理的作用。

（二）伊斯兰教协会

县伊斯兰教协会成立于 1984 年 1 月，设秘书长 1 名，副秘书长 1 名。伊斯兰教协会是县委、县政府联系全县穆斯林群众的纽带和桥梁。主要任务是，协助政府主管部门搞好宗教场所和宗教事务的管理，协助省、市伊斯兰协会搞好宗教教职人员资格的认定，维护教内团结和民族团结。在指引广大信教群众，维护社会安定和民

① 资料来源：《大厂回族自治县县志》。

族团结方面起到了重要作用。

（三）个体劳动者协会

1986年个体劳动者协会成立。主要职权为：讨论决定个体劳动者协会的工作方针和任务；民主协商选举产生个体劳动者协会理事会。个体劳动者协会在规范行业行为，维护自身合法利益方面起着积极的作用。

（四）消费者协会

1986年12月，县消费者协会成立。其主要职责为：向消费者提供消费信息和咨询服务；受理消费者的投诉，并对投诉事项进行调查、调解，就损害消费者合法权益的行为，支持消费者提起诉讼，并通过大众传播媒介予以揭露和批评。消费者协会在维护消费者利益，监督企业的行为，强化、方便消费者维权，督促企业应有责任的履行，造就良好的市场环境等方面起到了重要的作用。

（五）青年志愿者协会

大厂回族自治县青年志愿者协会现有注册志愿者1330名，遍布在全县公安、税务、工商、教育和服务行业。青年志愿者活跃在社会公益、助老助残、维护社会治安、美化环境、青少年帮教等领域。青年志愿者协会成员的活动，一方面，使广大志愿者人格得到了提升，在帮助他人中受到称颂，并为他人树立了榜样；另一方面，青年志愿者的活动给社会中的弱势群体带去帮助和温暖，客观上代行了政府相关部门的部分工作。

（六）村民自治组织

大厂回族自治县每个行政村都完善了村民委员会建设，并注重村委会构成人员中少数民族的比例。村民委员会属于村民自治组织，在具体实践中做了许多工作。一方面推进制度建设，在农村实行“三公开”，即政务公开、村务公开和财务公开的制度；另一方面在上级政府及其职能部门的指导下加快经济建设和基层民主建设。例如开展“五好家庭”、“星级文明家庭”、“十佳文明户”创建活动，取得了很好的效果，受到群众和上级部门的好评。在村民自治建设中也存在一些问题。诸如，上级的强制指导问题，乡村之间的矛盾问题，村级"两委"之间的矛盾问题，等等。在民族自治县，还要关注宗族、宗教势力在村民自治中的影响。对于这些问题要做进一步的研究，并对这些问题加以及时解决，只有这样才能不断发挥村民自治在发扬基层民主、实现村民自我管理等方面的优势。

四、大厂回族自治县公共治理中存在的问题

（一）多元文化的积淀与冲突

在大厂回族自治县，有多个少数民族同汉族杂居，不同的民族具有不同的历史文化渊源。长期形成了各自的风俗习惯和信仰。例如，大厂回族自治县的伊斯兰教于明朝初期随回族的迁入而传入，至建国时县内有回族村 19 个，回族人口 1 万 276 人，他们绝大部分信仰伊斯兰教。这种长期形成的风俗对回族的日常生活产生着很深的影响，这些影响也是回族同胞们的一种意识自觉。以这些风俗习惯等为主要内容的信仰文化与汉族群众的信仰之间会有摩擦。这种摩擦会出现在不同民族的干群之间或不同民族群众与群众之间。在民族杂居区的农村群众之间这方面的问题比较突出。譬如，回族是一个信仰伊斯兰教的民族，其社会生活的方方面面深受伊斯兰教的影响。不尊重回族的风俗习惯不仅仅伤害其民族感情，还伤害其宗教感情。禁猪是回族等 10 个信仰伊斯兰教的少数民族的生活习惯。一些汉族群众在这个问题上或是由于无知，或是出于故意侮辱和歧视，违反民族政策，出现伤害民族、宗教感情的言行，从而引发矛盾甚至尖锐的冲突。

（二）信任危机与公民信仰

在大厂回族自治县出现极少部分村民对个别政府官员和基层领导的信任度较低的现象。究其原因主要存在于经济方面，主要是对

于公平的质疑。例如，一些村庄村民对混乱的村级财务意见很大，期待加大村级财务的透明度。近年来由于大厂回族自治县推行“村财乡管”制度，这方面的问题才有所缓和。另外是关于在具体生产和生活中出现的涉及经济方面的问题。主要有两种形式：一是汉族和少数民族聚居乡、村由于土地划界不清、归属不明，从而引发矛盾、纠纷。二是由于不同民族群众经济交往中出现的问题，如拖账、欠账，企业破产、倒闭，以及由于一些损害少数民族经济利益行为引起的问题等。在经济方面的不平均现象，在农村会使村民由对个别官员的不满泛生到对政府的不满，这些不满的情绪如得不到及时的解决，就会造成社会不稳定。人民在不能寻找到合适的排遣途径，或者这种路径被阻塞时，一小部分人就会出现信仰危机。前些年出现的“法轮功”和在大厂回族自治县曾出现的“门徒会”①等邪教，这些邪教得以存在和发展蔓延，是信仰危机的信号之一。

（三）治理参与主体的缺失

在大厂回族自治县，我们发现对于公共治理，其参与主体相对缺失。由于人们的观念和认识方面的原因，对于公共治理，很多人认为那是自己分外的事情，是当官人的事。很多人只关心自己的经济利益，或者是自己小集体的利益。很少去主动关心公共事务。有一些人之所以参与公共治理，是因为自身利益，尤其是经济利益受到损害。这种不正常的参与公共治理的驱动力，势必影响到公共治理的质量，也不利于公共治理的深入发展和改革。

在公共治理中，政府是核心主体。但在很多情况下政府却在演“独角戏”，政府在公共治理中应该充当的是主角，而其他主体也应积极参与。这样才是公共治理的本意。在大厂回族自治县，一些企业、社会团体和一些组织也能参加到公共治理中来，但表现为不稳

① 最早在大厂回族自治县出现于 1998 年 6 月。创始人是陕西省的季三保，主要宣传“世界末日很快来到，信教上天堂，不信教下地狱”，告诉人们一切靠神的恩赐。造成很坏的影响，引发许多社会问题，后经一系列打击措施，现已不存在。

定地运动式参与，有时会让人感觉到是在跟风，或者说是在追求时尚。一句话，对于公共治理还缺乏参与的制度建设，长效机制建设。总的来看，在公共治理中主体组成结构还有待完善和优化。

（四）治理绩效评估指标的缺乏

在大厂回族自治县的社会调查中，我们发现对政府绩效评估方面从历史的观点看来可以说进步很大。但评估中问题也是明显的。

1. 绩效评估的依据表现出很强的不稳定性

因县级政府所履行的执行性事务较多，所以，对政府绩效评估的依据多是一些“红头文件”。

由于受我国在行政管理上的运动性行政的影响，有些文件就更是变化较快。这也使很关注绩效评估结果的政府官员苦不堪言。据大厂回族自治县一位政府领导抱怨，他们经常是“眼睛一睁，忙到熄灯”。尤其是党政领导，往往是“看不完的文件、开不完的会议、协调不完的纠纷”。据这位领导透露，他们每人都承担有 8 项一票否决和 20 多项负总责的工作。

2. 评估过于偏重于经济指标

经济是基础，但经济不是一切。可在该县，评估指标都是一些县级政府领导耳熟能详的表述。诸如“招商引资”、“GDP 增长率”等经济指标成为考核的最为重要的内容。忽略或淡化了环保、劳保、卫生科技等方面的考核指标。

3. 绩效评估的主体和向度不够科学

在该县所有的领导都关注上级的考核，不注重下级和群众的考评，这主要和现存的绩效考核的主体主要是上级领导和职能部门，考核的向度是自上而下相关。

此外，绩效评估中的规范化、法制化，评估技术的科学化等方面也需要改善和提高。鉴于绩效评估中存在的问题，要通过总结自身问题和借鉴他人经验予以提高。

第三章　我国民族自治县公共治理体系及其结构的优化

公共治理，其实质是一个治理主体之间关系处理和利益博弈的过程。因此，公共治理首要的任务是要对各公共治理主体之间的关系、结构、职责、利益分配进行合理的制度安排。本章将重点讨论的是自治县公共治理主体体系、治理主体之间的结构优化，以及自治县公共治理优化的原则和指标体系。

第一节　我国民族自治县公共治理体系概述

一、我国民族自治县公共治理体系构成

根据各治理主体在自治县公共治理中所处的地位作用，我们将自治县公共治理系统分为内部治理系统和外部治理系统。自治县政府是自治县公共治理的主体之一，也称为核心的主体。自治县政府、自治县区域内的公民、自治县私人营利组织、自治县非营利组织构成自治县公共治理的内部治理体系；而自治县政府、中央政府、上级政府、具有相关利益县级政府、外来投资者等构成了自治县公共治理的外部治理体系。内部治理体系与外部治理体系共同构成自治县公共治理这一复杂的治理系统，如图 3－1：

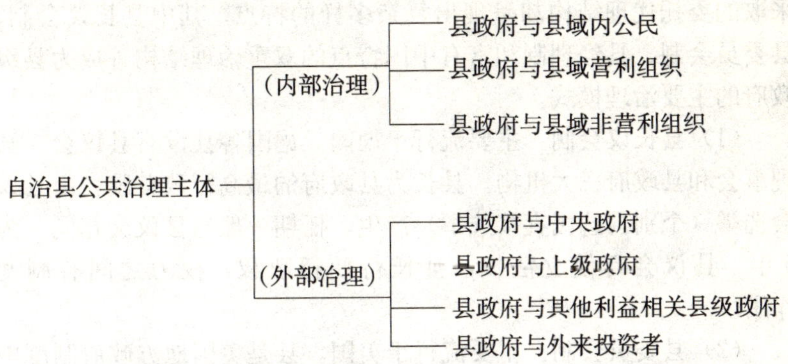

图 3-1　民族自治县公共治理主体结构

自治县内部治理系统主要是委托代理关系，主要解决自治县政府效率和自治县公民的参与治理。而自治县外部治理系统主要是指与自治县相关的利益主体参与自治县发展的过程，主要是解决多级政府体系的关系处理。

二、我国民族自治县的内部治理体系

我国民族自治县公共治理的内部治理体系主要是自治县政府与自治县公民，自治县政府与营利组织，自治县政府与非营利组织的博弈过程和制度演进过程。因此，我国民族自治县公共治理的内部治理体系结构的优化实则是自治县政府与公民、与营利组织、与非营利组织关系的和谐和良好制度的安排。

（一）我国民族自治县政府与县域内公民

自治县政府与县域内公民的关系和利益博弈的过程表现为自治县政府自身的治理、县域内公民与自治县政府间的委托代理关系及组织形式、自治县域内公民自身的发育。

1. 委托代理关系及组织形式

西方三权分立和传统社会主义的集权体制构成了当今世界各国中央所采取的主要治理模式。但综观世界一些国家地方县级政府所采取的委托代理结构却呈现出复杂多样的特点。其中县长议会制、县委员会制、县经理制和富有中国特点的双重治理结构等成为县级政府的主要治理模式。

(1) 县长议会制。主要流行于德国。德国各县设有县议会、县理事会和县政府三大机构。县长为县政府的最高行政首脑，由县议会选举（个别县选民直接选举）产生，任期一般与县议会相同，为5年。县议会行使立法权，县长行使行政权，权力之间有制衡作用。

(2) 县委员会制。主要流行于美国。县是美国地方政府制度中最普遍的组织形式，目前全美大约有3050个县，各县之间差异很大。从面积上看，县的大小相差悬殊，最大的面积达20064平方英里，最小的只有26平方英里；从人口数量看，大的有800余万人，小的只有300个居民。另外，在组织形式上，各县也相差甚远。但是，应该指出的是无论美国县政府的组织形式有多大差别，它们都有两个共同点：一是县政府是以权力一元制为基础，而不像联邦、州或某些市，实行分权制衡原则，美国的县政府是一个兼有立法、行政和司法的地方政府；二是实行县委员会领导县政府的体制。县委员会既是立法机关又是行政机关，全面负责县的各项事务。

(3) 县经理制。美国为了克服县委员会存在政出多门、缺乏统一领导等弊端而推行的这种体制。其特点是县内行政事务的管理权集中于县经理，县委员会主席和县长不能履行任何管理职能。县经理由县委员会聘任，负责领导全县的行政事务和任免各部门的负责人。类似于公司制企业的治理结构。这种制度虽然也有县长，但县长仅仅是一个荣誉职位，而无实权。

(4) 双重县级治理体系。这种体系是独具我国的特色。这种体系的突出特点是党政结合。一方面县长不由选民直接选举，而是由人大代表间接选举产生，负责县内的行政工作；另一方面，由党代表选举产生县委和党的县级领导，县委和县政府负责县的决策，二者职能常有交叉。《宪法》虽然赋予县人大和县政协重要的地位，但长期以来二者的功能未尽发挥，作用有一定的限制。虽然一般情况下县长是中共的县党委副书记，这种体制又包括强书记型和强县长型。强书记型意味着县的中共书记起主要作用，强县长型则突出县长的作用。我国特色的治理结构还有一个突出的特色是政府组成人员实际决定权掌握在中共县委的组织部门或上级中共委员会，即所谓的“党管干部”。

综观世界尤其是发达国家的县治理结构，可以看出县内部的治理是丰富多彩的，而且是处在不断的演进变化中：

（1）县长议会制、县委员会制、县经理制各有其生命力；

（2）无论是县议会还是县长均由选民直接选出，对选民负责。县议会和县长之间是一种制衡的关系，这是西方分权与制衡思想在县政治中的反应；

（3）县政治与县行政分离，县政党的作用很小。但这种范式不包括中国；

（4）县政府治理结构的企业化倾向。地方政府的企业化始于20世纪初发达国家，目的是降低治理的成本、提高政府的效率。

2. 委托——代理问题及其治理效率

在县内部治理中，委托人是广义的县域内的公民，而代理人是县政府；在县政府的科层制关系中，也存在着层层的委托——代理问题。由于信息的不对称性，代理人比委托人拥有更多的信息，委托人的信息拥有处于劣势。县内部治理要解决的问题是：作为委托人或纳税人的公民如何设计一个可行的机制来使作为代理人的县政府更好地为县域内的公民服务，以规避因信息不对称产生的腐败、寻租等行为的道德风险。现代社会找到了所谓“少数服从多数原则”的投票机制。

（1）用手投票机制。即公民通过投票选举的方式来行使对政府的监督权利。发达国家政府普遍采用了这种治理形式。投票作为一种公共选择，有一定的作用边界。这是因为假设选民是理性的，阿罗不可能定理告诉我们，只要超出三种以上的备选方案，就不存在一种可靠的机制将个人偏好转换成符合民主制度要求的社会偏好。而非理性的选民则可以选举出各种各样的政府官僚。所以用手投票虽然作为最重要的机制之一，并具有不可替代性。但其缺陷也是客观存在的。

(2) 用脚投票原则。用脚投票是 Tiebout 于 1956 年最先提出来的，所以我们又把它称之为 Tiebout 原则。Tiebout 原则说明了在存在多个政府或社区的情况下，居民可以通过用脚投票的形式来选择能带给他们效用最大的居住地。而通过这种用脚的选择，公共物品得到最大的配置效率，政府的效率也可以提高。但用脚投票也受到很大的限制，首先居民是自由流动的，没有充分的流动，"脚"就起不到作用，居民充分了解各社区的情况，有足够多的居住地可供选择，等等。实际生活中，完全做到用脚投票是困难的。尤其是以农业为主的自治县居民，同时我国的户籍制度管理也让这种投票原则面临挑战。

(二) 县政府与非营利组织

所谓非营利组织，又称第三部门，它们以服务大众为宗旨，而不以营利为目的（可以营利，但不以营利最大化为追求目标），主要开展各种志愿性的公益或互益活动的非政府的社会组织。

非营利组织主要包括：行业协会、商会、仲裁机构、会计师和律师事务所、咨询机构、资产评估机构、慈善事业、代理单位、信息服务单位等社会组织。

从类别上看，包括社团、事业单位。现代非营利组织的活动较为集中和活跃在六大领域：环境保护、扶贫发展、权益保护、社区服务、经济中介以及慈善救济。

非营利组织的特征：1. 组织性。有一定的组织机构，是根据国家法律登记注册的独立法人；2. 民间性。在组织机构上独立于政府，不是政府机构的一部分，也不由政府官员来主导；3. 非营利性。即不为拥有者积累利润，虽可以盈利，但所得利润用于该组织的使命，而不能在所有者和经营者中进行分配；4. 自治性。该部门有不受外部控制的内部管理程序，自己管理自己的活动：5. 志愿性。在组织活动和管理中都有相当程度的志愿者参与，特别是形成由志愿者组成的董事会和广泛使用志愿者；6. 公益性。即服务于某些公共目的或为公众奉献。

政府与非营利组织的关系表现如下：

（1）非营利组织在经济与社会发展中的作用

非营利组织在西方经济与社会发展中发挥着越来越重要的作用，正在成为继营利组织、政府公共部门之后的第三部门。非营利组织从多方面、各层次上充实、丰富、满足人们经济、社会、文化、娱乐和精神生活。在欧美国家，非营利组织已经发展成为一个庞大的产业，是解决就业的一个重要渠道。

（2）政府从资金上支持非营利组织的发展

政府拨款资助是非营利组织的重要经费来源。如美国各个层次的政府对非营利组织的资助占其收入的31%。另外，各级政府采取补贴、合同、贷款、贷款担保、免税等形式对非营利组织进行直接或间接的补助，这些资金支持是非营利组织发展的一个重要条件。

（3）建立与非营利组织的伙伴关系

在政府与非营利组织的合作关系中以建立伙伴关系为最佳选择。这种伙伴关系的成功由三种因素构成：各主体自愿合作的意愿、真正的公共目的和共同做好公共事务的能力。

非营利组织在公共治理中所起的作用依赖于其自身的不断发展和成熟。现阶段，非营利组织发展速度虽然很快，但作为公民社会的重要依托，其发育还很不完善。非营利组织的发展是公民社会公共精神和公民意识发展的必然结果。非营利组织在参与微观管理，提高公共产品的供给效率，完善社会保障机制，满足社会文化需求等方面发挥着重要的作用。

但是，自治县的非营利组织的发展还面临着一些困难和问题。如一些非营利组织受行政干预过多，官办比例过大；工作方法带有浓厚的行政化倾向，运行效率低下，缺乏主动性、创造性和进取精神，没有服务意识，缺乏应变能力；有的非营利组织工作人员结构老化，专门人才匮乏，难以履行好中介组织的应有职能；还有一些非营利组织违背非营利的原则，为某些个人谋取私利，财务混乱，贪污腐败，不能承担信息沟通、组织协调、公共服务、督促检查等职能，功能扭曲，角色变形，社会公信度不高等[①]。

非营利组织的非独立性和发育的不完善，严重影响其在地方公共治理中应该起到的作用。虽然，非营利组织参与公共事务的治理，具有公益性和志愿性的特点，但是，如果这种自发的参与热情得不到政府的指挥，只能是各自为战，无法形成整体性力量，甚至有可能出现混乱。同时，非营利组织也有自身的利益要求，不能排除其借助于公共事务治理进行投机获利。这就要求政府对他们的参与行为进行引导和监督。因此，非营利组织应由政府授权参与公共事务治理，使之形成一种基于公共治理顺利展开为基础的“委托—代理”关系。

政府作为“委托人”，授予非营利组织一定的权力，让其在公共事务治理中按公众利益要求发挥应有的作用。一方面政府应授予非营利组织一定的权力，同时满足其部分合理要求，从而为其参与公共事务治理提供一种正向激励；另一方面，政府要对其进行严格的制约和监督，防止他们的自利行为。这些权力的授予和制约也需要一个平衡点，授权过大，制约不足，会导致非营利组织的自利行为；授权过小，制约过度，又无法发挥非营利组织的灵活作用，使其丧失参与热情。而问题解决的关键在于政府能否形成对非营利组织的有效监督和制约。因此，政府应制定严格的法律法规来规范制约其行为，增加惩罚性成本；同时，要加强政府对非营利组织的监督作用。这样就可以给非营利组织大胆放权，而不必担心他们的自利倾向。

---

① 金太军：《第三部门与公共管理》，载《公共行政》，2003年第1期。

三、我国民族自治县的外部治理体系

自治县的外部治理体系主要是指自治县政府在多级政府体系中的博弈，解决的主要问题是如何处理自治县政府与上级政府、下级政府之间和自治县政府与其他县级政府之间的关系。这就包括两个课题：一是寻找最佳的自治县政府管涉权范围；二是如何在县域发展竞争中寻求到民族自治县的竞争优势。

（一）权力垂直运行体制与我国民族自治县政府权限

我国中央集权与权力垂直运行的体制决定了自治县政府的权限范围。根据宪法的规定，我国行政层级包括中央人民政府、省级人民政府、县级人民政府和乡镇人民政府四级。但在实践中，我国行政层级存在着中央、省（自治区、直辖市）、（地级）市（自治州、盟）、县（自治县、旗）和乡（镇、民族乡）五级。根据任务取向，可以把组成我国行政系统的五级人民政府划归为三个行政层次。

在权力垂直运行体制中，不同层级政府之间关系存在的问题主要是：以往只强调了上级对下级的指挥与命令、下级对上级的服从，以“办理上级人民政府交办的其他事项”的职责最终代替了其他一切职责；忽视了下级政府所具有的相对独立性，忽视了各级政府职能所具有的不同内容和功能重点。

一般来说，随着行政层级从中央政府向乡镇基层政府的变化，行政层级越来越低，政府职能的全局性、决策性越来越弱，职能的事务性、执行性则越来越强。从实践上说，中央政府和地方政府的职权大的方面是由法律规定的，但在具体划分上还存在着技术空间，还很模糊不清。

第一，处于金字塔顶端的是中央和省级（省、自治区、直辖市）人民政府，也称为政务（executive）层或决策层。主要任务是决定施政方针、路线和基本策略。省级人民政府也应处于这个层次。金字塔顶端的政务层或决策层，强调的是目的取向（ends－oriented），政治性、全局性特点显著，以行政的、法律的手段为主。

第二，处于金字塔中间层次的是市级（市、自治州）人民政府，也称为普通行政（administration）层。其主要任务是规划、协调与监督。在行政权力垂直运行的过程中，中间层次起着上传下达的协调作用，但权力运行的具体内容比较虚。在现代信息社会条件下，组织扁平化趋势越来越明显，市管县体制的作用也开始日益淡化。第三，处于金字塔底层的是县（自治县、县级市、区）和乡镇人民政府，也称为管理（management）层或执行层。其主要任务是面对具体公共事务和公众，运用资源、执行计划以达成政府的任务与目标，负责具体公共事务的处理与执行。处于金字塔底层的管理层或执行层，强调的是手段取向（means－oriented），强调执行政策的具体技术、方法和程序，以经济的、管理的手段为主。在这个层级上的行政权力的运行，只是就具体事务做守据点的执行。

权力垂直运行中的各层级政府之间关系的核心是中央与地方之间的关系。中央与地方关系，一方面，它是属于国家结构形式的范畴，表明的是国家政权的纵向组织形式，并由此形成了单一制或联邦制的国家结构形式类型；另一方面，它又与职能配置密切联系，表明的是中央政府与地方政府管辖公共事务范围和管辖权力的大小，其实质是国家权力的纵向配置，表现为集权或分权，并由此形成了中央集权模式、地方分权模式、集权的分权模式、分权的集权模式。集权与分权始终是一组相对概念，不存在绝对的集权，也不存在绝对的分权。向谁集权或分权、如何集权或分权、集或分什么权、集或分到什么程度才是问题的关键。因此，集权和分权是同时存在、并存发展的两种趋势。

权力垂直运行中的中央与地方权力配置是多种因素影响的结果。具体包括社会的需要（其中主要是经济体制的需要）和国家结构形式。国家结构形式的差异，会导致中央与地方权力配置关系的不同。一般来说，单一制国家中央政府的权力比重要大于联邦制国家联邦权力的比重。除此之外，政治文化传统对于中央与地方权力配置关系有影响。主要表现为，长期政治生活所形成的心理积淀以政治心理或政治偏好的方式反映民众的要求。

经济体制才是影响中央与地方权力配置的最重要、最本质的因素。经济体制的核心内容是经济运行模式和经济运行机制。经济体制对中央与地方权力配置关系的影响，一方面表现为特定的经济运行模式、运行机制影响政治体制的规定性，以及经济体制对政治体制的适应性要求；另一方面，当经济体制发生变化的时候，就会使中央与地方权力配置关系也发生变化。即是说国家纵向权力必须重新配置，以适应变化了的经济体制。

（二）民族自治县发展中的竞争优势

在经济全球化和地区化的发展趋势下，加速了自治县与自治县、自治县与非自治县之间在全国、在本省、在一定区域内的激烈竞争。在这激烈的竞争中，每一个自治县都将面临机遇与挑战。赢取竞争优势，提升自治县的竞争能力是每一个自治县所面临的重要问题。那么，自治县如何来赢取竞争优势？美国哈佛大学商学院迈克尔·波特教授提供了一个城市区域竞争优势的分析模型。我们可以借鉴这一理论来研究自治县的竞争优势问题。

波特认为，一个区域的竞争优势来源于该区域产业的竞争战略、辅助产业的支持、需求因素、生产力要素因素等共同作用的结果。生产力要素条件包括生产力要素的数量与成本，它由生产力要素的数量、专门化水平、自然资源、人力资源、资本资源、政府管理、物质性的基础设施、信息性基础设施、科学技术类设施等组成，而人力资源、基础设施和政府管理水平处于最重要地位；需求因素主要是满足顾客的要求，主要是满足本区域、全国乃至全球性的顾客需要，创造巨大的需求是一个区域产业成长的必要条件，也是一个区域获取竞争优势的捷径之一。企业战略和辅助支持产业的发展涉及更微观层面的问题，需求和生产力要素条件是其健康发展的重要要求。总的说来，波特教授是从产业发展的角度来阐述一个区域（或城市）的竞争优势问题，产业的竞争优势就决定了这个区域的竞争优势。

另一位学者 D. Weber&L. Muller（2000）的观点为赢取区域发展竞争力提供参考。该学者认为，一个区域的竞争优势来源于该区域的人力资源、制度环境、区域禀赋、经济结构等四个因素。通过这 4 个因素的共同作用，一个区域从而获得综合的竞争优势和竞争力。

自治县要获取竞争优势，必须全面、正确评价自己面临的竞争力量与优势。评价一个县域内的竞争优势通常有三种方法：区域经济模型（regional economics）、标尺竞争模型（benchmarking）与 SWOT 分析方法。

区域经济模型以区位理论和要素禀赋为基础，专长于分析区域的经济结构和运输、劳动力成本。常用的分析工具是区位商、专业化测评、最低成本分析、投入产出分析、share 分析等。区域经济分析的优点是精于传统产业分析和成本的调控等，不足之处是区域经济分析在对新经济和新的竞争优势分析上显得不适宜。

标尺竞争模型作为一种范式在评价一个区域系统的地位和绩效中变得越加重要，其困难与关键是要找到具有可比性可学习的标尺县（自治县）。通过向标尺县（自治县）学习来提高县（自治县）的竞争优势。为此，要寻找标尺县（自治县）、建立通向标尺县（自治县）状态的指标体系，以及将自治县绩效与标尺县（自治县）相比较，找出差距，促使政府改善绩效。标尺竞争模型的特点是通过边干边学和持续学习的方法，建立学习型的自治县，以提高自治县的竞争优势。

SWOT（strength，weakness，opportunities，threaten）分析是企业战略分析和区域发展战略分析的重要分析工具。在一个竞争性的环境中，自治县的发展战略关键是要分析、找准自治县所具有的优势（即有无优势、有何优势、是比较优势还是竞争优势等）、自治县所存在的缺点（自治县的经济结构如何、人力资源如何、资源禀赋怎样、制度环境供给怎样），以及自治县潜在的机会和潜在的威胁。SWOT 分析使自治县能在一个充满竞争、环境多变、资源有限的情况下寻找到正确的努力点和方向。它是自治县从内外两方面尤其是外部出发来谋求发展的方式和方法。

D. Weber&L. Muller（2000）提出了综合应用上述三种方法来形成一个区域发展的竞争优势的步骤：1. 决定区域竞争相关的问题；2. 分析区域内的经济结构、专业化程度、劳动力和投资状况；3. 寻找并确定标尺区域；4. 分析区域内的禀赋，包括区域的区位、基础设施等，并与标尺区域竞争；5. 确定经济优势的支柱；6. 评价影响区域发展的外部动力；7. 评价影响区域发展的内部优势与缺点；8. 评价真正具有区域发展竞争性的优势与缺点；9. 制定适合区域的竞争策略，如建立学习型社会、产业群、低成本生产、特殊经济区等；10. 建立标尺、政策指示器和监督机制。综上所述，自治县要获取竞争优势，提高竞争能力可以采取多种行之有效的发展战略：

1. 产业群发展战略

自治县大都是以不发达的农业为经济基础产业，工业发展一直落后。自治县要发展经济就必须根据自身的资源条件发展现代化的工农业经济，并形成一定的产业群。

2. 标尺竞争与学习战略

标尺竞争与标称管理的关键是根据各自治县的特点寻找到标尺县，并建立起动态的、全面学习的机制。

3. 低成本的发展战略

低成本发展战略往往是一个企业赢得竞争优势的法宝，同样也是一个地区、一个政府获得发展竞争力的重要途径。

4. 特殊经济区域发展战略

该战略力图建立与其他县域有别的特殊区域，以吸引高质量的生产要素，促进特殊区域经济发展和整个县域的发展。这些特殊区域包括特殊经济区、特殊行政区、高新产业园区、出口加工区，等等。

第二节　我国民族自治县公共治理体系优化

一、我国民族自治县公共治理主体之间结构模式的优化

如前所述，自治县公共治理主体在自治县的发展中均起到一定的作用，并形成一个自治县公共治理主体相互作用的网络。不仅自治县公共治理主体的内部体系与外部体系之间相互作用，而且各个治理体系内部的构成因素也相互作用。不仅存在自治县政府与其他治理主体之间的博弈，其他治理主体也处于相互作用与博弈之中，如多级政府体系中政府与政府之间，营利与非营利组织之间，县域公民与营利、非营利组织之间的作用与博弈，等等。不过，自治县公共治理更关注的是自治县政府与其他治理主体之间关系的处理，以及由此而产生的与其他治理主体之间关系结构模式的优化问题。

根据传统的政治和行政理论将社会划分为政府和市场两大块，公共管理的相应主题是探求政府与市场之间的平衡。但从治理理论出发，我们可以将自治县的县域社会看成是由政府、市场（也即企业或营利组织）、社会（是指介于政府与市场之间的公民社会与非营利组织，也叫第三领域或第三部门）形成的三足鼎立的局面，它们的构成状况及其相互关系对自治县的社会建设和社会管理具有结构性前提的意义，同时它们又是自治县和谐社会建设的重要组成部分。之所以说它们具有结构性前提的意义，是因为三者的构成状况及其相互关系，为自治县和谐社会的建设提供了一个结构性的总体框架。只有在这个框架下，才能将三者各自有序地加以建设和管理，它们之间的相互关系才能被有序地加以规范和理顺。

作为自治县治理结构的主体，三者遵循不同的行动逻辑。自治县政府主要通过等级控制、垄断性权威和强制性权力来提供公共物品和公共服务；市场通过自由竞争机制、价格机制和利润来配置社

会资源；社会（第三部门组织）则通过道德、志愿、慈善、发言权和集体行动来参与社会治理。我国民族自治县治理的主旨就是在这"三足"的多元互动之中寻求政府与市场和社会之间的动态平衡。也就是说，这是一个多元主体的网络化互动过程，通过互动寻求均衡利益并针对县域内的公共问题形成一致的行动指向；在这一过程中，为了达到共同目标，在相当程度上又要保持各主体的相对自主性和独立性，通过互动确立一套规范行为的正式或非正式的制度安排。

在西方国家，由于选择的模型不同，关于政府—企业—社会领域的核心问题，他们可能得到完全不同的结论。以下四个基本模型代表了政府—企业—社会关系的基本观点。1. 市场资本主义模型。在这个模型中，企业系统可以在相当程度上免受社会力量的直接影响，企业可以专注于解决与市场力量相关的问题。2. 主导模型。在这一模型中，政府和企业主宰着社会中的绝大部分个人和团体。3. 动态力量模型。该模型表示了政府—企业—社会关系是一种相互作用的系统。4. 相关利益集团模型。在相关利益团体模型（the stakeholder model）中，企业处于一系列多边关系的中心，相关的个人集团则被称为相关利益团体，随着时间的推移都将发生变化。

虽然，以上几种模型对于理解目前自治县政府—市场（企业）—社会之间的关系有一定的借鉴意义，但不能完全套用，需要结合自治县现阶段的现实情况有选择地运用。

对于第一种模型来说，强调自治县政府对经济生活的干预降低到最低限度，这一点目前在自治县是不适合的。著名的发展经济学家托达罗指出，行政管理是发展中国家"最稀缺的资源"。有学者认为，目前自治县政府不仅不能退出，反而需要进入很多新的经济和社会领域，并在其中发挥更加积极主动的作用；就现阶段的自治县社会来说，特别是社会福利领域，政府没有不该管的事情；或者说，在任何领域或相关执行过程中，如果缺少了政府，其结果都会不堪设想。鉴于此，现阶段自治县政府发展目标的转型，一定要充分考虑管理的因素，并以适当的方式相应的保留“管理”或与政府管理密切相关的概念，以便向全社会特别是向自治县政府官员发出正确的信号。针对以上问题，从“以公共服务为基本目标”的模式出发，应当将自治县政府发展的目标定位为建设“规制—服务型”政府。

对于第二种模型来讲，该模型由于极不成熟，被许多学者反对。多数学者认为，社会中的复合力量监督和控制着企业和政府的行为，使其符合公众的利益。同样这一模型也与其他国家的企业—政府—社会关系的现实相吻合，包括日本、中国和韩国。这一模型所描述的自治县政府与企业的关系，实质就是“官商一体化”，符合自治县现阶段存在的一些现象，比如我们常说的“官煤一体化”，即“官煤勾结”，实质是官商勾结、权钱交易。主要表现为：政府官员或国有企业负责人在小煤矿入股，牟取非法利益，还有的拿“干股”，分红利；政府官员暗自自办煤矿或庇护亲属违法办矿；政府官员违规滥用审批权，收受矿主贿赂；纵容、包庇煤矿违法生产经营；参与或默许、包庇隐瞒事故。我们知道资本在追求自身利益最大化时会产生资本的外部性，资本的外部性可以由政府权力来纠正；当作为监管者的政府权力和资本的经济权力相结合而成为权力资本后，资本的谋利过程即为权力执行的过程，权力资本的外部性只能由公众来承担。但出现权力资本后，三角中的官商在某些环节出现断裂，导致官商一体化，损害的只能是公众的利益和社会总体利益。也就是说，这是一场零和博弈，不利于社会的发展进步，是不符合和谐社会的要求的，需要改变这种状况。虽然这一模型描述了当前自治县社会存在的某些现象，但这正是在构建和谐社会过程中重点治理的对象。

对于第三种和第四种模型来说，本书认为这两种模型正好反映了当前自治县构建和谐社会的第二个和第三个阶段。从社会治理结构看，构建和谐社会应区分三个阶段。

首先，社会治理结构应该是多行动主体的，这是构建和谐社会的第一步。

其次就是动态力量模型所描述的政府—企业—社会的关系是一种相互作用的系统，这是实现和谐社会的第二步，即形成构建和谐社会的关系基础，也就是政府、企业、社会在这阶段要实现良性互动——善治。

罗茨从过程角度描绘了善治的愿景，他认为只有将市场的激励机制和私人部门的管理手段引入政府的公共服务领域，从而建立以信任和互利为基础的社会网络，形成政府与民间、公共部门与私人部门之间的互动，才能真正形成善治的模式。实现善治的过程实际上就是政府、市场与社会三者关系的动态变动过程；政府放权给市场，就是市场经济要求对资源的配置起基础性作用；政府放权给社会，就是社会要求更多自主权，实行民主政治。

第三个阶段就相关利益集团模型所描述的，企业（市场组织）应该处于多边关系的中心。只有充分赋予公共企业和民营企业的社会主义道德责任，即企业通过运作将所有者的关系和供应商的原材料以及职员的劳动力相结合，生产出产品，通过出售满足消费者的需求。就像相关利益团体模型中描述的，每一个相关利益团体都必须予以考虑，而不是简单地作为增加投资者财富的工具。换句话说，相关利益团体是根据他们在公司中的合法利益来定义的，而不是简单地根据公司的利益来定义。在第三个阶段之所以把企业放在这一多边关系的中心主要有以下几方面原因。

一是因为像第四个模型所描述的，企业进一步发展能够辐射到许多相关利益团体：一级利益团体，像公司的所有者、客户、职员、社区以及政府，也有可能包括其他方面，比如供应商和债权人等；二级相关利益团体，像环境主义者、媒体、学者和批评家、贸易组织，甚至竞争者。从理论角度讲，这是普适性的，不仅适用于西方国家，而且尤其适用于处于社会主义初级阶段的我国民族自治县。

二是因为经过二十多年的快速发展，自治县的人均 GDP 已达到一定水平，初步建立起了社会主义的市场经济体制，经济和社会等方面均发生较大变化。2003 年中共十六大报告提出全面建设小康社会的目标，走新型工业化道路，开始向中等发达国家过渡。这表明我国进入一个新的发展阶段，这个阶段不再以推动经济增长、鼓励一部分人先富起来为主要目标，而是转向维持经济的持续增长，促进经济与社会其他方面协调发展，实现社会普遍受益。

三是因为自治县与发达地区的差距较大，仍然是欠发达的地区。

相关利益团体模型对于构建社会主义和谐社会具有十分重要的意义，但在借鉴的同时，应结合现阶段的自治县情况，尤其是在这一阶段要强调企业的生存基础。需要说明的是，在这一模型中强调企业的中心地位，并不是放任自流，而是要在政府的监管下进行。这是建立在政府职能规范、高效的前提下的。正如毛寿龙先生所说的“有效的政府虽然是发展所必需的，但是国家在经济与社会发展中的中心地位，不是作为增长的直接提供者，而是作为合作者，催化剂和促进者体现出来的。政府通过国家行为直接提供商品和服务以及改善人民福利的做法注定是要失败的，只能依靠市场运作，这样才能实现真正的发展和繁荣，并改善人民福利”。

综上所述，自治县政府，要规范政府职能，明确界定公共权力的职能范围，做好政府应该做的；在新一轮的政府治理中，要正确理顺政府与企业的关系，政府应回归到“掌舵”的位置上来，把属于市场调节的职能切实转移给市场，同时又要不断向私人部门施加各种有利的影响，如为市场提供制度保障和适应的环境，还要对宏观经济进行调控以及调节物质财富的分配等，最终实现政府与市场的最优组合；处理好政府与社会的关系，即政府与第三部门的关系，政府应该主动为第三部门的发展提供有利的政策和法制环境，帮助其获得进一步发展的群众基础和体制空间；实行“政社分开、政事分开”，将社会微观管理的权力还给社会，让位于社会组织，并从制度、法律、政策、资金等各个方面积极支持社会组织的发展。将社会组织发展列入社会发展规划，对不同性质的社会组织实施国民待遇政策，建立和完善税收优惠政策体系，健全与社会组织发展相适应的财政金融支持政策，制定有利于社会组织吸引优秀人才的劳动人事政策，在政府采购及为社会组织的服务付费方面给予政策倾斜。最终实现以企业为中心的政府、企业、社会之间的良性互动，并为和谐社会的构建提供框架性前提。

二、我国民族自治县公共治理体系优化原则

众所周知，自治县治理是否良好必须具备八大因素：透明、法治、合法、回应、有效、高效、参与、责任。这八大因素可以归并为两个原则：

（一）自治县价值的最大化

自治县价值可以解释为自治县各主体效用的折现之和。具体说是实现三个目标的最大化：1. 实现县域经济的持续发展；2. 实现县域社会秩序稳定；3. 实现县域民众需求的最大满足。

（二）交易费用的最小化

自治县治理是一种制度安排，各治理主体以和约方式相联系。这种制度或和约的特点是：1. 信息不对称契约。自治县治理主体间的信息是不对称的，总有一方的信息多于另一方。如自治县政府知道自治县内的公民（居民、村民）的所作所为，而自治县公民（居民、村民）对自治县政府信息缺乏了解；2. 多重委托代理关系。有两种类型：其一，一对多的情况。如政府组织体系中的委托代理；其二，多对一的情况。即一个代理人（自治县政府）、多个委托人（自治县其他治理主体）。

在自治县治理中，与自治县治理的契约特点相对应，自治县治理的交易费可以由以下几方面组成：

1. 签约费用，主要指自治县治理主体间签订契约的费用；

2. 监督费用，主要指委托人监督代理人的费用；

3. 组织运行成本，尤其是自治县政府运行费用；

4. 资产专用的机会成本，公司企业投资于自治县意味着其专用资产于自治县，这种投资具有机会成本性质；

5. 制度变迁成本（组织转变成本）。

三、我国民族自治县公共治理的优化指标体系

定量评价自治县治理是进行自治县治理优化的基础条件，也是进行自治县治理研究的前提。而定量研究的基础是建立自治县治理的评价指标体系。为此，我们从自治县政府运行、从自治县与其他治理主体的相互作用出发，初步建立自治县治理的指标体系，见表 3－1。①

表 3－1 我国民族自治县治理的指标体系

自治县政府	一般部门与核心部门的效率 提高公共产品的能力与数量效率 机构数量、公务员数量、官员数量 公务员薪酬、财政收入 自治县政府机构交叉率 自治县政府绩效控制能力、质量管理程度、透明度 自治县政府行政审批效率 自治县政府直接成本与间接成本 自治县政府的快速反应能力 自治县政府采购率 自治县县长的学习创新能力
自治县政府 VS 自治县公民	自治县县长的声誉度 自治县县民对县长的满意度 自治县政府的开放思维能力与国内国际战略眼光 自治县各部门对顾客的划分与认同 自治县县民的投诉率 自治县资本、人才的外移率 自治县资本、人才的引进率

① 踪家峰：《城市治理研究》，南开大学博士学位论文，2002 年。

续表

自治县政府 vs 自治县公民	自治县政府组织结构的顾客导向 自治县公民参与状况（包括妇女参与程度） 自治县人大、自治县政协等参与程度 自治县村民自治状况 自治县社区发展与作用 流动人口的比率 自治县大学毕业生率 自治县社会资本与网络发育程度 自治县公民满意度
自治县政府 vs 自治县非营利组织	自治县非营利组织的数量 自治县非营利组织的作用 自治县非营利参与提供公共产品的程度 自治县非营利参与公共决策的程度
自治县政府 vs 自治县营利组织	自治县制度环境状况 自治县政府规制程度 自治县私有化率 自治县营利组织参与提供公共产品的程度 自治县营利组织的成长能力 自治县营利组织的满意度 自治县企业家队伍及其创新能力
自治县政府 vs 中央、上级政府	分权程度 中央、上级政府对自治县的贡献率 自治县政府官员与中央、上级政府官员的关系 自治县在国内外的传播程度
自治县政府 vs 多级政府	多中心治理指标 自治程度 竞争优势 合作程度 各级政府管理层级与作用
自治县政府 vs 其他县级政府	与目标县之间的差距 政府运行的差距 创新型资源的差距 制度环境的差距 县长魅力与能力的差距

第四章　县政府作为核心治理主体的优化与政府能力建设

自治县政府是自治县公共治理的核心主体，是自治县经济发展社会繁荣稳定的推动者。因此，自治县公共治理的优化关键是如何把自治县政府建设成为一个高效、廉洁，充满活力的政府。

第一节　自治县政府的特点及其存在的问题

一、我国民族自治县政府的特性

（一）作为一般县级政府的特性

从古到今，县这一级行政建制被赋予最多的是中央政府“执行”功能。像中国这样的大国，中央政府无法全面管理国家的每一个层面，需要县级政府的“县衙门”和“县官”来维持基层社会的秩序，从而维护国家的安定统一。随着县域社会经济的发展，县级政府的政治职能、经济职能和文化职能作用日益凸显，县级政府存在意义不再仅停留于管理的便利性和有效性上，而且作为国家行政管理体系的基层延伸，它既有中央政府与其他地方政府的一般特点，又有优于其他行政层级的显著特征。

1. 在政治上，县级政府是实现社会主义民主的主导者

扩大基层群众自治范围，完善民主管理制度，把城乡社区建设成为管理有序、服务完善、文明祥和的社会生活共同体是我国建设民主政治体系的重要内容。同时，县域社会，尤其是农村社会的民主化程度是整个国家民主体系发展的重要指标之一。农民对民主体系的参与，是我国民主制度得以运转的基石。我国9亿人在农村，农村的稳定与否直接关系着国家的兴衰存亡，而作为农村治理的最主要政治组织——县级政府的行政行为极大地影响着基层组织的民主化进程。

2. 在经济上，县级政府是壮大县域经济的引路者

县级政府处于承上启下沟通城市与乡村、工业与农业、宏观经济与微观经济的中介环节。既是县域经济的决策指挥机关，又是落实党和国家方针、政策的执行机关，其所要担负的职责更为直接，肩负着提高县域经济综合竞争力的重任。建设新农村是我党根据我国现时期农村发展状况做出的一大重要决策，建设目标是要把发展现代农业、繁荣农村经济作为首要任务。为此，县级政府要采取系列措施，如加强农村基础设施建设，健全农村市场和农业服务体系，加大支农惠农政策力度；增加农业投入，促进农业科技进步，增强农业综合生产能力，以促进农民增收为核心；发展乡镇企业，壮大县域经济，多渠道转移农民就业；坚持农村基本经营制度，稳定和完善土地承包关系，按照依法自愿有偿原则，健全土地承包经营权流转市场，等等。一句话，各级县政府要深入挖掘县域经济的潜能和优势资源，坚持从符合本地开发原则出发，带动农民走中国特色农业现代化道路，建立以工促农、以城带乡繁荣城乡社会经济的长效机制，形成城乡经济社会发展一体化新格局。

3. 从文化上看，县级政府是县域文化建设的推动者

文化具有其他社会要素无法取代的作用，具有凝聚、整合、同化、规范城乡社区群体行为和心理重要作用。实施文化发展战略是县域各项事业建设的强本固基之举。我国县域社会的重点是农村社

会。因此，县域文化建设的主阵地在农村。为此，在新农村的建设过程中，如何使农村摆脱文化贫困的现状，如何创办适合农村发展的新型文化，如何强化农村文化的软实力，是各级政府深思的问题。

目前，虽然中央政府采取一系列政策措施，组织开展形式多样的农村文化活动，广泛开展文化科技卫生“三下乡”、加快农村文化基础设施建设。但是，多数农村现今仍然存在公共文化机构运转困难、文化扶贫严重不足、文化投入明显短缺的现象。一方面是中央政府和地方政府资金和人力投入上的不足，更重要的原因是政府引导型文化要想真正被农民接受，作为基层重要治理主体的县级政府要积极培育农民自办文化的理念和机制，采取一系列的制度措施打造农村文化品牌，以此推动农村文化建设的发展。

（二）自治县政府的自治权

依据《宪法》和《中华人民共和国民族区域自治法》的规定，民族自治地方的自治机关是自治区、自治州、自治县的人民代表大会和人民政府。它们在行使同级地方国家机关一般职权的同时拥有自治权。也就是说，自治县政府不仅行使《宪法》第三章第五节规定的一般县级政府机关的职权，同时依照宪法、民族区域自治法和其他法律规定的权限行使自治权，根据本县实际情况贯彻执行国家的法律、政策。自治权主要包括三类：

1. 政治类自治权

包括立法、人事、治安、流动人口管理、计划生育等自治权。

（1）立法权

首先，自治县享有制定自治条例和单行条例权力。自治县人民代表大会及其常务委员会有权依照当地民族的政治、经济和文化特点，制定自治条例和单行条例，自治县的自治条例和单行条例，报省或自治区的人民代表大会常务委员会批准后生效，并报全国人民代表大会常务委员会和国务院备案；其次，自治县政府机关对上级国家机关的决议、决定、命令和指示，如有不适合民族自治地区设计情况的，可以报请该上级机关批准、变通执行或停止执行。

（2）人事管理自治权

自治县政府有权采取各种措施从实行区域自治的民族中大量培养各级干部，各种科学技术人才，采取措施引进人才以及优先招收少数民族人才的权力。现有的120个民族自治县（旗）的人民代表大会常务委员会中都由实行区域自治的民族的公民担任主任或副主任，自治县县长则全部由实行区域自治的民族的公民担任。民族自治县的自治机关所属工作部门的其他组成人员中，依法合理配备实行区域自治的民族干部和其他少数民族干部。

（3）组织公安部队的自治权

自治机关依照国家的军事制度和当地实际需要，经国务院批准，可以组织本地方维护治安的公安部队。

同时自治县政府还相应的享有管理流动人口和实行计划生育的自治权。

2. 经济类自治权

经济综合类自治权的种类很多，主要有以下几方面：

（1）根据法律规定和本地方经济发展的特点，合理调整生产关系和经济结构。

（2）在国家计划的指导下，根据本地方的财力、物力和其他具体条件，自主地安排地方基本建设项目。

（3）在国家计划的指导下，自主地管理隶属于本地方的企业、事业。

（4）依照国家规定，可以开展对外经济贸易活动，经国务院批准，可以开辟对外贸易口岸，在对外经济贸易活动中，享受国家的优惠政策。

（5）根据国家的国民经济和社会发展的总体规划，结合实际制定经济社会发展的规划、目标和措施。

（6）依法保护和改善生活环境和生态环境，防治污染和其他公害，根据法律规定和国家的统一规划，对可以由本地方开发的自治资源，优先合理开发利用。

（7）凡是遵照国家财政体制属于自治县的财政收入，都由自治县的自治机关自主安排使用。按照国家规定，设机动资金，预备费在预算中所占比例高于一般地区。自治机关在执行财政预算的过程中，自行安排使用收入的超收和支出的结余资金。

（8）自治县的自治机关在执行国家税法的时候，除应由国家统一审批的减免税收项目以外，对属于地方财政收入某些需要从税收上加以照顾和鼓励的，可以实行减税或者免税。

3. 文化类自治权

文化综合自治权包括民族教育、民族语言、民族文化、民族宗教、科学技术、卫生体育等方面的自治权。

（1）根据国家的教育方针，依照法律规定，决定本地方的教育规划，各级各类学校的设置、学制、办学形式、教学内容、教学用语和招生办法。在少数民族牧区和经济困难、居住分散的少数民族山区，设立以寄宿为主和助学金为主的公办民族小学和民族中学，保障就读学生完成义务教育阶段的学业。招收少数民族学生为主的学校（班级）和其他教育机构，有条件的应当采用少数民族文字的课本，并用少数民族语言讲课；根据不同情况从小学低年级或者高年级起开设汉语文课程，推广全国通用的普通话和规范汉字。

（2）自主地发展具有民族形式和民族特点的文学、艺术、新闻、出版、广播、电影、电视等民族文化事业，组织、支持有关单位和部门收集、整理、翻译和出版民族历史文化书籍，保护民族地区的名胜古迹、珍贵文物和其他重要历史文化遗产，继承和发展优秀的民族传统文化。

（3）民族自治地方的自治机关在执行公务时，依照本民族自治地方自治条例的规定，使用当地通用的一种或者几种语言文字；同时使用几种通用的语言文字执行职务的，可以以实行区域自治的民族语言文字为主。

（4）保障各少数民族都有按照传统风俗习惯生活、进行社会活动的权利和自由，包括尊重少数民族生活习惯，尊重和照顾少数民族的节庆习俗，保障少数民族特殊食品的经营，扶持和保证少数民族特需用品的生产和供应以及尊重少数民族的婚姻、丧葬习俗等。同时，提倡少数民族在衣食住行、婚丧嫁娶方面奉行科学、文明、健康的新习俗。

(5) 尊重和保护少数民族宗教信仰自由方面，保障少数民族公民一切合法的正常宗教活动。

(6) 自主地决定本地方的科学技术发展规划，普及科学技术知识。

(7) 自主地决定本地方的医疗卫生事业的发展规划，发展现代医药和民族传统医药。

(三) 自治县政府的特性

1. 民族性

民族性是自治县政府最为突出的属性。其具体表现如下：

(1) 自治县政府的重要任务就是建立和发展平等、团结、互助的社会主义民族关系。在自治县，实行自治的民族同本地方内汉族和其他少数民族的关系，汉族同少数民族的关系，以及各个少数民族之间的关系，在民族地区政治格局中具有根本性的地位，也是民族自治地方社会进程中最为重要且最具特殊性的社会关系。民族关系的发展状况直接影响着区域内经济、政治、文化的发展。这就决定了自治县政府的重要职责就是建立良好和谐的现代化民族关系。

(2) 自治县机关的民族化。自治县机关民族化是自治县民族性的重要体现，通过自治机关民族化，自治县推选出本民族的干部，主要使用本民族的语言文字，运用本民族喜闻乐见的民族形式，自主管理本民族、本民族地区内部事务。根据《宪法》和《民族区域自治法》的有关规定，“自治县县长由实行区域自治的民族的公民担任，自治县的人民政府的其他组成人员，应当合理配备实行区域自治的民族和其他少数民族的人员”，还规定“自治县的人民政府实行县长负责制”，这就在自治机关民族化上给予了法律的保障。

（3）自治县政府享有法定的民族自治权。民族区域自治制度是民族自治和区域自治的共同治理模式，“因为经过民族化，民族自治权利才会被尊重”①。

（4）自治县政府行政过程中具有民族性的特色。自治县政府直接面对的是基层少数民族群众，在民族团结的基本国策中，自治县政府扮演着至关重要的角色。它既是国家管理少数民族地区的基层单位，又是少数民族区域自治的中间环节，它不仅受到国家法律法规的制约，也受到地方民族传统的影响。自治县政府在公共政策的制定过程中要考虑本地区的民族诉求，要充分尊重民族文化和民族宗教习俗，其政策导向具有相应的民族性。在政策运行过程中，自治县可以依据本地区的情况对上级决策进行变通执行或者停止执行，重大决策须经各个民族共同协商。因此，作为县一级建制的民族自治县相比其他县级政府具有明显的民族性，这一民族性渗透于自治县政府的政治、社会、历史、文化和群体人格之中，具有根深蒂固的特点。

2. 区域自治性

自治县政府在国家的统一领导下行使其行政权力的同时，也享有行使自治权的权利。但这种自治的权力具有自身的特殊性，是一种集权体制下的有限的地方自治。

（1）自治县政府相对于其他县级政府来说享有更广泛的自治权力，但其前提是在中央政府的统一领导下行使；

（2）根据本地区实际情况贯彻国家法律和政策的一级行政机构。在其自治权的行使过程中，受到本地区经济、文化、生活习惯、人口分布、地理环境和语言文字等方面的综合影响；

（3）由自治县人民代表大会和自治县政府行使的自治权，既有广泛性又有有限性，广泛性是指根据法律规定民族自治县享有各项自治权；有限性是指这些权限是在本民族和本区域内行使并受中央

① 《周恩来选集》（下卷），人民出版社，1984 年，第 268 页。

政府统一领导。

3. 职能双重性

自治县政府担负着两重性的职能，这是它与一般县级政府的主要区别。一方面，它要行使宪法和法律赋予县级国家行政机关的职权；另一方面，它又享有《宪法》和《民族区域自治法》赋予它的自治权。在我国民族区域自治的基本架构中，“自治权”是必不可少的、重要的组成部分。“自治权”既不是由少数民族个人，也不是由他们组成的团体或组织行使的，而是通过自治机关——自治县人民政府来行使的。根据宪法和法律，自治县政府兼具双重法律地位，既是一般地方国家机关，又是少数民族行使自治权力的自治机关。也就是说，少数民族自治县政府既担负与一般县级政府所共有的职能，又担负着作为自治机关所特有的自治权的职能，两者是统一的。自治县政府在行使其职权的过程中，必须要从这一点出发，把两方面的职能有机地结合起来。既不能简单地按照一般县级政府的做法和经验，忽视了特殊职能的发挥；也不能片面地强调特殊职能，忽略了与县级政府相同的职能，把与一般县级政府相同的职能和特殊职能分裂开来，甚至对立起来。否则，会损害民族地区各族人民的利益和国家利益。因而，自治县政府在法律上和行政上是具有双重职能性的特点。

二、政府作为自治县公共治理主体存在的问题

自治县公共管理体制、运行方式，是在传统行政和计划经济体制上形成的。随着社会主义经济体制在自治县的逐渐完善，建设“服务型”政府的目标日逐推进，参照治理理论，结合民族自治县实际，我国民族自治县政府作为公共治理主体一方所存在的问题日益突现出来。

（一）治理组织机构不合理，机构重叠现象严重

尽管我国政府机构几经机构改革，在职能转变、理顺关系、精兵简政、提高效率方面取得了阶段性成果。但总体上看，改革仍然

停留在条块职责权限的划分和机构数量的增减上，而对自治县政府公共治理的组织机构、功能，尤其是县政府公共治理能力作用上缺乏深层的改革，致使目前自治县政府公共治理机构设置上纵向层次多、横向层次多、临时机构多，机构超编，机构臃肿。

（二）政府职能转变不到位，治理职能越位、错位和缺位严重

自治县政府依然没有实现从微观管理职能向宏观管理职能、从直接配置社会资源向间接配置社会资源的转变，从而出现：行政主体急于求成，不按市场原则去配置资源，以自己的意愿包办代替农户和各企业内部的经营活动；一些投资主体本来应该是企业行为，结果由政府承担；培育和完善市场跟不上要求，市场监管力度不够，为农户和企业提供政策、科技和信息支持的功能薄弱，为社会提供公共产品和服务还较差，等等。

（三）治理观念陈旧束缚着行政人员的行为和政府效率的发挥

如“官本位”；管制行政；“人情”行政；封闭行政；因人设职，因职设事；干部能进不能出，能上不能下，能官不能民；公务员旱涝保收，等等。这些陈旧的治理观念束缚着行政人员的行为，也同时成为改革中最大的阻力。如果行政人员不能从陈旧的治理观念束缚中解放出来，树立全新的行政管理观念、与时俱进，行政能力就难以提高。

（四）治理方式、方法上存在以管制为主的治理模式

从建国到党的十七大，自治县与全国地方政府一样，其治理理念经历了从“全能政府”、“全责政府”到逐步放开政府对经济的直接控制、释放经济发展活力，再到“加快形成行为规范、运转协调、公正透明、廉洁高效的行政管理体制”这样一个不断探索和创新的过程。自治县政府治理理念也正在向着科学化、合理化的方向迈进。但是，长期以来由于受计划经济体制下思想观念的束缚和经济发展阶段的制约，自治县政府治理理念明显滞后，政府治理理念并未得到根本的转变。在计划经济时代，自治县政府充当“全能政

府”，与此相适应的是管制型的治理方式。它在经济活动方面最突出的特点就是权力经济、审批经济，政府大包大揽，企业和个人受到政府的严格控制，企业缺乏创业的自主性和创业能力。当然，由于执行对经济和社会的超强管理而在某些方面表现出优越性，对保证集中社会资源办大事，有效地维护社会的秩序和稳定，起到了一定的作用，但其运行结果又使政府陷入了矛盾的境地，管了许多“不该管、管不好、管不了”的事，而许多应该管的事没去管。在市场经济条件下，政府的职能必须从“全能型”转向“有限型”，自治县政府治理理念方式要从社会的控制者转变成社会服务的提供者。

第二节　自治县政府作为公共治理主体优化的路径

一、树立正确治理理念是自治县政府实现优化的前提

（一）人本理念

胡锦涛曾说：“坚持以人为本，就是要以实现人的全面发展为目标，从人民群众的根本利益出发谋发展、促发展，不断满足人民群众的日益增长的物质文化需要，切实保障人民群众的经济、政治和文化权益，让发展的成果惠及全体人民。”他又说“坚持‘以人为本’既是经济社会发展的长远指导方针，也是实际工作中必须坚持的重要原则，是我们的执政理念和要求，应当从现在的具体事情做起，贯穿到经济社会发展的各个方面，贯彻到我们的各项工作去。”这就要求自治县政府的治理活动，始终坚持执政为民，密切联系群众，倾听群众意见，集中群众智慧，使政府的每一项决策和工作符合群众的实际需要。自治县政府要树立服务型政府的观念，通过提供保护生态环境、促进城镇建设等公共产品，为发展市场经

济服务；通过推行政务公开，建立电子政府，为人民群众参政议政服务，为企业和公民提供政策、科技、信息保障服务；通过建立强有力的社会保障制度体系，维护良好的市场秩序，形成公平的竞争环境，为企业提高经济效益服务。

（二）法治理念

民族自治地方基本上都脱胎于前资本主义的各个社会历史形态，人治思想和人治政府的观念根深蒂固，有法不依、执法不严、违法不究、长官意志、族长意志和官僚作风甚于非民族地区。这与科学治理观，保障各族群众的权利是不相称的。因此，自治县政府必须自觉树立法治政府的观念，严格依照《宪法》和《民族区域自治法》规定的权限和程序行使权力、履行职责，实现社会公正。

（三）“小而强”的政府理念

自治县大都经济相对落后，政府财政自给不足。自治县政府规模小，能够降低财政负担。自治县政府规模小，可减少推诿扯皮现象，提高政府管理效率；自治县政府规模小，要随意干预社会的发生率可能会下降，这样有助于自治县公民社会的发育成长；自治县政府规模小，政府运行成本就小，可减轻群众负担。但是，小政府必须以保证其能够承担基本职能为前提。“强”是指自治县政府具有较强的驾驭社会和治理社会的能力，具有较高的理性、效率性和自律性。相对落后的自治县要实现追赶式、跨越式的发展，更需要有一个“强政府”来启动、主导和推动。

（四）有限的政府理念

政府在维护社会秩序促进经济的发展、保护公民的自由和合法财产不受侵犯等方面发挥着不可替代的作用。但是，由于政府能力和资源的有限性与社会事务的无限性之间的矛盾，更主要的是政府的垄断性和膨胀性所可能导致的低效率、腐败和权力寻租，有可能也会使政府成为一种“祸害”。因此，必须改变计划经济时期那种无所不包的全能政府形象，建立“有所为，有所不为”的有限政府。

（五）透明的政府理念

各国行政实践证明，行政公开是约束行政权力、防止权力腐败、建设法治政府的良方。自治县政府必须确立"政务公开"的透明政府理念，自觉接受各族群众的检查和监督。

（六）民众参与型的政府理念

民众广泛的参与有助于满足公民呼声、需要、利益受到关注的期望；能够改进公共政策决策的质量，有助于政策的执行。公众广泛参与对增加政府运行的透明度和强化政府责任具有重要作用；公众广泛参与能增强对公众政府的信任度，能够为一些新型合作关系创造可能性。当然，民众参与必须是在法律和秩序范围内理性、有序地参与，这样才能保证民族地方政府的合法性、权威性和持续性。

二、转变职能是自治县政府实现优化的关键

（一）确定自身角色的理想模式

根据国家和中央的精神，政府改革的目标是"小政府，大社会"。具体到自治县政府是要建立一个"有效政府"、"有限政府"。

"有效政府"，是指以尽可能小的政府投入获得最大的治理效益（包括政治效益、经济效益、社会效益）。其特征如下：

一是最经济的行政组织。即小政府，行政机构具有精简性（精简机构设置和层次）、因事性（机构设置因事而生，因事而灭）、动态性（机构设置不求永久性和静止性，而是随外部条件变化而生存与灭亡）。

二是精干的公务人员。表现在精简的行政岗位和领导职数；精干的人员素质和结构；良好的人员流动机制；公平公开的公务员制度等。

三是最和谐的行政秩序。表现在和谐的内部关系；和谐的行政

秩序及和谐的行政方式；和谐的行政管理方式和手段，行政组织的整体功能和个体功能得到充分的发挥。

四是最权威的行政监督。行政管理要置于宪法、法律、民众和行政对象的监督之下，确保行政的公正性和开放性。

“有限政府”，指自治县政府在维护社会秩序、促进经济的发展、保护公民的自由和合法财产不受侵犯等方面发挥着不可替代的作用。必须改变计划经济时期那种无所不包的全能政府形象，建立“有所为，有所不为”的有限政府。

“有所为”就是政府必须承担起其应有责任，管好那些市场力量和社会力量管不了、也管不好的社会事务。同时，政府也应坚决地有所不为，以免干扰、破坏正常的社会经济秩序。但是，这种有限政府与西方“守夜人”的政府角色不同，它是在目前民族地区市场经济发育水平低、社会自治能力较差的情况下作用的，在促进自治地方社会主义市场经济体制的建立和完善，创建平等竞争、公平有效的环境和秩序方面承担着更多的责任。

自治县政府要实现“有限政府”的建设目标，关键要处理好政府的定位：

1. 政府执行定位。自治县政府是地方政府层级中第二环节，它始终是在中央政府的控制下，授权执行国家在地区内的目标任务，保证中央政府对国家意志承担的责任。执行的权力、权限是国家和中央政府以法律、法规规定的范畴，是国家、中央政府的有关全国公众事务的要求。它必须明确国家意志、国家利益的重要性，明确国家和地方、整体与局部的关系，明确地方政府历史和现实的责任。对国家、中央政府的法律、法规、政策的授权执行不能采取“实用主义”的方法，更不能阳奉阴违，搞“上有政策，下有对策”。如果，这样就会造成地方局势的不稳。

2. 政府独立定位。所谓独立，是指在国家对地方政府职能、权限和行为约束的法律准则基础上的独立。也是针对自治县地方政府存在“依赖惯性”的情况而言。事实证明，东、西方地方政府的独立性与依赖性所产生的行政治理效果是不一样的，一般地方政府行政治理思维与行政治理行为独立性越强，地方的社会、经济、文化发展越发达，公众富裕程度、生活水准也越高。而“依赖型”地方政府的行政治理思维、行政治理行为，不仅地方社会、经济、文化和生活水平落后低下，甚至影响到整个国家的发展水平。前苏东解体和失败虽说由众多原因所致，但其中地方政府没有独立性，对中央政府的依赖是一个重要的原因。因此，在地方治理过程中，地方政府必须彻底排除“依赖”的恶习。尤其是民族自治地方政府更要如此。

由于中央政府对少数民族自治地方实行民族照顾政策，特别是在财政上对民族地区的大力援助，这些照顾政策在民族地区群众和干部中渐渐形成一种依赖心理。这种依赖心理包括两个方面：

一是民族自治地方政府对上级政府和中央政府的依赖。为了得到援助和照顾，个别地方政府还专门成立“跑款小组”，有困难就去找上级和中央，如找扶贫资源，而扶贫资源的拨付有一定弹性，在某种情况下不是以贫困的程度来分配，而是谁跑得勤就给谁，这更助长了对上级的依赖心理。

二是一般民众对政府的依赖心理。我们的政府是好政府，群众有困难就设法去帮助解决，但是有时政府帮得过多，会产生副作用，那就是不思进取、独立性差。

独立型政府就是民族地方政府基于宪法和民族区域自治法，充分行使其所赋予的自治权，以强烈的自主精神和积极的态度，高效管理本辖区、本民族公共事务。独立型民族地方政府要充分行使好自治权，正确处理好地方与中央的关系。自治权是民族区域自治的核心，没有民族的自治权，就无所谓民族自治，也没有民族区域自治或民族地方自治。行使好自治权，一是加强法律建设，用法律规范调整民族地方政府与中央政府和上级政府的关系；二是全面提高民族地方政府自治行政能力，切实提高民族地方政府各级领导干部和广大公务员的素质，发挥他们在实施民族自治中的主动性和创造能力。

3. 政府优化定位。就是优化政府治理权利与义务的结构。社会赋予政府组织、领导、代表、协调和管理社会的权力，但又是以政府必须履行社会管理、服务公众的义务为前提条件的。地方政府的公共治理权体系是一个运作体系，其内容和结构是在运动中不断变化的。适时地、能动地调整公共治理的权力结构以适应社会发展的需要，达到公共治理高效的目的，是公共治理的一条主线。自新中国成立，到上世纪 70 年代末，我国实行的是指令性的公共治理运作方式，政府不但垄断社会政治权力，同时也垄断了社会经济权力，对政治、经济权力进行高度集中的治理模式。面对现代国际社会的发展和我国社会主义市场的需要，理性地评价认识过去的历史，改变过去已不适应社会发展需要并成为阻碍政府合理公共治理的思维与行为，建立优化的崭新的政府公共治理权与责任结构体系是当代我国民族自治县政府公共治理理论与实践的重要课题。

4. 政府创新定位。创新是一个民族和地区发展的灵魂，是世界经济全球化和我国社会主义市场经济发展的客观要求。我国民族自治县政府的公共治理必须实现从理念到方式、从制度到行为的创新转变，以适应市场和贯彻为社会服务、为企业服务、为公众服务的宗旨。

（二）建立合理的自治县政府职能体系

所谓自治县政府职能，也叫治理职能，是自治县政府行政机关依法对其域内国家和社会公共事务进行管理时应承担的职责和所具有的功能。经过多年的理论和实践的探讨，目前确定政府的职能是“经济调节、市场监管、社会管理、公共服务”。具体到我国民族自治县政府公共治理的职能主要包括：

1. 县域经济调节的职能

自治县政府作为中央政府在地方的代理机构，担负着对地方经济进行宏观调节的职能，具体体现在以下三个方面：

（1）承接上级政府宏观调控任务。包括制定相应的县域内地方经济政策，保证上级政府调控目标的实现；协调上级宏观政策与县域内地方经济政策，保证上级各项宏观调控政策的贯彻落实。

（2）引导县域内地方经济健康运行。主要包括研究和制定县域内地方经济、社会发展战略，编制和实施经济社会发展计划和有关的专门规划，合理调控县域内地方经济发展速度，调整和优化县域内地方经济结构，培育县域内地方特色和优势产业。

（3）调节收入分配，维护社会公平。包括利用税收杠杆调节收入分配，并根据县域内地区经济发展水平分级建立以养老、失业和医疗等保险制度为主的社会保障体系，进行国民收入再分配，兼顾效率与公平，保持社会稳定。

2. 为县域社会经济发展提供所需制度的职能

这种职能指自治县政府为公民及社会提供良好的法律法规等行为规范，以及通过执法，营造公平竞争的市场环境、和谐的社会环境和内生的制度环境。

县级地方政府承载着地方利益、部门利益与自身利益等多重利益，角色冲突与利益矛盾常常造成县级地方政府的行为失范。大量经验表明，良好的政府公信力、健全的企业制度及有效的多边信誉机制等市场制度核心因素的缺失，是制约我国民族自治地方经济发展的突出问题。作为民族自治地方制度变迁重要的实际推动者，自治县政府应在经济和社会发展所需要的制度供给中发挥重要作用，成为县域内良好的市场环境的营造者和保护者。

3. 为县域内提供公共产品与服务的职能

它一般包括两种公共服务，即经济性公共服务、社会性公共服务。经济性公共服务是指政府通过某种行为的介入为公民生活及其他组织从事生产活动提供最基本的水、电、气，交通与通讯基础设施等硬件和宏观调控、市场秩序、邮电与气象、科技推广、公共信息以及政策性贷款等软件。社会性公共服务是指政府通过某种行为的介入为公民的生活、发展与娱乐等直接需求提供的诸如公办教育、公办医疗、就业、社会福利以及国防、警察和消防等公共安全在内的社会性质的服务。

4. 加强县域内生态环境的保护和建设的职能

生态环境日益恶化是西部县域面临的主要问题。我国民族自治县地方自然条件恶劣、生态环境脆弱，植被减少与水土流失严重，且大都分布在我国主要大江大河的上游，对处于中下游的中东部的发展至关重要。

有资料显示，全国360多万平方公里水土流失面积中，西部地区约占80%，其森林覆盖率平均只有7%左右；全国每年新增2400多平方公里荒漠化面积中，西部地区占90%以上。西部县级政府要避免对资源的掠夺性开发与经营，正确处理保护与利用的关系，必须坚持“在保护中开发，在开发中保护”，决不能有先污染、后治理的思想，实现经济、社会、环境的可持续发展。因此，走可持续发展的道路，要求自治县政府必须搞好生态环境的保护和建设。①

（三）采取切实转变自治县政府职能的措施

1. 建立在科学发展观上的政绩观

发展是硬道理。改革开放以来，自治县政府坚持以经济建设为中心，大力调整经济结构，逐渐建立和完善社会主义的市场经济，使本县域的经济在较长时期内保持了8%到9%的增长速度，创造了经济发展的奇迹。但由于一些县政府片面追求“以GDP为中心”，注重经济效益，忽视了经济社会的全面协调发展，导致环境恶化，贫富差距拉大，社会矛盾尖锐。因此，县政府必须以全面、协调、可持续发展的科学发展观作为自己的政绩观，实现县域内经济发展、社会发展和人的发展的统一，经济社会与人口、资源、环境和谐发展的统一。

2. 构建县域内各主体间的伙伴关系

在现代市场经济发展中，政府、企业与社会第三部门的具体作

---

① 全毅《强化政府公共服务，加快地方政府职能转型》、《福建论坛》2005年12月。

用是互补的。在自治县域内，政府与各种社会主体之间的关系应是一种适当分工、密切合作的伙伴关系，共同承担县域内发展的责任、参与县域内公共事务的治理。只有政府与各种社会主体之间新型关系的实际构建，才能有效建立政府、企业与社会第三部门之间的伙伴关系，才能形成自治县域内发展中多元主体之间的协同作用，从而最大限度地动员、整合社会资源，在根本上推动自治县域内的社会经济全面发展。而实现这一目标的关键是要树立政府提供公共产品与政府生产公共产品相分离的政府治理理念。

自治县政府要必须对公共安全、国民教育、社会救助、公益事业、环境保护、城镇建设等公共产品供给的体制进行创新。这样可以使政府从独家提供公共产品逐步向鼓励包括 NGO（非政府组织）在内的多个民间组织来共同提供公共产品的转变。比如，要对“公共产品”向社会公开竞标的办法进行公共选择的尝试。要加大这方面的改革力度，形成以效益为中心提供公共产品的新的治理理念。目前需要打破公共服务领域存在的四大体制性障碍：一是打破国有为主的思想观念障碍。凡可以由非公有制经济发挥作用的公共服务领域和范围，均可由其代替政府和国有经济单位或公营单位；二是要消除法律政策障碍。全面清理和修订相关法律法规、政策规章，为非公有制经济全面与平等进入公共服务领域创造条件；三是要打破政府监督管理障碍。政府只进行服务范围、方式、标准、质量和价格等方面的监管，其他的放手让提供者自行解决；四是打破行为主体及行为障碍。积极鼓励、支持和引导非公有制经济全面进入公共服务各个领域，并与国有经济享受同等政策待遇。

3. 加大农村公共服务建设的力度

要切实解决城乡公共服务的失衡问题，必须认真贯彻落实中央制定的“多予、少取、放活”的农村工作方针，从政策、法律、制度和投入方面采取措施，保护农业的基础地位和农民的合法权益。加大对农业和农村的投入力度，落实好新增教育、卫生、文化等事业经费主要用于农村的政策规定，建立健全财政支农资金的稳定增长机制。完善农村土地制度，在稳定农村土地承包关系的基础上，按照依法、自愿、有偿的原则进行土地承包经营权流转，逐步实行规范化、企业化经营。要调整财政支出结构，加大对农业基础设施建设的投入，加快农田综合整治，农村人畜引水设施以及道路交通和广播通讯等公共设施的建设，改善农村的生产与生活条件。改革户籍管理制度，建立城乡一体化的劳动力市场，促进农村剩余劳动力向城市转移就业。推进农村社会保障制度建设，探索建立“农村医保”、“农民土保”、“城乡一体化低保”相结合的农村社会保障体系。要积极推动有关农村社会保障的立法工作，将农村社会保障纳入自治县政府近期管理目标之中，使县政府的财政安排资金预算有法可依。要合理引入市场化机制和社会化机制，引导社会资金进入农村社会保障领域，实现政府与市场、社会组织的合理分工。凡是市场能做好的应尽量交给市场去做。要发挥各类社会组织的作用，形成社会保障责任共担机制，建立多层次的农村社会保障体系。

4. 以分权为突破口，厘清不同层级的职责

与国际上多数国家通行的三级政府不同，中国是五级政府架构，还有其他几套班子。行政层级越多，管理成本越高，管理效率越低。随着交通通信条件的发展，政府经济职能的缩小和公共管理方式的转变，减少行政层级，扩大管理跨度已成必然。改革高度集中的政府管理体制，实现省县直辖和市县脱钩，扩大基层民主自治和直选层级，是各级政府组织制度创新的重要课题。

实现省县直辖后，应考虑将乡镇建制改为市县政府的派出机构。这样我国的行政层级就变成中央政府—省（直辖市、自治区）政府—市县政府三级政府的架构。同时实现由“集权行政”向“分权行政”的转变。在市场经济条件下，根据利益划分、信息多元、回应管理的需求，强调的是依据事项的分类，以及政策管理与执行管理分离的原则，建立分类、分级管理的政府体系。所谓分类管理，就是对某一类事项，依据利益相关性、管理的便捷性和效率性的要求，确定由哪一级政府管理更合适。如住宅项目管理等涉及当

地百姓利益的事项，应由区县级政府管理更合适。所谓分级管理，是不同层级的政府给予统一的公共政策的制定与执行的分工。要逐渐改变条块交叉的行政管理格局，一项事情只由一个层级的政府负责，责任明确清楚。要建立根据事项划分和分级管理的公共财政体制，明确一些事项的具体管辖归属权，改变过去按管理对象级别、隶属关系、项目大小、资金多少的“分段管理”和上下“重复管理”的模式，提高政府管理的绩效。要按照“宏观统一管理”、“微观管理下移”的原则，将规划权、政策制定权，可适当上收省级政府，可以将具体事项的管理、审批、登记、注册，以及执行性、操作性事务的处理权，向县区政府转移。要合理划分中央与地方政府的事权与财权。对诸如社会服务（包括医疗卫生、气象预报、消防等）、基础设施（包括交通、电力、自来水、垃圾处理、车站等）、社会管理（地方政府行政管理机构、公共秩序、公共安全等）、以及地方性的文化体育事业等地方性的事务，要赋予地方相应的事权和财权。同时，中央财政和省级财政要制定科学的财政转移支付制度，提供地方政府履行公共职能的能力。[①]

（四）正确处理好自治县政府内外八大关系

1. 正确处理政府与企业的关系

要处理好这二者间的关系，关键是建立自治县政府为企业服务的新体制，切实解决政企分开的问题。政府与企业是两种不同的组织，其性质、地位、作用、原则和机制都不同。政府是公共治理组织，是公民利益的代表。政府具有经济管理的职能，但只能是宏观管理，不能具体参与企业的经营活动。企业是经济组织，以盈利为目的，从事生产经营活动。政府与企业的职能不错位。

要正确解决政府（政）企业（企）不分的办法包括：一是撤销原来直接管理企业微观经济活动的专业经济部门，成立实行行业管

---

① 张志银：《转变西部地方政府职能对策研究》，载《中国党政论坛》，2007 年 1 月 5 日。

理的行政部门。如原自治县政府内普遍设立的机械、轻工、电子、纺织、物质、农垦、石油、化工、冶金、医药、乡镇企业、商业等局办政府行政部门，摘换牌子，在县政府经贸委内设立各职能科室，分别对上述行业实行行业管理，自治县政府不再管理企业的微观经济活动。二是建立国有资产管理、监督、营运体系和机制。主要是要保证国有资产保值增值，防止国有资产流失。

2. 正确处理政府与市场的关系

关键是充分发挥市场在资源配置中的基础作用，建立面向市场、以市场为导向的政府。在市场经济条件下，政府要做好“掌舵”作用、催化作用、促进作用，而不是“划桨”作用和大包大揽作用。

自治县县域市场主体缺乏，一方面，一家一户的农户由于在竞争中缺乏自主性和独立性，并不能成为完整意义上的市场主体；另一方面，农村中的合作经济组织数量少，农业生产的组织化程度低，龙头企业数量少、规模小、竞争力弱。

针对上述问题，自治县政府要做好两方面的工作：一是要大力培育和发展市场。自治县政府通过政策引导，大力培育和发展县域内市场，包括生活资料市场、生产资料市场、劳动市场、技术市场、信息市场、金融市场、房地产市场、产权市场等，逐渐形成完善的市场体系。二是完善市场法则，规范各类市场。自治县要根据市场经济发展的需要，不断完善市场法则，为各种不同所有制企业公平竞争提供良好的法制环境。要加强工商、税务、商检、技术监督部门对企业和市场的监督，保证健康、稳定的经济秩序。

3. 正确处理政府与社会的关系

大力发展社会中介组织，实行政事分开，建立自治县政府与社会共同治理的新模式。

4. 正确处理政府与乡镇、街道办事处的关系

自治县政府要把经济管理权限和行政管理权限下放给乡镇，使乡镇有更大的自主权。随着自治县城镇化步伐的加快，经济和社会

事务管理内容日益增多，县城的街道办承担越来越多的管理事务，自治县政府有必要进一步授权给街道办，注意实现权、责、利的统一，充分调动街道办的积极性，实现自治县政府对县域经济和社会的有效治理。

5. 正确处理政府职能部门之间的关系

政府职能部门之间的最大问题是机构设置过多，分工过细，出现职能交叉重复，有利之事争着干，无利之事无人管。为此，根据政府新的职能，合理配置给职能部门，将职能相同或相近的部门合并成综合办事机构，减少交叉重复的机构设置。要充分发挥职能部门的积极性，精简领导职数，少设副职，以避免官僚主义和形式主义，提高效率。

6. 正确处理政府与党委的关系

自治县党政关系非常重要。党政关系处理不好，会影响县域内和全局工作和政府职能发挥。党政职能分开，是政治体制和行政体制改革的趋势。中国共产党是执政党，行政组织必须接受党的领导。党委要转变对行政组织的领导方式，变包揽行政事务为制定路线、方针、政策，依据法定程序把党的主张变为国家意志；要行使好向政府部门推荐重要领导人的责任；要充分发挥行政组织中党组织和党员的先锋作用，带领公务员去实现行政目标；做好对政府工作的监督。政府要自觉接受党委的领导，行使职权，治理好县域的社会公共事务。

7. 正确处理政府行政机关与权力机关的关系

自治县的权力机关是自治县人大。但自治县权力机关在实际运作中出现与其法律地位不相称的情况。因此，自治县人大要强化立法和监督职能，要强化决定、罢免政府组成人员的权力，对政府组成人员实行弹劾制度；要强化审查和批准财政预算与决算的权力。总之，自治县政府要自觉接受人大的监督，人大要保证和支持政府负责独立地依法行政。

8. 正确处理政府与政协的关系

在我国的政治体制中，自治县政协的功能是政治协商，民主监督，参政议政。政府的重大事项要与政协协商，广泛听取意见。自治县政府要积极吸收民主党派、无党派人士中的优秀分子参加政府管理和进入监督系统；要充分发挥政协的调研优势，充当政府工作的咨询参谋组织。

三、科学设置机构是自治县政府实现优化的基础

政府职能决定政府机构的设置。正如前所述，自治县政府职能定位在“经济调节、市场监管、社会管理、公共服务”上。为此，必须建立与之相适应的政府行政治理机构。但是，在现实的运行上并不是这样。相反，自治县政府行政机构虽几经改革依然存在如下六个问题：一是政府机构有待进一步精简整合；二是占用事业人员，变相扩大编制；三是“官多兵少”的现象比较突出；四是定编控制不住人员增长；五是人员分流成本高；六是搞上下对口，不看实际需要。

为何会出现上述问题？关键还是政府公共治理的职能没有转变。既然自治县政府的职能是调节经济、市场监管、社会管理、公共服务，自治县深化行政管理体制和机构改革的目标是实现“小政府、大社会”，那就要以此为依据设置政府公共治理机构。

（一）加强综合经济管理部门，整合部分机构

自治县政府经济管理部门应按照《企业法》等法律法规的要求，切实下放并落实企业经营自主权。县发展和改革委员会、对外贸易经济合作局、统计局、物价局是县级经济管理的专业部门，它们可以组建成为一个部门，改名为社会经济发展局，代表县政府行使全县经济发展、管理、监督的职能；县国土资源管理局、水务局、建设局、交通局的行政管理职能都是为全县经济发展提供服务的机构，代表县政府在全县基本建设、投入、规划等方面行使服务职能，可以合并组建为城镇建设发展局。

（二）加强农村经济管理职能，实行归口管理

自治县大多数都是农业、畜牧业大县，在相当长的历史时期内，县政府在加强农业、畜牧业，以及其他种养殖业方面的宏观管理，贯彻落实国家关于农业和农村工作的方针政策，组织农业经济结构调整和农业资源的建设、保护及合理利用、开发，推进农业产业化的发展，仍然是县政府主要的繁重任务。因此，县政府机构设置应当体现为农业提供综合服务的特点。把原有农业局、农机局、林业局、畜牧局、水利局等部门组建为农业经济发展局。将不适宜县级农业宏观管理发展需要的多头管理，合多并一，实现单一的职能化管理。

（三）加强行政执法和市场监督管理，强化执法监督部门建设

为了确保县级政府加强行政执法和市场监督管理的综合能力，强化执法的公正性和公开性，规范行政行为，县级政府应当保留（除条管）具有执法职能的机构有公安局、司法局、环境保护局、审计局、监察局、财政局。

（四）精简机构便利服务，规范社会事务管理

完善自治县政府社会管理职能，仍然面临许多的困难与问题。科技、教育、文化、体育、卫生、广播电视等社会事务管理部门和民政、劳动和社会保障、人事等政务部门，是自治县政府主要从事社会事务管理的部门，肩负着自治县县域内的公共事业建设、提供公共服务的职能。当然在改革中要加强这方面的职能建设。但如果通过社会自我管理和调节，或者已经由社会自我管理和调节就能解决的社会性事务，交给事业单位和社会中介组织承担。该脱钩的脱钩，该改制的改制。这样可在科学技术委员会、体育局、文化局、广播电视局的基础上，组建新的科技文化体育局；在卫生局、计划生育委员会的基础上，组建卫生和计划生育局；在民政局、人事局、劳动和社会保障局基础上，组建社会保障和公共服务局。保留教育局；考虑自治县民族、宗教问题的复杂性，保留或设置民族宗

教局。

（五）加强政府服务意识，撤销重复机构

成立自治县政府行政中心，自治县政府职能部门统一办公，从而达到精简效能、发挥自治县政府服务职能的最大化。

通过上述改革，自治县政府机构从 24 个减到 15、16 个左右。即：县政府办公室、社会经济发展局、城镇管理发展局、农业经济发展局、公安局、司法局、环境保护局、审计局、监察局、财政局、科技文化体育局、卫生和计划生育局、社会保障和公共服务局、教育局、民族宗教局、安全生产监督管理局。

四、提高治理能力是自治县政府实现优化的核心

自治县政府公共治理能力是指通过制定和执行优良的公共政策，组织、动员县域内一切可用资源，维护县域内社会的公正和秩序，为县域内社会和公民提供广泛而良好的公共产品和服务，促进县域快速、和谐、持续、健康发展的能力。如果说政府职能解决的是“想干什么”或“要干什么”，政府能力解决的是政府“能干什么”或“会干什么”。因此，任何政府履行职能必须以一定的政府能力作为条件和保证，政府能力直接影响政府职能实现速度的快慢、质量的高低和绩效的优劣。所以，自治县公共治理主体的优化实质是能力的提高和优化。自治县政府公共治理主体的能力是一个综合的概念。但自治县政府的公共治理能力应包括以下十个方面的能力：

（一）推进县域内经济社会全面发展的能力

胡锦涛同志指出，发展是我们执政为民的第一要务。自治县地方政府更应把发展作为政府工作的第一核心问题。因为任何社会总是以经济社会的发展为根本前提和基础，只有发展才能解决民族自治地方普遍存在的生产力落后，人们生活相当贫困的问题。

自治县政府具备独特的强制力，同时，对全体社会成员具有普

遍的组织性。政府的积极推进作用，自然成为该县域内经济进步和社会发展的条件。目前，人们已认识到："社会需求和政策无能"已构成当今世界社会发展与政府能力问题的正题和反题。实践证明，政府能力的弱化和政府公共政策质量的走低是导致一个国家、一个地区经济发展乏力和经济差距扩大的主要原因之一。

当然，一个社会所需要的发展应当是包含了经济增长、社会进步和人的发展等在内的全面发展，是整体性、系统性和持续性的发展。它虽然强调以经济建设为中心，但绝不是片面地追求GDP的增长，或者人们物质生活的简单改善，而是寻求社会方方面面的整体进步，以人为本的全面而均衡的发展。对此经济使用对比性量度指标不仅有经济性的，如国民生产总值及年经济增长率，也有科技性的，如产业构成、核心技术的自主开发能力；还有综合性的，如国民生活质量、社会综合发展指标等。

强化自治县政府推进经济社会全面发展的能力，要求自治县政府首先要更新行政理念，匡正指导思想，树立科学发展观，坚持走生产发展、生活富裕、生态良好的文明发展道路。在发展进程中应将提高生活质量、增加教育机会、帮助弱势群体、广开就业门路、扩大社会保障面、保护生态平衡、实现社会公平、提高公共服务质量和维护社会治安等社会目标，与增加经济总量、提高居民收入水平等经济目标置于同等重要的位置，有效地推进社会全面进步。

（二）行政生态平衡能力

当前，自治县政府行政生态平衡能力具体体现在对下列关系的正确处理上：县级政府与上级政府的关系、自治县与自治县的关系、自治县与非自治县的关系、自治县政府内部上下级的关系、县政府与政党的关系、自治县政府与立法及司法的关系、自治县政府与社会的关系、自治县政府与市场的关系、自治县政府与企业的关系、"三个文明"建设之间的关系、融入国内外市场与发展县域地方经济的关系、民族地方自治政策与独立自主发展的关系、国家优惠政策与艰苦奋斗的关系、民族文化与现代化的关系、宗教信仰与邪教组织的关系、维护民族团结、祖国统一与反对恐怖主义威胁的关系，等等。一句话，我国民族自治县政府由于一般和特殊的行政生态环境，使它所面对的行政生态环境要比非民族自治县政府复杂得多。

（三）制定和执行公共政策能力

决策理论的代表人物西蒙认为，管理就是决策。尤其是公共管理，其决策不同于一般的决策，它涉及范围广、影响大。公共行政决策的科学与否，正确与否，不仅仅影响到政府的效率和效果，也影响到公共行政的合法性、正当性和公正性，甚至还会影响到政府的生死存亡。

作为公共决策的主体，自治县政府必须学会决策，必须建立科学的决策机制，掌握科学决策的方式和方法。只有如此，才能制定出有利于促进民族自治县域内政治经济文化社会的全面发展。公共政策制定之后关键在执行。公共政策的执行效果与政府的执行能力密切相关。有效的执行能够确保目标的实现和政策的预期效果。

目前，自治县政府公共治理中存在的问题是“上有政策，下有对策”、“曲解政策”、“歪曲政策”。这与政府执行能力不足和软弱有关，必须在实践中着力解决。

（四）制度及手段的创新能力

制度创新能力是指政府更新制度资源能力。制度资源作为政府拥有的重要资源之一，对制度的创新往往是一个政府保持活力，防止自身行政能力衰减的前提。

目前，自治县政府制度创新有丰富的时代内涵。概括起来主要是三大方面：调整公共治理的外部环境关系、调整公共治理内部的结构关系、建立健全公共治理组织与运行的规则体系。具体到自治县政府的制度创新表现为：修改或取缔无效率的制度，如行政审批制度；填补制度真空，制定务实有效、更具适应性和回应性的制度，如政务公开制度；完善、优化制度体系、避免制度冲突，防止政出多门；增强制度的刚性的约束力等。此外，政府在治理手段上也应不断创新，追求公共治理和谐目标。这就要求我们必须处理好以下问题：一是政府、市场、第三部门三者之间在社会管理功能上协调、配合、互补；二是治理中政府与公民的合作；三是社会公平及政府管理所必须体现出的正义。另外，自治县政府重要的一点，要加强社会建设和管理，在社会管理体制上推陈出新，建立健全党委领导、政府负责、社会协同和公众参与的社会管理格局。要处理好上述问题要求政府必须具备制度创新能力，牢固树立"人民是创造财富的主体，政府是创造环境的主体"理念，整合各种社会管理资源，健全社会表达机制，疏通社会参与渠道，充分发挥社会力量的协同参与作用。要通过改善社会组织方式，提高社会的自主和自律能力，大力培养和发展各种社会中介组织，充分发挥他们在提供服务、反映诉求、规范行为及化解矛盾中的作用，形成社会管理和公共服务的合力。在加强公共管理方面，努力寻求与公民、法人和其他组织的良好合作，自治县政府要由社会的直接"管理者"逐步转向为社会治理的"主导者"。

（五）社会公正与秩序维护能力

这主要指政府维护法律以及维护社会公平和正义的能力。在现代社会，公平与正义就是经济利益、政治利益和其他利益在全体公民之间合理而平等地分配，它意味着权利的平等、分配的合理、机会的均等和司法的公正。

公平与正义也是社会主义的核心价值之一。在市场经济条件下，相对来说，市场行为是实现效率的主要手段，而公平与正义的保障和维护的主要手段则应是政府行为。

当前自治县政府在实现和维护社会公正方面面临的严峻挑战主要表现在：1. 公平竞争问题。由于市场发育不良，机制不健全，竞争中众多不合理、不合法因素严重扰乱了市场秩序。因此，亟须强化政府对市场行为的监管与规制能力；2. 贫富分化问题。对迅速增长的社会财富分配中日趋严重的贫富分化现象，导致部分群众相对剥夺感的产生，并由此引发许多社会冲突和利益对抗，包括底层社会对上层社会的敌视和反抗。因此，政府应当重新审视分配政策，改进社会分配制度；3. 腐败问题。反腐败是当代世界各国不得不面对的问题，对于现代化进程中的国家而言，问题可能更严重。由政府官员滥用公共权力、以权谋私而形成的腐败现象，已成为我国转型期最大的社会污染，对整个社会的道德基础，尤其是政府的公信力具有极大的摧毁力。因此，采取切实有效的措施，加大反对腐败力度是当前政府面临的考验。

（六）公共危机管理能力

这是指政府对来自然或社会的突发事件的常态预防和紧急应对能力。在现代社会，公共危机事件发生的频率、速率和影响在不断增大。如何及时有效防范或应对各种突发公共危机事件，尽可能地预防和减轻其负面影响，是当代政府所面临的共同课题，也是对政府能力的严峻挑战。毫无疑问，我国民族自治地方的县级政府要在县域构建的和谐、安全的社会，必须是一个能够及时发现并有效化解各种危害公共安全的政府。在我国民族自治县地方，由于地理环境复杂，气候条件多元，每年都有大量自然灾害发生。除此之外，还有众多导致公共危机的社会矛盾和社会问题，诸如贫富分化、劳资冲突、信任危机、失业失地、刑事犯罪、生产事故、生态危机、邪教活动、恐怖主义、新型传染病、心理疾病、族群冲突和金融危机等。对此，自治县政府必须树立强烈的危机管理意识，强化诸如调查研究、完善法制、健全机制、制定预案、储备物质、演习培训等常态管理；危机发生后则应反应迅速、处理果断、措施得力、方法对头、最大限度地保障社会秩序和公共利益，实现社会的正常运转和可持续发展。

需特别指出的是，当前民族自治地方由社会矛盾引发的群体性突发事件频繁发生，一些不法分子利用民族和宗教问题，在境外的敌对势力的支持下进行一系列的恐怖活动，严重影响了民族地区的稳定与安全。为此，自治县政府要有针对性地建立相应的预警体系和协调机制，加强协作，形成化解矛盾的合力。对不法分子和境外的敌对势力，执行高压政策和严厉打击的措施。做到既维护群众的正当权益，又坚决维护社会稳定，保证国家的安全。

（七）公共服务能力

这是指政府提供优质的公共产品和公共服务，满足社会和公众需求。提供公共服务是现代政府的基本职责。政府的公共服务能力集中体现在提供公共物品及服务的状况上。

随着我国民族自治县经济社会的迅猛发展，如何满足公众日益增多的公共服务需求，推进公共服务创新，不断增强对公众需求的回应能力，为公众提供更公正、更便捷、更优质的服务，是当今自治县政府必须解决好的一个重要问题，也是当前政府转型为服务型政府的重点内容。由于历史和现实财政困难的原因，自治县在提供公共产品和公共服务方面面临着艰巨的任务。

首先，要明确各级政府在公共产品供给中的职责。凡属全国性的公共产品由中央政府供给，一般包括社会治安、国防建设、货币稳定、公平分配、政府活动等。而属地方性的公共产品，地方政府承担。就自治县政府来说，负责本县域内的公共产品和服务的供给，如维护城镇社会治安、制定城镇发展规划、进行城镇基础建设和建立城镇居民社会保障体系，为城镇居民和企业提供咨询、培训等服务。

近年来，中央政府加大民族地区的公共投入，极大地改善了民族地区的公共基础设施。如采取了安排民族发展资金，支持少数民族脱贫；加大教育投入，加快人才培养；加大科技投入，促进科技事业发展；加大文化投入，丰富群众文化生活；增加政法补助专款，确保一方平安；设立民族工作经费，解决少数民族发展突出问题等一系列措施。由于这些措施的落实，尤其是专项资金投入，加快了包括自治县在内的民族地区公路、铁路、航空、水运等交通运输，科教文卫以及生产生活条件建设的步伐。

其次，重视农村公共产品供给，保证城乡协调发展。要加大财政投入，重点供给直接影响少数民族村民生产和生活环境方面的公共产品。如中小农田水利、节水灌溉、农村道路、人畜饮水、医疗卫生、通电通讯、市场信息体系和乡村九年义务教育等建设。

总之，自治县政府必须积极回应县域内日益增长的公共需求，努力推进公共服务的观念创新、体制创新、技术创新和管理创新，建立公共服务体系，不断提升公共服务效率、品质和水平。

（八）公共信用能力

公共信用能力是指政府在何种程度上取得并维持社会及民众对政府的信任态度的能力。有无诚实守信的政府是一个地区内的经济社会能否迅速发展的重要条件，也是增强政府理性权威及政府合法化的内在动力。政府公信力的强弱，取决于其所拥有的意识形态上、物质上等信用资源的丰富程度。

要提升自治县政府的公信力。首先，要建立健全政府的信用责任机制和有效的监督制约机制，使政府的失信行为得以被及时确认和制止；其次，要实现公共政策产出及实施等方面的制度创新，使之公开化、民主化、科学化，避免朝令夕改，防范“人在政举，人亡政息”现象；再次，要大力宣传和普及现代行政理念，推进行政文化的现代化进程，使政府成为透明政府、法治政府、责任政府、守信政府。

（九）人力资源开发的能力

当今社会，人力资源已经成为一个国家、一个地区、一个民族之间相互竞争，展示自身综合实力的因素。自治县人力资源开发能力的提升不仅能加快当地经济发展，还能提高民族地区公民的素质，促进民族地区民主政治的发展。

自治县政府必须把人力资源开发列入本地区宏观、中长期的总体发展规划中，实现由原先的政府人事行政管理向政府人力资源开发治理的转变，使人口压力转化为人力资源优势。

首先，继续大力发展教育事业，增加教育投资；其次，采取诱引人才战略，通过优化环境、发展事业、提高待遇、增进感情来稳定本土人才和招揽、吸纳国内外优秀人才；再次，建立健全人力开发市场，人力资源作为资本，只有通过市场才能达到合理配置。因此，自治县政府要建立和完善人才市场、人才激励机制和制度化的人力资源开发体系，加快人事、组织、户籍和用工等制度、政策及法规方面的改革，消除人力资源开发中体制阻碍、制度阻碍、政策阻碍和法规阻碍，实现人才自由流动和充分利用。

（十）正确处理民族与宗教问题的能力

自治县大都是以一到两个以上为主体民族来设立的，同时也生活着多个民族。这种多民族大杂居、小聚居的分布状况，融合了各个民族之间不同的历史文化、语言文字、心理结构等，既表现为相对独立，又表现为相互渗透，使各民族人际关系呈现多样性。我国的民族政策是各民族之间团结互助，共同繁荣进步。但由于“大汉族主义”、“大民族主义”遗毒的存在，市场经济条件下各方利益的突显，在自治县域内很容易滋生很多由民族政治、经济、文化冲突引发的民族矛盾，这些都会直接影响自治县政治的稳定和社会经济的发展。因此，自治县政府必须执行正确的民族政策，提高处理民族问题的能力。

自治县域内的各民族都有自己的宗教信仰。除普遍信仰原始宗教外，分别还有信仰佛教、道教、伊斯兰教、天主教和基督教。宗教对社会稳定和政府行为既有正面、积极的作用，又有负面的消极性。正面的因素会推进人们思维观念的进步，能够起到积极的作用。消极的、负面的宗教教义则会阻碍政府行政行为的效率，甚至会引起社会动荡。自治县政府及行政人员在行政行为时必定会受到当地宗教的影响，如果处理不当，则会影响社会经济进步。只有树立正确的宗教观，才能在行政过程中正确处理民族宗教事务，维护各民族群众的合法权益，保障民族地区的长治久安和社会繁荣进步。

自治县各级政府和行政公务人员必须正确执行党对宗教的政

策，采取下列措施：一是各自治县政府必须把宗教活动纳入国家宪法和法律规定的轨道；二是各自治县政府应加强对寺院民主管理委员会的管理和指导，并发挥其积极作用；三是各自治县政府在进行行政决策时，要认真听取宗教界人士的意见和建议，发挥其作用；四是自治县政府要加强法制建设，既不能用行政手段限制宗教发展，也不能用行政手段支持宗教发展，要用法律来规范宗教活动，对于利用宗教进行非法活动的要依法制裁。

五、造就优秀公务员队伍是自治县政府实现优化的捷径

如何创造公开、平等、竞争、择优的用人环境，建立起能上能下，能进能出，促进优秀人才脱颖而出的用人机制，形成法制完备、纪律严明的监督体系，努力培养造就一支高素质的公务员队伍，是自治县实现公共治理主体优化的主要捷径。

目前，自治县公务员队伍存在主要问题是：一是整体素质不高，观念落后。高学历人才极少，且分布不合理。公务员还残留着计划经济时代的“官本位”、“铁饭碗”、“大锅饭”等思想观念。这造成了自治县公务员队伍法律意识低，服务质量低，创新意识及能力低，工作效率低。二是用人机制不畅通。首先，“进”的口子小；其次，“出”的路子窄；再次，“上”的机会小；第四，“下”渠道未畅通。为了解决好这一问题，我们必须做好以下几方面的工作。

（一）强化教育培训，更新公务员知识与观念

1. 强化公务员的政治素质教育。确保公务员在政治上坚持清醒头脑，培养正确的马克思主义的世界观、人生观、价值观，破除“官本位”思想，树立全心全意为人民服务的公仆意识，积极践行社会主义荣辱观，培养与时俱进、开拓创新的能力。

2. 强化公务员现代办公自动化知识培训。包括电脑知识、全能知识、行政管理知识等，逐步提高公务员的综合素质。

3. 加强职业培训工作。制订规划，每年选派一定数量公务员到高等院校进行深造、学习，学习先进思想观念、先进科学技术，

进一步提高公务员整体素质。

（二）建立和推行新陈代谢机制，增强公务员队伍的活力

1. 建立和推行末位淘汰制，增强公务员队伍的活力。根据《国家公务员法》和有关规定，对各类行政机关和参照公务员管理的工作人员进行严格的年度考核，其考核结果要充分运用到职务（职称）的升降、任免和人才的培训、奖惩，以及工资晋级中去。在考核中建立和推行末位淘汰制，注重考核内容和标准的量化、细化以及公正、客观、科学，使考核结果能真正反映每一个公务员的德、能、勤、绩、廉等方面的情况，逐步形成干部能上能下、不断更新充实的机制，始终保持干部队伍的生机和活力。建立待岗制，对不称职人员进行离岗培训，待学习提高后再回岗任职。落实辞退制度，把那些素质差，不称职的人员淘汰出公务员队伍，从而提高公务员的队伍的整体素质，促进公务员队伍的新陈代谢。

2. 完善健全进人机制。公务员编制，要坚持公开、平等、公开、竞争、择优的原则，面向社会招录优秀高校毕业生，充实、壮大公务员队伍；要向社会公开招考本部门紧缺的专业人才，促进人才合理分布。

3. 完善交流轮岗机制，促进公务员健康成长。交流轮岗作为培养和锻炼公务员的重要环节，对于改善用人环境、促进管理机制、监督体系的形成，将起到积极的作用。

（三）积极推行竞争激励机制，促进优秀人才脱颖而出

1. 加大公开选拔工作力度。吸收优秀人才进入公务员队伍。

2. 积极推行竞争上岗机制。充分发挥和挖掘干部的才干和潜能。

3. 疏通公务员能上能下的渠道。

4. 积极推行监督约束机制。保持公务员队伍的清正、廉洁。

第五章　我国民族自治县其他治理主体的优化

本章讨论自治县营利组织和公民作为自治县公共治理的两个自治主体如何实现优化的问题。营利组织要实现对自治县公共治理的最大价值是履行经济责任和社会责任。而自治县公民则需要增强公民意识和提高参与能力。

第一节　自治县营利组织（企业）的优化

一、社会责任与营利组织（企业）

国际著名学者卡罗尔（Archie B. Carroll），把企业承担的所有责任归为四类，并于 1991 年提出了企业社会责任金字塔模型，如图 5－1 所示：

这个模型概括了企业社会责任中的多个纬度，比较全面。企业社会责任金字塔模型表明，企业不仅需要为股东创造利润，也需要承担遵守法律、承担伦理责任和慈善责任，最终做一个好的企业公民。具体的含义如图 5－2、5－3 所示：

慈善责任 做一个好的企业公民 对社区投入资源 提高生活质量
伦理责任 有伦理 有义务做正确、正义和公平的事情。避免伤害
法律责任 遵守法律 法律是正确与错误的社会标准 按照游戏规则行事
经济责任 赚到利润 其他责任的基础

图 5-1　企业社会责任金字塔模型

资料来源：Carroll. Archie B. The Pyramid of Corporate Social Responsibility: toward the Moral Management of Organizational Stakeholders [J]. Business Horizons. 1991.34(4):39–48. P42.

经济责任：	法律责任：
1. 企业在每股利润最大化原则下动作 2. 追求尽可能多的利润 3. 保持竞争优势 4. 保持较高的动作效率 5. 成功企业是能获得持续利润的企业	1. 在法律规定和政府期望下动作 2. 遵守联邦政府、州政府和地方政府的法规 3. 企业是遵守法律的企业公民 4. 成功企业是履行了其法律责任的企业 5. 企业提供的产品与服务至少满足了最低的法律要求

图 5-2　企业社会责任中的经济和法律责任部分

资料来源：Carroll. Archie B. The Pyramid of Corporate Social Responsibility: toward the Moral Management of Organizational Stakeholders [J]. Business Horizons. 1991.34(4):39–48. P40.

伦理责任：	慈善责任：
1. 企业运作与社会道德观念和伦理规范期望一致 2. 认可与尊重被社会所接受的新道德标准 3. 防止为完成企业目标而在伦理标准上做出让步 4. 企业公民应该做符合道德和伦理的事情 5. 认识到企业的诚实和企业伦理行为不仅仅是遵守法律和法规	1. 企业运作与社会的博爱和慈善期望相一致 2. 资助高尚的艺术事业 3. 企业的管理者和员工都在他们自己的社区内参加自愿者和慈善活动 4. 资助私人和公共教育机构 5. 自愿资助旨在提高社区生活质量的项目

图 5-3 企业社会责任中伦理和慈善责任部分

资料来源：Carroll. Archie B. The Pyramid of Corporate Social Responsibility: toward the Moral Management of Organizational Stakeholders [J]. Business Horizons, 1991. 34(4):39-48. P41.

以往人们认为，企业活动就是追求利润，向社会提供产品和服务。现在这些看法有了改变，要求企业还必须承担道德方面的社会责任。

二、营利组织（企业）履行社会责任存在的问题

目前，自治县企业在履行社会责任方面存在的突出问题大体表现在八个方面：一是忽视在社会保障方面的作用，尽量逃避税收和社保缴费；二是较少考虑社会就业，将包袱甩向社会；三是较少考虑环境保护，将利润建立在破坏和污染环境的基础之上；四是一些企业为富不仁，他们唯利是图，自私自利，提供不合格的服务产品或虚假信息，与消费者争利或欺骗消费者；五是损害企业职工利益，一些企业依靠降低企业职工的收入和福利来谋利润，企业主变为资本的奴隶、赚钱的机器；六是缺乏提供公共产品的意识，对公益事业缺乏热心，不管不问；七是缺乏公平竞争意识，一些在计划经济时期延续下来的垄断企业，大量侵吞垄断利润，并极力排斥市场竞争；八是诚信欠缺，国有企业对国家缺少诚信，搞假破产逃避债务，民营企业通过假包装到市场上圈钱。

三、营利组织（企业）公共自治主体优化途径

（一）履行经济责任是营利组织（企业）实现优化的核心

营利组织（企业）在自治县公共治理中最为核心的作用就是履行经济责任，创造财富，促进民族自治县县域经济的发展，为社会提供物质产品，提高县域内公民的生活水平。为此，企业（营利组织）必须做好以下工作：

1. 树立新观念，发展市场经济

正如马克思所说，革命的理论是革命的先导。自治县县域经济的发展在环境与区位、产业结构、资本力量等方面都不占优势的情况下，解放思想，更新观念尤为重要。我国民族自治县县域经济的发展只有通过思想解放，更新观念，才能不断创新工作局面。

（1）树立现代经济意识，克服滞后的价值观念

由于自治县大都是以落后的农业经济为主，加之长期计划经济的影响，政府的现代经济意识不足。这主要表现在：一是浓厚的自给自足思想，商品经济观念淡薄；二是因循守旧、封闭保守的意识不易克服；三是自立创新不足，“等、靠、要”思想严重。这些观念严重地制约了我国民族自治县县域经济的发展，必须剔除。因此，要树立促进我国民族自治县县域经济发展的现代市场经济意识，它包括强化市场意识、竞争意识、创新意识和法治意识。

（2）强化市场主体的自我意识

自治县县域经济发展的关键是个体私营企业、股份合作制企业、以自然人投资为主的公司制企业等大批市场主体的存在和发展。企业最具有放大财富效益、聚合能力和产业带动作用。作为市场主体的农户、民营企业、国有企业在县级政府政策的大力支持下，要不断地发展壮大自己，在市场化进程中逐渐发挥市场配置资源的积极作用。

（3）要创新思路

观念支配行动，思路决定出路。只要企业敢于和善于创新发展

思路，转变经济发展模式和增长方式，自治县县域经济才会呈现出良好的发展局面。

2. 转变经济增长方式，促进经济快速增长

(1) 优化产业结构

要坚持在巩固农业基础地位的同时，着力提高二、三产业的比重的原则。稳步发展第一产业的原因是：第一产业是自治县县域经济的支柱产业，是农民生活的根本保障。应增加农业基础设施建设投入，逐步改善农业生产条件。从实际出发，以市场为导向，在严格保护好耕地特别是保证粮食播种面积的前提下，调整种植结构，加快发展绿色农业、高效农业、优势农业，增强农业的综合发展能力。

重点发展第二产业。与发达地区相比，自治县县域经济发展慢，主要慢在工业，经济总量小，主要小在工业，经济实力弱，主要弱在工业。应开阔发展工业的思路和视野，既考虑依托本地优势资源发展工业，又适应经济全球化的新形势，充分利用国内外两种资源、两个市场，积极承接产业转移，迅速壮大工业总量。

发展第三产业，是增加居民收入、促进产业结构升级、提高人民生活质量、促进经济社会发展的重要途径。第三产业发展越快、层次越高，越有益于带动第二产业素质的提升。

(2) 转变经济增长方式

自治县企业都面临经济增长由粗放型经营向集约型经营的转变的任务。由于资金、人才、技术等限制自治县企业基本上走的是粗放型经营的路子，主要依靠生产要素的投入，依靠数量的扩张来实现经济增长，存在企业规模小、分散，技术含量低，企业产品档次低，产品质量不过关，物耗、能耗高，效益低，污染严重等问题。

因此，要加速经济增长方式的转变，依靠人才和科技促进经济的发展，提高科技对经济增长的贡献率；要加大传统产业技术改造和技术升级力度，走资源深加工、精加工 的道路；要实行产学研相结合，加强对产业化的科技服务，加大科技投入力度，加速科技

成果的引进和转化，增强企业自主创新能力；要重点依托技术部门，充分发 挥技术服务在产业化发展中的特殊作用，针对主导产业，建立信息及技术咨询服务机构，推进产业升级；要培植和发展一批技术 含量高、税收贡献大、提供就业岗位多的产业企业。

（3）大力培育壮大特色经济

美国经济学家罗斯托根据各产业部门的增长率不同将其分为主导部门、辅助部门和派生部门。主导部门起着决定性的作用，经济增长就是为数有限的主导部门迅速扩大并带领辅助部门和派生部门增长的结果。一个区域的潜在优势能够转化为现实优势，关键是能够依托当地资源，发挥比较优势，发展特色产业。自治县分布辽阔，资源丰富，又各具特色。近年来一些自治县根据自己的资源优势发展了诸如最具优势的旅游业、绿色农业和特色畜牧业，并已取得较好的效果。

（二）政府引导是营利组织（企业）实现优化的必要条件

自治县由于经济落后，一些企业的社会责任意识淡薄。有些企业常常以为完成多少税收后就万事大吉，无视其他方面的社会责任。再加之这些地区，企业数量较少，一些地方政府官员不正确的政绩观导致对企业应该履行的社会责任视而不见，甚至对于企业损害职工合法利益，严重污染环境等违法事件也采取包庇纵容的态度。这类事件的存在提醒我们应关注企业的社会责任。对企业履行社会责任的规范和解决要从以下三个方面着手。

1. 完善相关立法

《公司法》第五条的相关规定在规定企业社会责任方面具有里程碑式的意义。我国于 2005 年成立了“中国企业社会责任联盟”，并制定了国内第一部综合性的《中国企业社会责任标准》，发表了《中国企业社会责任北京宣言》。但这些只是从较为宏观的层面涉及企业的社会责任，缺乏具有可操作性的细节和程序设计。所以，要加快企业社会责任相关法律建设，规范企业社会责任的具体内容、履行检查情况以及对未履行企业的惩罚措施，等等。用完善法律规制企业行为、市场行为，规制资方行为和劳方行为。其目的在于确保各方合法权益，特别是平衡资本与劳动者、资本与大众之间的权益关系，使劳资双方的行为纳入现代民主法治轨道，从而使劳资关系的协调稳定，使企业社会责任的履行具有法律保障。

2. 加强企业内部相关组织建设

工会应该成为企业社会责任的积极参与者和推动者，更好地履行法律赋予工会代表和维护劳动者合法权益的职责。要充分发挥工会组织同职工利益相关的优势，引领每一位职工发挥每一个个体的作用。要加强工会组织的建设，要加强企业职工代表大会决定执行情况的检查和总结。同时在企业内部加强对一些社团和非正式组织的引导，为企业社会责任的顺利履行提供组织保障。

3. 转变官员的观念

地方官员的唯经济至上的观念需要摒弃，这种观念导致企业只关心赢利，对于社会责任不予过问。若地方官员不改变观念，企业的社会责任就很难履行。对于有些企业污染环境，破坏性生产的做法同我国坚持可持续发展的大政方针相左，这些现象必须叫停。但是具体措施的落实和执行，相关职能部门执法和监督工作的开展，都要依靠地方政府和政府官员的落后观念的转变。

4. 加强媒体、公众对企业的监督

政府一方面要大力鼓励营利组织参与公共事务治理，特别是在免费或低价提供物品方面；另一方面要考虑到企业的自利性，进行严格的制约和监督，积极发挥媒体、公众对企业的监督作用，以强化营利企业的社会责任。像越轨运作、违规违法、拖欠工资、偷工减料、欺骗顾客、污染环境等，违背了诚信经营的准则，违背了企业的社会责任，必须进行曝光，接受舆论批评。

5. 树立榜样，弘扬正气

对那些经济效益好，声誉好的企业及其管理者要大张旗鼓地进行宣传表彰，并且采取相应的经济奖励，从而树立榜样，弘扬正气。

第二节　我国民族自治县的善治与公民治理参与

一、自治县公民治理参与的理论和模式

（一）公共选择与市场化模式

美国著名经济学家詹姆斯 .M. 布坎南认为，政府官员与市场经济中的“经济人”一样，是由理性的“经济人”组成的，其行为也是为了追求自身利益的最大化。他认为，公共服务既可以由政府来提供，也可以由社会公众来提供；应给予公众对公共服务进行选择的机会。公共服务由政府垄断供给必然造成腐败、低效率，以及服务目的和服务结果的异化。因此，公共选择理论强调进行职位的让位，集中精力做好自己能做好的事情，把其余的事情交给市场，其中最重要的一点就是公共治理的市场化模式。

在市场化模式中，通过竞争打破垄断，迫使公共垄断组织对顾客的需求做出反应，从而实现消费者主权与公民权利。具体竞争做法：一是公对私的竞争，即让公营组织和私营组织都来提供公共服务，从而促使其竞争；二是私对私的竞争，即政府要求私营企业彼此竞争，以提供一些公共服务；三是公对公的竞争，即政府促使自己内部组织之间进行竞争，以达到良好的服务效果。[①] 在市场模式中，公民不仅是作为纳税人而存在，公民也是顾客，又可以凭借纳税人的义务而享有公民的权利，可以作为顾客通过其选择权来使自己和公众的利益得以实现。这充分说明公共选择的市场化模式给了公民很大的参与权。

---

① ［美］戴维・奥斯本，特德・盖布勒：《改革政府：企业精神如何改革着公营部门》，上海译文出版社，1996 年，第 286 页。

（二）新公共治理中的参与式政府模式

新公共治理理论产生在20世纪70年代。其任务就是为了解决当时西方国家在公共治理活动中出现的财政危机、公共服务危机和公民信任危机的问题。为此，该理论对政府与公民之间的关系进行了重新定位。认为政府不再是高高在上的“万能统治者”，其工作人员也不再是公众的“主人”，政府与公众之间是一种新型的“生产者”与“顾客”关系。

首先，参与式政府模式主张公共治理主体的多元化。认为政府虽然是公共治理的主体，但不是唯一主体，在政府之外，还应当有一些自治性或半自治性机构来充当公共治理的主体，强调“发展第三部门，用有利于公共部门的非营利组织用来解决当代社会的许多问题”①。

其次，参与式政府模式主张在公共治理民主化和公开化。在公共治理运行中通过实现民主化和公开化，来提高公众参与的广度和深度。“在这样一个时代里，如果没有公众的积极参与，政府很难使其行动合法化”②。对此，彼得斯提出了四种参与机制：一是监督。公民通过对政府服务和制度运行不当的批评和申诉，来进一步开放政府，而实现自己的公民权和参与权；二是授权。参与式政府模式通过“倒金字塔”型的管理形态，来调动公众的积极性、主动性和创造性；三是对话。公民可以直接与政策观点不同的公民讨论，也可以直接与政府机关协商。通过对话的协商机制，增强共识和共同的责任感，从而有利于确立和实现符合公共利益的目标；四是选择。“要求公民本身能够投入政策选择及提供服务的过程”，使

---

① ［美］盖伊·彼得斯：《政府未来的治理模式》，中国人民大学出版社，2002年，第72页。

② ［美］盖伊·彼得斯：《政府未来的治理模式》，中国人民大学出版社，2002年，第59页。

公民具有更多的作为消费者的选择权和直接的控制权。[①]

（三）自治县公民参与的宪政基础

《中华人民共和国宪法》第一章第2条明确规定："中华人民共和国的一切权力属于人民"，只有公民拥有参政权才能真正体现"人民是国家的主人"这一宪政结论。无论是在资本主义还是在社会主义的宪法中都明确地赋予了这一思想：人民是国家的主人。只有公民真正地参与到国家和社会事务的管理过程中，成为自己事务的主人，才能保证公民参与权的实现，保证人民的权利。"以人民有权决定政府界限和条件为基础的任何政治宪法，大概一定相应的保留不可剥夺的人民的权利"[②]。中国公民参与管理的过程，基本上是在两个层面上实现的，一个层面是以恢复和健全人民代表大会制度为核心的上层民主建设；另一层面是80年代发轫，90年代勃兴的以村民自治为代表的基层民主实践。一方面中国人民"通过他们选出的代表组成全国人大和地方各级人大，行使管理国家的权力"；另一方面"在基层实行群众自治，群众的事情由群众自己依法去办，由群众自己直接行使民主权利"[③]。在基层官员的配合和广大农民的积极参与下，中国广袤的农村发生了一场静悄悄的变化，村庄的领导人由上级选定变为由村民的自由选举产生。由此，村庄的权威基础也程度不同的从"自上而下"转变为"自下而上"。

总之，治理理论关心公民的利益，强调的是政治国家与公民社会的合作、政府与非政府的合作、公共机构与私人机构的合作、强制与自愿的合作。所谓"善治，就是使公共利益最大化的公共治理过程。善治的本质特征就在于政府与公民对公共生活的合作管理，

① ［美］盖伊·彼得斯：《政府未来的治理模式》，中国人民大学出版社，2002年，第80—85页。

② ［美］文森特·奥斯特罗姆：《复合共和制的政治理论》，上海三联书店，1999年，第31页。

③ 彭真：《论新中国的政治工作》，中央文献出版社，1992，第427—428页。

是政治国家与市民社会的一种新颖关系，是两者的最佳状态”。[①] 善治实际上就是国家权力向社会的回归，善治过程就是一个还政于民的过程，表示政府与社会的友好合作，它有赖于公民自愿的合作和对权威的自觉认同，要求公民的积极参与。治理与善治体现了一种“权为民所用、情为民所系、利为民所谋”的公共治理的核心理念。在此理念下，西方政府逐步从管制型政府向服务型政府转变；从全能型政府向有限政府转变；从人治政府向法治政府转变；从低效率的政府向高效率的政府转变。在治理和善治理念下，公众参与以及公众与政府之间是一种良性互动，它要求政府和公民同时树立参与和共同管理的理念。

二、自治县公民治理参与的现状

（一）自治县治理中公民参与的发展历程

自治县公民治理参与的历史发展以 2000 年为界，可分为两个阶段：传统公民参与阶段和新公民参与阶段。2000 年之前的传统公民参与，以参与政治选举或决定政府人员组成为内容，2000 年以来的新公民参与阶段，以参与广大公共事务为内容。自实行改革开放政策以来，自治县经济建设迅速发展，并且取得了巨大成就。从而坚定了人们对社会主义市场经济和民主法制的信心，激发了人们权利意识的觉醒。1982 年 12 月 4 日，第五届全国人民代表大会通过的新中国建立后的第四部宪法，不仅恢复了“五四宪法”有关公民基本权利的内容，而且新增了许多内容，使公民权利重新得到具有最高法律效力的宪法保障。同时，国家还以宪法的形式确立了公民“结社自由”的权利和基层群众性自治组织形式，为村民委员会、居民委员会和社团的发展提供了法律依据，也为公民参与权利的实现提供了组织保障。

进入 21 世纪初以来，自治县治理中的公民参与呈现出新面貌。

① 俞可平：《治理理论与公共管理》，载《新华文摘》，2001 年第 12 期。

以人为本的科学发展观为自治县治理中的公民参与提供了有利的政治环境，社会转型导致的多元利益主体扩大了公民参与的社会基础，而基层自治实践中的民主观念教育与选举知识的普及促进了公民权利意识的觉醒，并出现权利导向的公民参与热情，公民对公共事物的日益关注。自治县政府勇于探索，积极尝试，为公民进行多方位、多层次参与公共治理活动开辟新渠道，创造新条件，公民参与的内容、方式极大地丰富了。在国家提倡发展民主政治的推动下，反映不同利益群体的社团也日益活跃，并承担着一部分公民参与的任务，成为公民表达自身利益诉求的重要途径。

此外，随着互联网技术的迅速普及，自治县政府日益重视网络传递的民意，自治县政府各部门通过网站听取公众意见和质询，提升了公共事务的透明度，降低了公民参与的信息成本，加强了公民参与的深度和广度。目前，网络已成为公民参与公共治理活动最便捷的方式，扮演着全面发展公民参与的重要作用。

总之，当前，自治县治理中的公民参与发展较快，公民参与的主体、客体和参与途径及形式等都表现出许多新特点。

（二）目前自治县公民治理参与的特点

1. 公民参与主体多元化

社会分工的细化和新职业群体的涌现，使原有的“工人、农民和知识分子”的简单社会结构演化成一个由许多新阶层组成的复杂社会结构，加速了多元参与主体的成长。

此外，市场经济体制的建立，传统单位分配体制的解体，使公民福利、社会保险等权利与单位剥离。这就迫使游离于单位之外的公民个体寻找新的利益共同体与表达机制，进一步促进了参与主体的多元化趋势。

2. 公民参与客体的全程化和广泛化

公民参与自治县公共治理由局部到全过程的发展。在计划经济时期，自治县公共政策的制定基本上是精英决策模式，公众的意见只有通过选举政治精英来间接完成。这样的决策模式有缺陷，但与计划经济的单一社会结构相适应。

市场经济条件的多元的社会结构，多元的利益主体，在市场竞争环境的刺激下，各利益主体的权利意识逐渐唤醒，利益诉求日益清晰，为更有效地向公共政策系统表达意愿，让权威部门做出有利于自身利益的价值分配，各利益主体越来越多希望通过参与公共政策过程影响价值分配。为此，人们不但要关心通过选举代表间接参与公共政策的有效性，更要关心直接参与公共政策的制定、执行及评价。

进入新世纪，一系列有利于政务公开的实践不断出现，重大公共决策前的听证会制度，通过电子政务进行网上意见征集，开通群众信箱，鼓励群众建言献策，等等，吸纳公众在政策制定环节上的参与。公民参与从过去的间接参与公共政策的局部环节到直接参与到公共政策的全过程中，尤其是在执行与评估环节中的直接参与。近年来迅速发展的政府绩效评价就是最好的证实。

另外，公民参与自治县公共治理的领域在扩展，即公民参与的事务由选举向公共治理的其他各个领域扩散。在农村，主要表现为村民切身利益相关的征地、拆迁、税费、选举等问题上的纠纷；在城镇则表现为市场经济转型中出现的下岗、失业、无业人员以及大量农民工等弱势群体在争取自身利益而进行的上访、集会、示威等方面；而社团组织数量的猛增与网络媒体的迅速发展，则成为社团组织关注更广泛公共领域的有利条件。目前，社团组织的参与范围已由最初的经济领域扩展到社会和文化领域（文教、社保、环保等）。

总之，不管是在城镇还是在农村，公民参与的范围正由单纯的选举领域扩展到参与更广泛的公共事务领域。既显示出公民对公共事务日益高涨的参与热情，也反映了公民参与公共事务领域的扩大。

3. 公民参与方式的时代化

近些年自治县政府在强化已有的制度渠道的同时，努力增加新的制度化途径，使自治县公民参与更加畅通。目前经过不断完善的制度参与主要有：政治投票和选举，各级人大、政协参政议政，信访制度，基层的群众自治组织及其议事制度，行政复议和行政诉讼，社会协商对话制度，大众传媒参与，社会团体参与，公民旁听制度等。

公民参与政治的形式出现新的特点：一是设立机关效能投诉中心。由自治县政府组织建立的制度化投诉机制，帮助公民获得政府对相关问题的解决。企业、群众可以通过来访、信函、电话、传真、电子邮件、手机短信等方式到机关效能投诉中心对相关机关单位的不当工作表现进行投诉、咨询、建议；二是志愿者行动。志愿者行动从环保、教育、医疗扩展到社会救助等领域，可以弥补政府资源的不足；三是共同生产。公民和公民团体在作为政府服务的接受者的同时，也可能与政府联合起来共同生产或合作生产，提供公共服务。自治县农村公共设施的治理就存在多种公民（家庭）与政府共同生产的形式。如村庄水利设施的维修活动由基层政府的水利管理部门——水管所和村庄内的家庭共同合作进行的。

（三）目前自治县公民治理参与存在的问题

1. 自治县公民参与在观念上有误区

首先，认为公民参与不重要。相当一部分民众对政治权力仍存有较高的依附、臣属、顺从心理，导致权威崇拜，缺乏自主评判的意识和通过参与改变现状的信心，对自身参与的权利并不看重。同时，官僚主义、“官本位”意识产生的“自上而下”思维定式，在政策制定或是公共服务供给中，公民只是被动地充当接受者。

其次，认为公民参与影响经济发展。公民参与会在一定程度上增大政治和行政的成本，复杂的民意需求与政府发展经济的单一愿望格格不入。因此，在一些自治县治理中的公民参与的力度不大，甚至由于担心影响经济发展，参与流于形式。

再次，片面理解公民参与内涵。自治县公民参与由政府自上而下推动，公民社会发育尚不成熟，一些官员对公民参与的理解还停留在政治领域的选举或投票的范围内，仍然主张公共管理领域的事务应由政府掌控，公共服务的供给应由政府来安排，与一般的民众无关；认为参与就是选举和投票。这些都成为影响公民参与公共事务领域的障碍。

2. 自治县公民参与的水平不高

(1) 公民参与公共事务的能力不高。公共政策或公共项目的科技含量不断提升，增加了普通公民参与公共事务的难度。信息搜集的成本及尚待提高的信息透明度，使得公民很难获得参与公共事务所必需的信息资源。在这种情况下，公民参与质量不高。

(2) 公民参与的组织化程度不高。公民参与的村委会、居委会及社团组织三大载体，处于改革摸索阶段，它们对政府的依赖性大，独立性弱，难以充分发挥其公民参与载体的作用。

3. 自治县公民参与的法律制度不健全

首先，公民在自治县重大公共项目及相关公共事务领域参与程序的制度化和法制化有待加强。

其次，制度配套不完备。许多制度之间存在相互矛盾，职责交叉等现象，制度配套程度不高。

再次，公民参与渠道建构合理性不足。缺乏结合实践情况的具体设计，多数渠道难以发挥功能，渠道的使用率不高，以致渠道网络在承载公民参与诉求上出现畅通性不佳。

三、自治县公民治理参与的优化途径

(一) 加强公民意识教育，培育公民公共精神

公民意识，主要指广大公民在对自身的公民角色和权利进行正确认知的基础上，以独立和理性的态度积极参与社会公共生活，并勇于承担责任和履行义务的意识。具体来说，它主要表现在四个方面：即公民角色或资格的感知、公民权利的运用、公民责任的履行和公民美德的倡行。自治县公民意识的价值主要表现在：

1. 有助于发展自治县的社会主义市场经济

等价交换是市场经济的客观要求。培养自治县公民的公民意识，明确经济活动领域公民交换主体与竞争主体的地位，有助于培育自治县合格的市场主体角色，塑造市场经济的主体要素，完善自治县社会主义市场经济，促进自治县经济又好又快发展。

2. 有助丁提高农民政治参与水平

公民意识所唤起的自主、平等精神，能使公民明确自己的社会责任和社会地位，从而激发参与政治的积极性。公民的政治态度和政治参与程度是衡量自治县民主建设的一个重要标准，对公民自治制度的建设至关重要。公民意识增强了，可以扩大公民政治参与主体的人数，拓宽公民政治参与的渠道，提高公民政治参与的层次，加强公民政治参与的强度，从而影响政府的政策制定和执行，为公民自己争取到更多的利益。

3. 有助于社会主义法治建设。

公民意识是从法律制度规范走向现实法治秩序的重要桥梁。自治县公民意识普遍觉醒，就能形成普遍的“法治”观念，使社会主义民主和法制真正落到实处，使法治理念、法律制度转化为公民生活中的信念和准则，从而有利于建立起自治县县域内普遍有效的法治秩序。

然而，我们也看到当前自治县公民公民意识不强，具体有如下表现：

1. 民主主体意识缺乏

自治县公民的民主主体意识，是指自治县公民对自己在民主政治生活中所扮演角色的认识和态度。政治参与是自治县公民民主体意识的贯彻和实施。伴随社会的开放、经济水平的提高，自治县公民的政治参与获得了长足的发展。但现阶段自治县公民政治参与行为仍存在很大的局限性。

第一，自治县公民政治参与大多数是手段性参与。即将政治参与仅仅视为实现某一利益要求和愿望的工具，若达到某种目的或某种目的达不到时，都可能不再进行政治参与。

第二，现阶段自治县公民政治参与行为受非制度因素影响明显。这直接阻碍把自治县公民政治参与纳入制度化、规范化轨道。只有自治县公民具有民主主体意识，才能主动地参与到自治县的政治、经济和文化建设当中，抛弃狭隘的个体意识，切实行使当家做主的权利，自觉地承担自治县民主政治发展的责任。

2. 权利和责任意识淡薄

公民有不可剥夺的自由平等的基本权利。自治县公民不但要自觉意识到自己和每一个公民一样都有不可剥夺的自由平等之基本权利，而且要意识到每一个公民都要承担相应的、无可推卸的社会责任。公民的权利与社会责任不可剥夺、不可回避、不可转让；公民不但有责任和义务积极参与与公共利益相关的公共事务，还有责任对公共权力机关进行认可、监督和支持，不断促进和完善政府的工作。

现阶段大部分自治县公民还停留在传统的官管民的思维中，没有意识到自己作为公民，有不可剥夺的自由平等的权利。在农村村级选举中，许多村民对村级领导班子意见甚多，但对基层选举却又缺乏参与热情，不肯积极地通过选举来改善村庄权力运行。

自治县一些公民缺乏强烈的权力责任意识和独立人格，不能正确利用国家赋予自己的选举权，不善于或不敢用法律抗拒来自政府的种种不合理要求。公民缺乏独立人格，进而缺乏充分的权利意识，公民自治的发展失去了内源性动力。

3. 法制意识不强

一般来说，主体对法律的了解越多、理解越深，其对法律的认知就会更理性，对法律的认同、确信、向往和践行也会更自觉，法制意识也相伴而生。

在自治县传统的社会政治结构中，法律仅仅作为国家权力的附庸而存在，传统人治观念对自治县公民的影响较深。因此，自治县公民普遍崇尚权力而漠视法律。在自治县一些地方，权力超越法律、行政支配法律等现象屡见不鲜。个别执法者甚至以权力的“主人”自居，滥用职权或越权行政。许多自治县公民心目中还未能真正树立对法律和法治的信念，所以，自治县公民“依法办事”很多情况下只是一句空话而已。

4. 合作意识欠缺

自治县大都是农业县，居民以农民为主。而自治县农民最大的特点是善分不善合。农民的合作意识不强，合作对象具备明显的家族倾向；合作领域较窄，合作方式单一。

首先，这与农民所处的生存环境有着密切的关系。以个体家庭为单位的农业生产，使农民不用求诸他人就能获得必备的生活资料，因此，农民之间的合作较少。同时自治县农村社会环境的限制，工商业发展的层次低，因而能够提供的合作项目也少，致使农民缺乏合作的锻炼。

其次，从法律制度的角度看，合作必然会有矛盾。而现实法制不健全及受传统文化的影响，人们的法制意识不强，当矛盾发生后不能依法解决，以致打架斗殴，甚至家破人亡之事时有发生。因此，许多人抱着消极态度，不愿意与他人进行合作。

那么，如何来提高自治县公民意识，我们以为主要要做好如下几个方面的工作。

（1）大力发展经济是培养公民意识的根本。经济的发展，是自治县公民意识转变的前提。大力发展社会主义市场经济，能破除自治县广大农民的小农意识，从而为公民意识的生成提供前提条件。市场经济是法制经济，市场经济法律体系的逐步健全，必将促使人们加深对法律的理解和认识，有助于市场主体乃至全体社会成员积极守法精神和理性自主精神的养成。同时市场经济活动还对发展市场主体之间的合作意识、互利意识、诚信意识、自律意识等有重要作用，并对全体社会公众有示范效应。

（2）扩大民主实践是培养自治县公民意识的基础。自治县公民意识的培育必须以实践为基础。要通过具有中国特色的政治文化的社会化渠道，使自治县公民真正树立起积极的政治参与意识和对社会主义事业的政治信仰、政治情感，让自治县公民在政治参与实践中加强对政治过程、政治生活的了解，增强对村内外政治体系的认同和政治责任感，培养公民的公民意识，使公民在政治参与中形成民主的切身体验。当前，自治县的乡村要通过进一步规范农村基层选举制度，完善村民“一事一议”制度，落实村务公开民主管理制度。这样既能使传统的政治文化的行为模式和心理倾向在民主实践中得以真正改变，又能锻炼村民的民主管理能力，提高村民政治参与的积极性，从而使村民逐步熟悉和习惯于民主的操作规范，培育出民主、理性和独立的公民意识。

(3) 加强公民教育是培养自治县公民意识的关键。在对公民的政治教育中，要变单纯的政治的政策宣讲为民主政治意识、民主参与能力的培养；在道德教育中，要变空洞的道德说教与灌输为个体道德良知的启蒙、道德人格的培育，培养社会成员自主意识与独立人格，团体意识与公德意识；在法制教育中，要变单纯的知法守法教育为权利观念、自由观念的启蒙教育，尤其应让公民懂得现代国家的本质是什么，清楚权利和权力的界限，弄明白什么是市场经济、民主政治、现代法治，引导和强化公民对国家制度、法律制度的反思和认同。只有持之以恒地认真实践公民教育，改进教育方法和形式，具有现代公民意识的公民才能为现代民主法治社会提供强大而坚实的基础。

（二）加强公民素质培养，提高公民参与能力

1. 提高公民参与对自身利益和权利维护的素质

民主首要的是公民要对自身利益有完全的自主权，而且能够自主地去依法创造、追求和维护自身的合法、合理的利益。公民对自身利益的维护，不但体现了人类文明的进步，符合人类社会的发展进程，而且也是民主社会结构得以形成的关键。公民应该把自己的权利视为自己生活的当然组成部分，视为公民自己个人自下而上和社会发展之必需，这样的公民权利才是一种真实的存在和必要的需

求。历史和现实告诉我们，民主制度如若缺失来自公民的外在压力，则它本身的确立、发展和完善就缺乏相应的动力机制。当我们审视民主制度时，最重要的是看公民是否具备对自身权利维护的能力，是否使民主制处于公民维护自身合法权利的外在压力之下。相反，如果对自身合法权利的维护不是通过自身素质的提高来实现，而是依靠某种外在的异己力量来实现，那么这种民主一定是流于形式的。

2. 提高公民参与的文化素质

公民受教育的程度决定公民参与的积极性，也决定公民参与的质量。只有公民的文化素质得到了提高，公民才有相应的认识问题和分析问题的能力，公民才有可能积极地、有效地参与政治生活，维护自身合法权利和利益。这正如邓小平同志感于公民素质与中国社会主义民主政治建设时曾说过“因为我国有十几亿人口，人民的文化素质还不够，普遍实行直接选法的条件不成熟。”显然，对民主来说，它要求不断提高公民的文化素质，并伴随着文化素质的提高而使本身获得相应的发展。

3. 提高公民参与的政治素质

政治参与是指公民对政治过程施加某种影响的行为，它是一种实际的政治行为。实践证明，只有公民实际地介入了一定的政治过程，才是真正意义上的政治参与。公民政治参与最大的政治功能和价值在于通过影响政府的行动和决策，使国家政治体系运作避免或减少对公意的可能的偏离。当今世界各国政府一般都实行间接民主制——代议制，以议会作为代表民意的机关，即利益确定机关。代议政体，就是全体人民或一部分人民通过由他们定期选出的代表行使最高的控制力。而政治实践告诉人们，光有选举是远远不够的，应该在选举之后让人民有更多的机会介入政治过程，必须有广泛的公民政治参与来弥补其不足。再加之，历史经验明示我们：政治体系一旦形成，并独立运转，就会构成特殊的利益，会产生扩展权力的“天然”冲动和倾向。因而，公民的政治参与是至关重要的。

（三）采取确实措施，构建自治县公民参与平台

1. 树立新观念，正确认识公民参与

自治县政府要有战略眼光，更新观念，解放思想，正确认识公民参与的重要性、公民参与的意义、公民参与的内涵、公民参与的内容。只有公共管理者在思想上提高认识，才能在决策和管理实践中扩大公民参与，帮助广大公民学习参与必备的政治知识、规则和技能的培训，增强公民的参政能力，发挥公民参与的作用。

2. 加强自治县公民参与的载体建设

目前，自治县基本形成村委会、居委会与社会团体三大公民参与的载体。这三大载体建构为公民社会的发育、公民权利意识的培养起到了促进的作用。实践证明，单个公民参与的力量是有限的，只有组织化的参与才是有效和适当的。公民参与的健康发展，需要具有代表性的团体或组织来承载。因此，村委会、居委会及社团组织的改革步伐还需加快，明确村委会与居委会作为基层自治组织职责与功能，摆脱其“影子政府”的身份，真正成为基层群众自治组织。社团组织的建设也需要鼓励和规范，并确保其不受干涉的独立地位。

3. 强化自治县公民参与的法律建设

《中华人民共和国宪法》第二条规定：中华人民共和国的一切权力属于人民；人民行使国家权力的机关是全国人民代表大会和地方各级人民代表大会；人民依照法律规定，通过各种途径和形式，管理国家事务，管理经济和文化事业，管理社会事务。《中华人民共和国民族区域自治法》也有上述相同内容的规定。

尽管自治县公民参与的权利是得到《宪法》和法律保障的。然而，正如列宁指出的：宪法只不过是一张写着权利的纸。《宪法》的实现需要更具体的制度体系作保障。因此，自治县公民参与的良性发展必然要有一套制度体系作保障，而这套制度体系应该是以宪法和民族区域自治法为基础，以实现自治县公民参与的各种政策、各种具体的操作规程作为保障机制。通过强化公民参与的法制建

设，防范和约束公共管理者侵害公民参与的行为发生，把公民参与纳入自治县公共治理的过程中。

4. 增强自治县公民参与的现代化建设

一方面，要提高公民参与基础设施的现代化水平，加强自治县公民治理参与所需的网络设施建设和数据库建设；另一方面，要强化提高公民参与技术与策略的“软件”投入，组建自治县公民参与技术与策略研究队伍，开设公民参与技术与策略的培训课程，鼓励各地自治县公民参与成功经验的总结与推广等。

第六章　我国民族自治县公共治理文化环境的优化

公共治理总是在一定的自然环境、经济环境、政治环境和文化环境中进行的。人们习惯统称为公共治理环境。治理环境的变迁，必然对公共治理活动带来冲击，对公共治理提供新的条件，提出新的要求。本章重点讨论自治县公共治理文化环境的优化。原因是民族地区的文化环境较其他地区来说更显示出其特性。譬如，少数民族所拥有的本民族的语言，所信奉的宗教，赋有个性的历史等都对自治县公共治理产生影响。这些都值得人们关注。

第一节　我国民族自治县公共治理文化的作用

一、文化与公共治理文化

（一）什么是文化？

被称为人类学之父的英国人类学家 E·B·泰勒是第一个在文化定义上具有重大影响的人。他在《原始文化》中的“关于文化的科学”一章中说：“文化或文明，就其广泛的民族学意义来讲，是一复合整体，包括知识、信仰、艺术、道德、法律、习俗以及作为一个社会成员的人所习得的其他一切能力和习惯。”而文化哲学把文化结构区分为物质文化、制度文化、精神文化三个层面。

物质文化实际是指人在物质生产活动中所创造的全部物质产品，以及创造这些物品的手段、工艺、方法等。制度文化是人们为反映和确定一定的社会关系并对这些关系进行整合和调控而建立的一整套规范体系。精神文化也称为观念文化，以心理、观念、理论形态存在的文化。它包括两个部分，一是存在于人心中的文化心态、文化心理、文化观念、文化思想、文化信念等；二是已经理论化、对象化的思想理论体系，即客观化了的思想。本书所谈论的文化不包括物质层面的文化，而是制度和精神层面的文化。

（二）什么是公共治理文化

所谓公共治理文化是相对于社区文化、乡村文化、校园文化、企业文化而言的一种具有公共治理特点的文化形态，主要是指在一定经济、政治和文化环境中形成的关于公共治理活动的治理精神、治理意识、治理价值和治理心理的总和，是公共治理人员应具备和遵守的理想信念、价值观念、道德标准、行为模式、生活方式及人际关系等各种生活准则与行为规范的总称。自治县公共治理文化的实质是自治县公共治理人员所遵循的有本民族、本公共治理机关特色的价值观念、治理规范和思维模式等。

自治县公共治理文化的特定对象和特殊环境决定了它对于公共治理行为的重要作用。扬弃传统不适宜的公共治理文化，培育和塑造具有民族地区发展特色的地方公共治理文化是当前自治县公共治理发展的重要任务。

公共治理文化是一个复合的、具有多层面、多功能的文化系统。从时间上看，它是由不同时期的公共治理文化混合而成。从空间上看，它是由一系列层次不同、影响范围不一的文化要素构成的。从空间上来划分，一般说来，公共治理文化主要包括四个层次。

1. 社会总体性的公共治理文化

社会总体性的公共治理文化，主要是指存在于全社会的各种行政活动中的基本的、具有全社会的普通意义的价值体系、公共治理观念、公共治理道德、公共治理气质等因素组成的行政文化、也称为公共治理组织文化。它往往影响到整个社会公共治理体系的特征和活动方式，成为一个团体或一个组织的最基本的文化背景。例如，中国传统行政文化中最为突出的是伦理道德原则，而西方发达国家则是法制民主原则。

2. 区域性的公共治理文化

由于社会各地区之间政治、经济、文化存在巨大的差异，往往会形成与总体公共治理组织文化存在一定差异的区域性的公共治理组织文化。它既是在一定的社会总体和民族文化氛围中形成的，又带有本地区和本民族的特色，是一种特殊的组织文化，又称为亚行政组织文化。只要经济和文化发展存在不平衡，它的存在就是不可避免的，这会使该地区的公共治理工作更加符合本地区和本民族的特点和要求。同时，它也有利于促进不同公共治理地区之间的互相学习和交流。自治县的行政文化就是典型的区域性亚政府文化，既体现了与我国总体性的政府文化相类似的地方，也必然具有民族自治地方的民族性、封闭型、交融性、异质性等亚文化层面的表现。

3. 机构性的公共治理文化

由于公共治理机关是构成公共治理体系的基本单位，因而机构性的公共治理文化在不同级别的机构和不同性质的机构中是不同的。它是一种为实现行政目标而制定的具有一定强制性的文化，又称“中介文化”。它直接对公共治理机构的各种公共治理活动发生作用，一方面影响机构的形式和活动方式；另一方面又影响公共治理机构组织之间的联系和交流。机构性的公共治理文化是不同级别乃至同一级别不同政府公共治理之间相互区别的重要标志。例如，权力崇拜、效能低下、官僚主义等政府病变普遍存在于各级民族地区政府。但是，在不同级别政府组织中的表现形式不一，有的更突出，有的则不明显。在自治县政府比较突出的机构性文化即为宗教性、民族性。我国120个自治县较多为单一民族或几个民族联合治理。单一民族的文化传统、宗教习俗必定影响甚至决定着自治县政府的公共治理文化，悠久的历史传统形成的宗教教义和民族行为观将会影响着自治县公共治理人员的行为标准，在不同的自治县表现的形式不同，但是或多或少成为自治县公共治理机构性的公共治理文化的特征。

4. 主体性的公共治理文化

公共治理文化的主体是人，公共治理文化是由公共治理人员创建的、最终也由公共治理人员来体现的。因而，主体性的公共治理文化是社会、区域、机构公共治理文化的基础。主要是受公共治理主体自身不同的信念、价值观、道德观和知识水平等内在精神因素的影响。它是在公共治理中形成的一种意识形态和文化观念，是公共治理文化的心理部分，是深层的精神文化，可称为“心理文化”，是公共治理文化中的核心内容和灵魂。

根据《宪法》和《民族区域自治法》的规定，自治县政府的县长由实行区域自治的民族的公民担任，自治县人民政府的其他组成人员和自治县自治机关所属工作部门的干部中都应当合理配备实行区域自治的民族和其他少数民族的人员。少数民族干部出生在少数民族家庭，少数民族特有的民族信仰和宗教精神必定长久影响着这些干部的思维取向，在公共治理行为中必然会带有自身的民族习惯，可能会对社会性公共治理文化的某些方面产生影响，甚至冲突。

以上四个层次构成了一个有机整体，它们相互制约、相互影响。同时，对于任何公共治理组织和机构来说，不是有没有公共治理文化的问题，而是公共治理文化的整体水平能否适应公共治理工作的需要，公共治理主体是否能自觉认识到公共治理文化对公共治理的影响和整体发展的意义，并能始终从公共治埋文化的总体需要出发，加强公共治理文化建设和促进整个公共治理工作的开展。

从时间上划分，可以把公共治理文化划分为传统的公共治理文化和现代的公共治理文化。传统的公共治理文化，是指从历史上继承下来的一些精神因素，这些精神因素有的是合理的、有益的，也有些是有害的。因此，创建社会主义行政文化要注意对传统文化辩证地扬弃，及时地把新的、科学的公共治理文化纳入社会主义公共治理文化体系之中。现代的公共治理文化，是指反映当前时代发展与要求的公共治理价值观、公共治理意识、公共治理心理、公共治理制度、公共治理原则等组成的文化体系。现在强调公共治理活动中的科学、民主、效率、公平、开放、竞争等原则，就是反映时代要求的公共治理文化的一部分内容。

（三）自治县公共治理文化的特点

自治县公共治理特殊的社会、历史、经济等公共治理环境的全方位影响，使得自治县公共治理文化呈现出独特性。

1. 民族性

新中国成立前，我国民族自治县多处于原始公社制、奴隶制、封建制等前资本主义社会形态，形成了封建王朝皇权统治下少数民族政权主导的行政管理制度的多元模式，相应呈现出多元制度文化特征。如在政治体制上，一些民族地区的封建领主制下的土司还具有至高无上的统治权，土司衙门内设有分管行政的机构和官员；另一些民族地区的奴隶制政权，实际上还带有血缘民族的父系家长制度的痕迹；而那些处于原始社会末期的少数民族，则谈不上专职的统治者和政权机构，他们维护社会正常秩序靠的是民族风俗习惯。[①]建国后，随着我国社会主义民族事业的逐步完善发展，我国建立了适宜少数民族地区发展的民族区域自治制度，是专门针对我国民族地区的，本身就体现了较强的民族性。一些自治县都是单一民族占主导地位的，如河北省的大厂回族自治县、孟村回族自治县，云南省的峨山彝族自治县、石林彝族自治县，等等；一些自治县是两个民族或者以一个少数民族为主其他少数民族为辅的行政模式，如湖

① 段尔煜：《论重视民族自治地方行政管理研究的必要性》，载《民族研究》，1992年第3期。

南省的靖州苗族侗族自治县就是苗族和侗族两个民族共同为主体的民族。这种多民族大杂居、小聚居的分布状况，融合了各个民族之间不同的历史文化、语言文字、心理结构等，既表现为相对独立，又表现为相互渗透，使各民族人际关系呈现多维性，滋生了一些由民族文化冲突引起的民族矛盾，这都会直接影响自治县公共治理的治理行为。

2. 宗教性

我国实行的是政教分开政策，宗教不得干预国家机关行政、司法，也不得干预婚姻、计划生育等国家政策，不得利用宗教干预学校教育和社会公共教育，妨碍义务教育的实施。但宗教作为一种文化现象长期存在于少数民族的社会生活中，深深影响着少数民族群众的行为意识。我国自治县大多数位于西部边远地区，多处于边缘性文化群落，传统保守的文化始终占据一定位置。自治县的许多少数民族群众基本都是全部信教，像佛教、道教、伊斯兰教、基督教、天主教，还有一些民族信仰原始宗教，有的已经形成了固化的、系统的民族文化，像彝族的毕摩文化，纳西族的东巴文化，傣族的佛教贝叶文化，回族、维吾尔族的伊斯兰文化，宗教活动已经世俗化，与民族传统习俗和社会规范融合在一起，成为民族文化的重要组成部分。宗教教义对社会稳定和政府行为既有正面、积极的作用，又有负面的消极作用。正面的因素会推进人们思维观念的进步，能够起到积极的作用。消极的、负面的宗教教义则会阻碍政府公共治理行为的效率，甚至会引起社会动荡。[①] 自治县政府及行政人员在公共治理行为时必然会受到当地宗教教义的影响，如处理不当，就会影响社会经济的稳定与发展。只有树立正确的宗教观，才能在公共治理过程中正确处理民族宗教事务，维护各民族群众的合法权益，保障民族地区的长治久安和社会的繁荣进步。

---

① 尹素琴：《论西部民族地区的行政文化建设》，载《喀什师范学院学报》，2004年第4期。

二、自治县公共治理文化的作用

自治县公共治理文化是自治县公共治理行为的灵魂，是自治县公共治理人员行为价值取向的主要依据，它决定或支配着公共治理人员行为的方向、强度、能效，影响着自治县公共治理绩效的高低。具体来说，主要通过以下几个方面表现出来：

1. 增强自治县公共治理组织的凝聚力和稳定性

自治县公共治理文化是在长期的公共治理实践中形成的共同价值信念和道德规范，它使自治县公共治理组织机构在精神层面表现为一个整体性的存在。这种整体性加速了自治县公共治理人员的向心性，规范了他们作为一个组织整体的价值观念和行为取向。在日常的公共治理行为中，这种文化在潜移默化中成为影响和制约公共治理系统凝聚力和稳定性的一个极为重要的因素。不同公共治理组织文化代表着不同的公共治理组织价值观、组织认同感和组织向心力，这些组织因素可以有效地引导和规范公共治理组织及其成员的各种公共治理活动，调整理顺公共治理关系，明确公共治理组织成员的目标，培养公共治理组织成员的责任感、正义感和忠诚感。尤其在公共治理组织面临危机或行政难关时，公共治理文化的力量往往超乎寻常的表现出来，能够整合公共治理机构公务员的整体精神，以强大的韧性战胜困难，这是其他公共治理力量难以超越的。

2. 推动公共治理体系的组织变革

公共治理组织的变革动力来自环境、目标与价值、技术、结构、社会心理和管理等六个方面，其中公共治理文化因素占了相当的比重。

首先，公共治理文化属于公共治理体系中精神性和心理性的构成内容，反映了公共治理人员的精神追求和心理价值取向，是公共治理机构及其人员采取这种行为而不采取其他行为的根本依据，是公共治理人员行为的示标。正因为有了公共治理文化的存在，才使得公共治理行为表现出与自身需求取向一致的行为准则。当公共治理组织机构的主体——公共治理人员发现自己的价值标准与公共治理组织机构发生冲突时，就会集合起来推动公共治理组织的变革，实现新的价值追求，即我们所谓的公共治理机构改革，每一次公共治理机构的革新都是一定公共治理文化取向的表征。尽管经济和社会的助推是一方面，文化的力量是潜移默化，不表露在外，却很强大。

其次，公共治理人员的治理情感、治理态度的变化也会在不同时期推动公共治理组织变革的发生，这一现象在民族地区表现得较为突出。自治县往往是单一民族为主体或少数几个民族的聚居区，公共治理文化往往是与本民族的宗教、民族习俗紧密联系在一起的，公共治理人员的治理态度、治理情感与民族地区经济发展是统一的，当适应社会经济发展时，公共治理文化就会表现出一定的稳定性。当不适应社会经济时，就会引导行政的变革。因此，公共治理组织文化的生命力取决于它与社会、政治、经济发展相适应的程度。

3. 提升自治县的形象和竞争力

公共治理绩效的提高不仅表明公共治理组织机构办事效率和公务员能力的改善，而且关系公共治理组织机构所秉持的文化能否被公众认可。文化已成为公共治理组织机构现代化的一个重要标志。当代多国政府所进行的政治改革不仅仅是政府规模和结构的大调整，而是已将重点转移到文化实力的调整与培育上，并制定政府公共治理文化发展战略，从而在“知识经济高地”进行战略竞争的同时，更强调在“文化经济高地”的博弈。文化软实力是政府软实力的建设的核心内容，中共党的十七大报告明确规定了要坚持社会主义先进文化前进方向，兴起社会主义文化建设新高潮，激发全民族文化创造活力，提高国家文化软实力。这就要求自治县县级政府除了制定一系列适合于经济发展客观规律的法律与政策之外，更重要的是必须建构一种精神力量来推进政府和社会的现代化进程，用一种文化方式来激励与整合自治县公共治理人员及社会公众对行业、对政府、对国家的集体认同，进而为自治县政府和国家的未来发展提供一种内在的文化精神动力。同时，由于自治县公共治理的文化建设能够整合、集合整个自治县社会文化，起到主导性作用，这种强势地位的价值观和道德规范会影响整个自治县县域社会公众的文化风气，起着对社会价值准则的示范和标准评判作用。可以说，公共治理文化作为一种聚合的、隐形的、无形的力量，能够支配、引导、规范、调整和提升自治县各级公共治理组织系统中的各个方面，对自治县公共治理组织具有直接的积极的影响作用。一个公共治理组织机构是否拥有良性的、核心的、健康的公共治理组织文化，将关系到公共治理组织机构的整体发展水平。

总之，从纵向上看，自治县既有传统公共治理文化的遗风，又有现代公共治理文化的色彩，是二者历史与现实的有机结合；从横向上看，自治县既有社会主义总体公共治理文化的特征，又有民族自治地方区域性的公共治理文化特点，是共性和个性的统一。从总体而言，社会中的任何成员都处于一定的文化环境中，每个公共治理人员身上都具有各种文化因素。任何一个公共治理体系的结构、运转程序、决策过程以及公共治理人员的行为、态度、价值观，无不打上文化教育的烙印，从而对公共治理系统产生总体性影响。而民族自治县地方公共治理文化特点所呈现出的浓厚民族性和宗教性，反映在各个民族的历史背景、意识形态、价值观念、行政规范、宗教意识、人伦关系以及传统社会遗留下来的公共治理形态、权力关系等观念中，对自治县公共治理活动有着重大的影响。为此，我们必须优化民族自治县公共治理的文化环境，构建与民族自治县公共治理相适应的公共治理文化。

第二节　我国民族自治县公共治理文化环境优化路径

一、优化公共治理文化环境的意义

文化环境，是指那些直接或间接作用影响自治县公共治理的各种文化条件。这种影响具体表现为：一定的文化背景作为前提贯穿于自治县公共治理活动的过程之中。如果文化环境适应自治县公共治理活动的要求，就对自治县公共治理活动起到积极的协调和推动作用；如果文化环境不适应行政活动的要求，则会对自治县公共治理活动产生消极的阻碍作用。因此，自治县的文化环境对自治县公共治理系统和公共治理活动诸多环节，如自治县公共治理组织、自治县公共治理目标、自治县公共治理结构模式、自治县公共治理组织沟通、决策、主体行为等发生深刻影响。一定的文化氛围和文化环境的熏陶，不仅可以塑造自治县公共治理组织的形象，而且还不断影响着自治县公共治理人员的行为。它会通过认知和情感因素影响自治县公共治理人员的行为态度；通过人们的个性特征影响自治县公共治理人员的行为；通过各种心理因素和历史的积淀，无声无息地决定着自治县公共治理主体的思维和行为模式。所以，我们要优化自治县公共治理的文化环境，必须大力加强自治县公共治理文化的建设。

（一）消除落后公共治理文化观念的需要

目前，影响自治县公共治理文化建设主要是落后的传统行政组织文化的存在。这种落后的传统行政组织文化表现在两个方面。

1. 以“官本位”为核心价值的传统行政组织文化的影响

在中国两千多年的“官本位”政治传统惯性下，做官成了计划经济时代唯一的社会价值评判尺度，它突出的特点是以官职大小和行政级别为评价社会生活和人际关系的唯一尺度。这种极端的价值标准，使公共治理人员的一切公共治理行为都指向上级部门和领导，而很少顾及到下级“民”的利益。比如，多数公务人员把追求更高行政职位和更大的行政权力作为人生的根本目标，为了达成这一目标可经历千辛万苦，甚至不择手段。又比如，民众在看待政府公务人员时，也往往用行政级别来评价他们的社会地位和人生价值，从客观上淡化了公务人员的服务意识。“官本位”意识衍射到几乎所有的社会领域，泛化为大众文化的重要内涵，连企业事业单位和其他社会组织也要安排行政级别，社会上“厅级和尚，处级庙宇”的怪现象就是“官本位”的鲜明体现。这种社会文化又强化了公共治理文化中“官本位”色彩。自治县政府的公共治理行为中，“官本位”的思想和作风普遍存在。在很多情况下，公共治理人员不能认清自身的责任和位置，造成官僚作风盛行，服务意识淡薄。在自治县的调研中，就发现有公众反映到公共治理组织机关办事难，求人难，即便符合规定只需要走一下程序的事情，也要求爷爷告奶奶，看人脸色，本来是行使服务职能的公共治理部门反而变成“主子”。办事效率低下、公共治理人员态度差等问题的出现也就习以为常了。长期以来，我国传统行政组织文化中各种具有代表性的价值观，如强调依附和服从，忽视人的独立人格、自由和利益的臣民文化及长官意志“深入人心”，以血亲为基础的宗法制，政权、族权、夫权、神权等都深刻地禁锢着人们的思想。此外，意识形态化的儒家思想使德治、人治、礼治文化成为传统组织文化的主流，自律机制以抽象的品德修养取代了具体的能力政绩，“礼”成为定社稷、统国家、度人民的道德规范，造成中国传统行政组织中缺乏他律的约束。这些落后的行政组织文化，在高度集中计划经济体制下的经济结构和社会结构中很容易找到滋生的土壤。

在市场化过程中，当社会和个人成为社会经济活动的主体力量时，“官本位”的组织文化基础必然会受到削弱。但受“官本位”这一传统行政组织文化影响的公共治理价值观、公共治理意识、公共治理道德等仍然不同程度地存在着，使得自治县公共治理文化呈现出与现代公共治理不相符的因素。具体表现为：

（1）人治性。突出表现为人格化的权威服从关系和人际交往关系。个人的人格权威往往高于其职务权威，下级对上级的尊重和服从常常与私人保持一致。

（2）全能性。突出表现为政府公共权力渗透到社会的每一个角落，公民社会的空间非常狭小，公共领域和私人领域几乎合二为一。政府和社会之间、政府各部门之间的职责权模糊，形成了政府无所不管、政府权力无限的管理格局，最后终因政府提取调动公共财力资源能力的有限性与其所承担责任的无限性的内在矛盾，从而使政府陷于“管不了”、“管不好”的艰难困境。

（3）保守性。“表现为极度僵化的办事作风，机械地坚持原则，过分地注重形式和常规”[①]。首先，自治县公共治理活动缺乏活力，公共治理组织内部缺乏创新动力，行政改革的社会心理承受能力差；其次，表现为自治县公共治理体系的封闭性和公共治理活动的神秘性；再次，自治县公共治理活动只是按照计划、指标按部就班地进行。这些都严重影响了适应市场经济要求的自治县公共治理文化的形成，阻碍了自治县公共治理文化变革。

2. 自治县公共治理文化特殊性的影响

自治县域内的居民以少数民族为主，这些少数民族群众长期聚居在一起，形成了独具风格的少数民族文化和气质。但也产生了一些消极的文化意识。比如，在自治县公共治理运行过程中流行族内忠诚的封闭观念，在与外界交流和接受新观念等方面都带有较强的保守性，一些少数民族群众对外来的汉族或少数民族干部的领导或治理缺乏认同感，他们日常的经济、文化、政治、宗教活动主要是通过家庭或氏族来实现。

长期以来形成的强调父子孝道和祖先崇拜价值观念，形成了族

① 张国庆：《行政管理学概论》，北京大学出版社，1990 年，第 316 页。

长、族内头人等领导者的天然性权威。这些族内领导人维持着日常的社会秩序，当自治县政府行政领导和族长等天然领导权威产生矛盾或冲突时，少数民族群众会自然的、义无反顾地支持本民族的天然性权威，严重排斥外来的领导。例如，实行“卡些卡列”（卡些是指族内头人，卡列是指卡些的副手）制度的拉祜族，某姓的卡些只能在本族中产生，不得由外姓担任，即便群众推选，也只能在本姓中选择。人们认为如果异姓继任卡些则将产生天下大乱，异姓卡些也会死亡。[①] 即使在民国时期，在拉祜族地区推行区乡保甲制度，拉祜族人也只认同卡些卡列。因此，民国政府不得不将保甲制度与卡些卡列制度相结合，保持卡些卡列的传统地位和职能。[②] 可以说，族内忠诚导致了一种看似理性的集团主义——忠诚、团结。但是，这种排外的带有弊端的集团主义限制了少数民族族群整体的发展机会和进步动力。自治县公共治理人员中也天然的存在这一现象，大部分公共治理人员是本民族或本地区土生土长的，民族情感和亲族关系与传统行政组织文化价值观的渗透更造成了自治县公共治理组织文化的滞固。他们以民族为界限划分为不同的派系，派系之间扩大化为民族之间的竞争，派系内部只服从本族领导的意见。在公共治理行为中，片面化地将行为结果导向有利于本族人民发展的方向，排斥族外的领导，不管是上级还是同级，加大了公共治理组织机构内部的消耗，容易引发政府的信任危机和公共治理的混乱，也不利于自治县公共治理实现民族团结、民族共同进步发展的战略。

此外，自治县宿命论的治理观念较为严重。大多数自治县都属于国家级或省市级贫困县，县域内缺乏支柱产业。加之，地理位置的偏僻和交通状况的落后决定了县域经济发展动力不足。各民族自治县财政支出大都是高于财政收入，长期依靠国家的财政补贴和对

---

① 张晓松：《云南民族地方行政制度的发展与变迁》，云南人民出版社，2005 年，第 90 页。

② 周平、方盛举、夏维勇：《中国民族自治地方政府》，人民出版社，2007 年，第 201 页。

口支援的经济救济。经济上的这种入不敷出的状况直接影响了自治县公共治理文化的发展，很多自治县政府自力更生、艰苦创业、主动进取精神明显不足，自治县政府机关内缺乏创新自主发展意识，在公共治理活动潜意识中只想依赖国家和上级政府，等、靠、要作风普遍存在。这些都严重地制约着新型公共治理创新文化的培育。

改革开放后，我国各级政府的政治、经济生活发生了巨大的变化，社会逐步由封闭走向开放。政治生活逐渐走向国际化和法制化，经济体制改革取得了很大的成就，传统的各项体制逐步让位于新的体制。自治县的社会环境和政治环境也发生了巨大的变化，它已经不再是与世隔绝、小国寡民的社会状态了。

首先，自治县的开放程度不断提高。自治县政府都成立外事办公室和经济协作办公室，专司外事接待和对外经济协作工作。自治县都加大了对外宣传力度，纷纷建立政府网站，通过报刊、电视、网络、广告等多种途径招商引资，开发自身的潜在优势产业。像大厂回族自治县开通了招商引资工作信息网站，制定了一系列的招商引资优惠政策。

其次，自治县社会公众的素质普遍提高。自治县已经基本普及九年制义务教育，人们的素质正在不断提升。

再次，法制观念不断深入人心。党的十四大明确提出了建立社会主义市场经济体制的改革目标，党的十五大郑重宣布把“依法治国”作为我国的治国方略，这不仅使得我国政治经济生活发生根本性变革，而且使得法制观念不断的深入到老百姓的观念中来。现代发达的网络、电视、报纸、广播等媒体工具，使得自治县人民可以方便地接触到各种信息，法制观念、维权意识、自主权利等现代观念也正在逐渐深入人心。

第四，自治县行政人员专业化发展。由于我国公务员制度的逐步健全，自治县政府在招收政府人员时，采用公务员考试的方式进行，从这一途径进入自治县政府的工作人员作为新鲜血液的注入，在一定程度上改变了自治县政府的人员构成，提升了其专业化水平。

马克思主义认为，物质生活的生产方式决定着整个社会生活、政治生活和精神生活。政治、经济、社会生活的巨大变革，为自治县公共治理文化的孕育提供了肥沃的土壤。社会主义市场经济取代计划经济具有深远的文化意义，它突破了高度集权的计划经济体制的文化氛围和精神氛围。市场经济需要一种民主、平等、创新、竞争的精神气质和价值观念，培育个人的主体性意识和具有自决权和“自由”的“新人”。因此，市场经济的确立是社会文化更新的社会经济动力。而与社会文化有着共时性的自治县公共治理（行政组织）文化也在发生质的转变。市场经济的法治性和民主政治的时代潮流，要求政府依法行政，告别权力人格化的时代，走向权力法治化时代。要应对这些现代社会观念的冲击，并在未来社会站在一个更高层次上治理社会公共事务，自治县必须加强公共治理文化的现代化建设。

（二）培育公共治理文化是自治县全面构建和谐社会的需要

公共治理文化深刻地影响政府部门和公务员的观念和行为。新型公共治理（行政组织）文化所体现的价值取向和理论观念，对自治县政治文明建设具有举足轻重的作用。以邓小平理论和“三个代表”重要思想为指导，坚持社会主义方向和价值观，培育以为人民服务为根本目标的现代行政组织文化，是坚持以人为本，落实科学发展观，构建社会主义和谐社会的现实需要，是中国共产党立党为公、执政为民理念在公共治理过程中的具体体现。

（三）培育公共治理文化是打造公共服务型政府的需要

政府文明是政治文明的核心内容，体现在国家管理的全过程。要建设政府文明，不仅要以完善的法律制度和行政管理机制作为基础，同时也离不开正确的组织文化的导向和支撑。富有活力的、积极向上的行政组织文化，能够丰富政府文明的内容，提高政府的公信力和执行力；反之，落后的行政组织文化则阻碍政府文明的实现。在社会主义市场经济条件下，政府自身建设的一个重要方面就是建设富有时代精神的行政组织文化。要建设“民主法治、有限责任、公开透明、服务健全”的现代公共服务型政府，不断地需要完善制度文明，还要构建与其相适应的政府文化，坚持以人为本，依法行政，高效便民。

（四）培育公共治理文化是建设高素质公务员队伍的需要

法制固然可以通过监督制约机制规范和约束公务员的行为，而文化却可以丰富法制的内涵，可以在法律缺位的情况下引导公务员行为和处事方式。如同其他文化形态一样，行政组织文化有着极强的渗透力、传承力和凝聚力，它通过潜移默化影响规范公务员的行为，影响政府和行政人员行为的价值取向。为此，要提高公共治理的能力与水平，就需要有一支具有较高行政伦理素质、掌握行政管理知识和法律知识、能够科学决策并熟练执行行政任务的公务员队伍。

二、自治县公共治理文化建设的内容

自治县公共治理文化主要是指公共行政组织文化，它是主流文化的重要组成部分。一般认为，决定或影响政府及其工作人员和其他参与者行为的要素有相关的行为规范及其制度、心理和道德现象、工作作风和行政环境等，这些要素构成了行政组织文化的主要内容。事实证明，改善行政组织文化、提升公共治理质量，就是促进社会文明的发展。因此，研究和重视培育自治县新型公共治理文化具有重要的现实意义和深远的历史意义。我们认为应从以下几方面来加强自治县公共治理文化建设。

（一）加强自治县治理观念的创新

自治县政府治理理念是政府治理行为的先导。科学的管理行为与良好的管理效能，离不开先进的政府管理理念。改革开放以来，自治县成为促进民族地区经济、社会发展和制度创新的动力源泉。

自治县政府治理模式创新在民族地区乃至国家的政治、经济生活中发挥着日益重要的作用。自治县县域经济、社会的发展，自治县政府治理模式的创新，治理方式方法的改进，都要求自治县政府重新审视其原有的治理理念。以往的权威行政、效率行政和传统发展观等理念已不适应时代的发展要求，传统的人治行政、管制行政、权力行政等理念与公共治理的要求背道而驰。自治县政府适时进行治理理念创新已势在必行。

当前，自治县政府管理理念的创新主要是破除与公共治理的要求相违背的和不适应时代发展要求的治理观念，树立现代治理理念，主要内容包括：由权威理念向民主理念转变、由人治理念向法治理念转变、由管制理念向服务理念转变、由权力理念向责任理念转变、由效率理念向效能理念转变和由传统发展理念向科学发展理念转变等等。当然，也包括对原有不完善、不成熟的治理思想、观念进行补充、完善和升华。

（二）加强自治县的行政道德建设

1. 行政道德具有认识职能

通过行政人员运用已有的行政道德原则、规范和范畴，对现行的行政关系和行为做出适当的道德评价，产生一种内在的道德信念，并形成一种自我约束机制和对其行政关系的支配力量。例如，我国人民政权的性质决定了行政行为的宗旨是全心全意为各民族人民服务，树立科学的权力观。这一行政道德规范通过行政人员内心活动发生作用，成为一种“内心立法”的认识，其审判官是行政人员自己的道德自律，作为多民族聚居的民族自治地方的每一个行政人员只要都具备了高度的道德修养认识，那么其心中就筑起了一道自觉抵制不良行为的防线和大堤。

2. 自治县行政道德具有教育职能

自治县行政道德具有教育职能，即在实现行政道德认识职能的基础上，用一定的道德观念进行自我约束及对他人的控制，进而使本自治县的行政人员乃至全体公民恪守一定的道德观念，或完成道德更新的变革。因此，要重视发挥行政道德的教育作用。比如，贵州松桃苗族自治县自治条例在第七条明确规定："自治县的自治机关提倡爱祖国、爱人民、爱劳动、爱科学、爱社会主义的公德，对各族人民进行理想、道德、文化、民主、法制和纪律的教育，通过在城乡不同范围的群众中制定和执行各种守则、公约，加强具有民族特色的社会主义精神文明建设。"

3. 自治县行政道德具有调节职能

行政道德对行政关系的调节职能具体表现为：(1) 在行政道德的调整关系中，以一种较大的道德舆论力量制约着行政人员的思想情绪，规范着其行为，由此而扶正压邪，以调整关系、解决矛盾。(2) 行政道德在行政管理中，表现为一种行为动机的自我管理的自觉性，能在行政人员的内心深处起到一种自我调节、自我纯洁、自我控制的作用。行政道德在行政管理中的调节作用，是通过社会舆论和人的自觉行动来实现的。它渗透到社会生活的各个领域，因而具有广泛性。另外行政道德在调整行政关系时，不仅可以渗透到政治法律制度中，而且可以渗透在宗教、艺术、风俗习惯等各种意识形态中，因而具有相对稳定性。

4. 自治县行政道德具有廉政功能

行政道德内化在广大行政人员身上，并体现在其行政中。政府的形象，官员的道德水平高低、文化品德修养好坏，对各民族群众的影响很大，是强化廉政建设、"以德补政"的重要方面。为此，要优化自治县的行政道德环境，还必须处理好以下关系：(1) 坚持德治和法治并举。在加强法制建设的同时，努力完善行政道德体系。同样，在重德和重才的关系上，应该努力做到以德才兼备的标准使用人才，这样才能强化培养行政人员良好的行政道德。(2) 应注意行政道德建设的层次性。抓住重点，以适应建立社会主义市场经济的要求。(3) 加强职业道德建设。按照党的十四大报告中指出的，各行各业都要重视职业道德建设，逐步形成自身特点的职业道德规范，坚决纠正利用职权谋取私利的行业不正之风。(4) 要充分利用少数民族优秀传统道德文化来规范公务人员的行政行为。自治县行政机关应通过多种形式和渠道，全方位地开展区域内各民族优秀的传统美德教育，提高各级少数民族公务人员的行政道德修养。

（三）加强自治县制度文化建设

行政制度是沟通行政思想和行政心理的中介，是行政组织文化的环境基础。任何一种行政制度都是在一定的行政思想的指导下制定出来的，它是行政组织思想的对象化，没有一定的行政组织思想，行政制度只能是没有灵魂的躯壳。同时，行政制度要被社会所接受，要得到贯彻执行，还必须与一定的行政组织文化相适应，没有一定的文化基础，行政制度不仅得不到实施，而且还会引起人们的不满，产生对立情绪，影响工作积极性。因此，行政制度应在科学的行政组织思想的指导下进行相应的变革，使行政组织思想制度化，从而实现行政组织文化的可持续发展。

1. 制定行政制度是一个主客观条件相统一的过程。即应根据应用理论、上级要求、具体情况和外部环境的有机结合来制定现代行政制度。

2. 行政制度是由一系列原则构成。要通过行政原则的变化为推动行政制度的变革。社会主义市场经济的发展和政治体制改革的深入进行，要求一系列行政原则必须与之相适应，如民主原则、分权原则、参与原则、公开原则、效率原则等，这些原则的制定和实施是自治县政府重新审视自身的过程，在这些原则的指导和约束下，才可能建立更为完善的自治县行政制度。

3. 规范行政礼仪。行政礼仪作为一种制度性的行政组织文化，是指行政主体在行政管理过程中所体现出来的礼节和仪式，是行政主体形象和素质的外在表现，行政人员的礼仪规范直接代表着自治县政府的整体形象。行政礼仪具有相对的传承性和稳定性，但也随时代的发展而不断发展、变化，具有鲜明的时代性。行政礼仪不仅能反映行政人员的素质，而且能体现政府形象，调节人际关系。因此，行政人员必须使用规范的行政礼仪，做到真诚相待，为自治县政府创造和谐的行政环境服务。

（四）培育具有中国特色的新型自治县行政组织文化

文化作为人类社会的特有现象，是一定社会历史条件的产物，不同时代的社会实践决定着文化的性质和时代特点。我国改革开放和社会主义现代化建设的伟大实践，必然会对文化发展产生深刻的影响。自治县行政文化也需要与时俱进，不断创新和发展。应当立足自治县的现实情况，回应经济社会发展的现实需要，大力培育与社会主义民主政治建设、与社会主义市场经济体制的建立和完善、与中国特色社会主义事业发展相适应的新型行政文化。

1. 要继承弘扬中华优秀传统文化

作为一种观念形态，文化是历史积淀的产物。我国传统行政文化的内容十分复杂和丰富。既有仍然符合现代政治、行政发展需要的“民本”、“仁政”、“贵和”等优秀文化传统，又有阻碍市场经济进程和社会进步的“官本位”、“宗法”、“特权”、“等级”、“人治”等落后的思想观念。在培育新型行政组织文化的过程中，不可能割断历史，只能批判地继承传统文化，吸收其精华，剔除其糟粕。比如，对注重道德教化，提倡“以史为师”、“以身作则”这样一些传统文化的精华，我们要传承，以保证行政文化的民族性和凝聚力；而对一人得道、鸡犬升天，以权谋私、权钱交易，以言代法、独断专行等腐朽文化，则必须坚决加以清除。

2. 要积极推动行政组织文化创新

创新是文化的生命之源。一部人类文化发展的历史，就是文化不断地从创新中摄取力量、开拓进取的历史。行政组织文化只有不断地创新，才能及时有效地赋予行政主体新的内容和新的时代精神，才能不断地焕发出新的光彩与活力。在新形势下，自治县政府应坚持行政组织文化创新和管理体制创新，努力消除“命令”、“控制”等计划经济管理模式的影响，构建有中国特色的服务行政模式，促进本地区、本民族的公共治理发展。

3. 要大胆借鉴外国先进文化

面对经济全球化、信息化和全球范围内的政府管理创新浪潮，特别是我国加入世贸组织以后，自治县对外开放程度不断增加，与世界各国的政治、经济、文化和社会交流也更加密切，在许多方面必须按照国际惯例办事。自治县政府的公共管理要回应这种现实需要，就必须走出封闭和孤立的状态，研究西方国家公共管理中的法制、民主、平等、顾客导向等文化精神，大胆借鉴国外公共组织文化建设的成功经验与做法，批判地吸收各国公共组织文化建设的有益成果，坚持以我为主、为我所用的方针，培植发展既有本地区文化特色又兼具时代性的公共组织文化。

三、优化自治县公共治理文化环境的路径

（一）整合自治县社会资本，营造有利于公共治理的文化氛围

我们知道，社会资本强调的是公民之间的参与网络和规范，如人们相互间的信任、信仰、情感、公共精神等。如果社会资本存量丰富，则反映公民社会的主体意识、权利意识、参与意识获得了较大的发展，公民社会具有参与公共治理的较大可能性。如果社会资本贫乏，则反映公民社会的家族意识、臣民意识和依附思想存在较大的影响，难以达到社会良好治理所要求的社会资本。从目前我国社会资本地域分布的情况看，中西部地区、农村地区、民族自治地方和经济欠发达地区的社会资本密度和存量明显要低于东部地区、城市地区和经济发达地区。总的来说，对自治县良好治理目标的实现产生制约的社会资本因素主要有以下几个方面。

1. 信任社会资本的缺失

弗兰·汤克斯将信任界定为“正式的、诚实和合作行为的共同体内，基于共享规范的期望”①。社会信任存在于人们的共同活动

① ［美］弗兰·汤克斯：《信任、网络与经济》，转引自曹荣湘《走出囚徒困境——社会资本与制度分析》，上海三联出版社，2003年，第242页。

中，支持着人们之间的交往与合作，并发挥着提高交往效率的作用。改革开放以来，以传统共同体为单位的信任正在被现代化所破坏的同时，更大范围的社会信任并没有在我国形成①。由于社会利益群体之间严重的不信任和不合作，仇富心理、仇官心理和对立情绪不断产生。“信任作为一种社会资本，也是阿尔费雷德·赫希曼所说的‘道德资源’，也就是说，这种资源的使用，增加而不是减少自身的供给；如果不使用它，它就会消失殆尽”②。公民与公民之间、公民与政府之间的严重冲突和不信任，必然导致“信任”社会资本的缺失。

2. 公民参与网络社会资本的不足

普特南认为，公民参与网络增加了人们在任何单独交易中进行欺骗的潜在成本。但公民参与网络培育了强大的互惠规范；公民参与网络促进了交往，促进了有关个人平衡的信息之流通；公民参与网络体现的是以往合作的成功，可以把它作为一种具有文化内涵的模板，未来的合作在此之上进行。自治县公民参与不足，导致参与社会资本的缺乏。③

3. 规则和规范等社会资本的非完备性

在这里规则和规范主要是指内在和外在的制度。“在社会的混乱和无政府状态中，由于信息、监督和执行问题常常难以解决，劳动分工是不可能的，可靠的约定无法作出，人们相互沦为他人机会主义行为的囚徒而难以自拔……制度使他人的反应更可预见，世界更加有序，从而使个人更容易与一个复杂而易变的世界打交道，也使个人更易于避免‘超负荷识别’”④。在转型时期，市场经济必然

---

① 郑也夫：《中国的信任危机》，载北京大学政府管理学院网站，2002 年 4 月 20 日。

② [美] 罗伯特·普特南：《使民主运转起来》，江西人民出版社，2001 年，第 199 页。

③ [美] 罗伯特·普特南：《使民主运转起来》，江西人民出版社，2001 年，第 203—205 页。

④ [德] 柯武刚、史漫飞：《制度经济学》，商务印书馆，2002 年，第 142 页。

要求政府日益从一些传统的管理领域中撤退出来，将更多的领域交给社会去管理，但原来的许多制度已经难以有效调节新的利益矛盾，新的利益协调机制尚未健全，在面临一些新的利益冲突时甚至出现了制度缺失。

4. 公共精神等信念社会资本的匮乏

公共治理的目的是不断提高人民的物质文化生活水平，整个国家人民安居乐业，生活和美。在现阶段建设和谐社会，在自治县更应积极推进。要达到社会的和谐，必须大力发展自治县的公共精神，以促进社会和谐。

（二）创新自治县公共治理的公共治理文化

1. 创新公共治理伦理文化

在公共治理伦理文化建设中，应当珍视我国传统行政伦理文化，即“民本”思想的合理内核。儒家“民本”思想在漫长的历史进程中经久不衰，足以证明中国传统行政文化中以民为本的伦理取向的生命力。只要突破时代的某些局限，将传统“民本”政治理念中的积极内容，与执政党和政府必须成为最广大群众根本利益忠实代表的宗旨相结合，可以构建有中国特色的现代公共治理伦理文化。在具有漫长的德治传统的中国，以德治国与依法治国不仅不矛盾，而且是相互结合、互为补充的。这就要求我们必须将二者完善地统一于行政文化的创新过程中，要求自治县政府创新公共治理伦理文化，加强对公务员的伦理道德教育，提高公务员的道德素质。

2. 创新公共治理行为文化

旧的发展观及其所左右的政府公共治理行为，无不体现出一种旧的公共治理文化形态，即神秘性、内趋性、随意性、单向性、指令性、封闭性、长官意志决定性，等等。对自治县政府公共治理实践而言，社会成员进入公共治理活动领域后，不可避免地带有原有公共治理文化影响下各种积极或消极的因素，并在一定的公共治理体系内和具体的公共治理活动中形成特定的思想观念。如官僚主义、为政不廉、任人唯亲等现象很大程度上与封建的等级制度价值观念、思维方式、伦理道德等公共治理文化有关。这就要求自治县政府创新公共治理行为文化，变神秘性为透明性，变随意性为法定性，变单向性为互动性，变指令性为民主性，变封闭性为商榷性，为改造政府公共治理行为模式、创建新型公共治理文化提供契机。

3. 创新公共治理制度文化

公共治理制度文化是公共治理机关制定的规范主体行为的规程和准则。由于缺乏制度约束，造成有些自治县政府领导用宝贵的资源和人民的财富营造个人政绩的社会现象。政府治理理念的积淀是公共治理制度形成的一种途径。因此，实现公共治理制度文化的创新也是政府公共治理理念创新的一个关键。

首先，要确立开放型制度文化。当前自治县县域社会环境的变化日益加速，环境的不确定性日益增强。因此，制度和规范要适应县域环境的变化，具备开放和与时俱进的品格，随时代的变革而不断更新制度，才能永葆制度的生机和活力。

其次，要确立法治型的制度化。为改变过去制度法规设立、变更、废止过于频繁且无法可依的现象，必须倡导法治型制度文化，培养一种法治型的制度文化来规范和约束公共治理主体的制度行为。

再次，需要确立效能型的制度文化。要树立制度也是生产力的观念，理顺制度之间的关系，从而为制度效能的输出准备条件。

（三）加强教育培训，塑造公共治理文化的创新主体

公共治理文化归根到底是人所形成的稳定观念和认识。先进、科学的公共治理文化离不开高素质的公务员队伍。建设一支高素质的公务员队伍，是塑造能够依据环境变化不断进行公共治理文化创新的合格主体的必然要求。要建设一支高素质的公务员队伍，必须加强对政府公务人员的教育培训。只有造就一支相对稳定、素质优良、能力全面的公务员队伍，才有可以能实现自治县政府的公共治理文化创新，建设适应县域经济社会发展需要的公共治理文化。建设高素质的公务员队伍，要求自治县政府主动应对，积极采取各项

有力的措施，加强对自治县政府公务员的教育和培训。

（四）优化自治县的科技教育环境

自治县科技教育水平一般低于全国平均水平，其人员素质也不能适应自治县地方社会经济文化发展的需要。这一事实，对于各自治县地方的公共治理实现科学化、现代化、信息化、规范化极为不利。以教育为本，科技兴国是百年大计。因此，自治县各级行政领导，都应把科技教育环境的建设作为重点工作狠抓不放。另外，《民族区域自治法》明确规定了民族自治地方的自治机关要自主发展民族自治地方文化教育事业。

总之，自治县公共治理活动必须为科技教育文化等创造良好的社会环境和必要的物质条件，而发展起来的科技教育反过来又会为其公共治理活动提供优良的人才环境和先进的科技环境。只有二者相辅相成，互相促进，才能为自治县政治、科教等方面的发展创造良好的环境。

第七章　我国民族自治县政府公共治理运行机制的优化

自治县公共治理运行机制的优化，就是治理过程中的决策、执行、监督、预警与应急等基本要素的优化。建立并运行一套行之有效的自治县公共治理运行机制，对于县域内公共事务合理、有效、规范治理具有重要的意义。

第一节　我国民族自治县公共治理决策机制的优化

一、自治县公共治理决策存在的问题

自治县公共治理决策，是指公共治理领导机构或领导者在一定环境和条件下，为履行治理职能而进行的抉择对策及做出决定的活动与行为。自治县公共治理决策在公共治理系统活动中具有重要的地位和作用。公共治理的作用和效果如何，关键在于公共治理决策的正确与否。从一定意义上说，治理就是决策。自治县政府既是执行上级政府政策的一级基层政府，又是县域内公共治理的核心主体和具有县域内政策决策权的政府。因此，决策是自治县政府经常面临和处理的治理问题。而且，自治县政府决策机制是否科学和正确，直接关系到中央和上级政府制定的政策能否有效落实到基层，

关系到县域内社会经济是否快速健康发展，关系到群众利益是否得到根本实现的问题。

在我们的调查研究中，发现一些自治县政府在决策方面总体上符合当地经济社会发展的需要，满足了大多数人民群众根本利益需求。但同时也发现，由于受传统治理模式的影响，在市场经济条件下，特别是在信息化、民主化浪潮背景下，自治县政府公共治理决策机制走向科学、民主的道路还比较缓慢，决策失误、错误决策和随意决策时有发生，在决策过程中还存在不少问题。

（一）公众参与力度不够

自治县政府公共治理的公共决策系统，有自治县人大、自治县政协、自治县团委、自治县妇联、自治县工会和党组织，以及政府组织外部的各种协会、学会、大众传播媒体等。这些组织和团体都与自治县政府公共治理的决策主体即自治县政府密切联系，他们在决策过程中起到表达、协调、综合公众意愿，提供咨询信息的重要作用。

但是，由于自治县社会结构分化程度低，社会利益的表达和综合并不是主要由各种社会组织结构来承担，而一般是由自治县政府中的权力精英，通过分析、调查和研究来确认并输入到公共政策的决策中。有时，这些社会组织结构反过来协助自治县政府做自己所代表的那部分群众的工作，缺乏相对的独立性。因而，常常内化为组织和政府机关的“附属物”。政治依附性日益增强，团体表达功能就会更加弱化。尤其是民间的一些自然科学和社会科学领域的专家在决策信息、决策咨询和决策制定方面直接参与的途径和机会较少，间接参与决策的渠道也不畅通，整体的科学决策机制还没有完全建立起来。因此，决策主体就难以了解公众的真实意见、愿望和要求，难以发挥专家在决策中的重要作用，从而易陷入“封闭型”、“经验型”的决策误区，不利于科学化、民主化决策的实现。

（二）决策程序不够规范

规范的决策程序是从观察和认定问题、调查研究、确定目标到拟定政策方案、咨询论证、集体决策，有法律和制度依据，程序化、规范化地运行。但是，在调查研究中我们发现，在现阶段不少自治县政府公共治理的决策仍停留在经验决策阶段，往往靠一个人或几个人拍脑袋决策对经济与社会发展有重大影响的问题。在决策很多环节都缺乏程序的约束，尤其是缺乏法律条文的明确规定。

（三）追踪决策比较缺乏

当原决策在实施过程中出现危机，原决策难以实现时，往往要对原决策方案或目标进行一些修正性再决策，这叫追踪决策。一般说来，在原决策的实施过程中，要根据政策实施的效果不断反馈信息，及时调整、修正和完善现行的决策，甚至撤销、更新错误的决策。但是，在目前的自治县政府公共治理决策中，这种追踪决策往往被县政府决策者所忽视。他们很少关心、了解和解决决策执行过程中存在的问题，只求决策实施的结果，而不问决策是否正确、决策环境是否变化、决策效果是否达到预期目标。这样做的结果往往会出现决策执行偏离既定目标，耗费决策资源，决策执行不能取得良好效果。

二、我国民族自治县公共治理决策机制优化路径

（一）完善社情民意搜集机制

全面、真实的社情民意是自治县政府进行决策的基础和前提。从决策学的角度看，社情民意就是进行决策所需要的信息资源。缺少完整、系统和准确的信息，政府决策就失去了可靠的依据。要获取决策信息就是全面了解决策对象所处环境中诸如经济、技术、国际国内政治背景等信息，全面了解决策对象内部的结构、要素等信息。收集信息要尽可能的全面、准确、真实、及时；对于收集的信息要严肃认真地加以分析、加工，通过归纳、分析、编制，弄清各个信息的影响地位、程度，他们之间的关系及其在整个政治经济文化环境中的交互影响。同时，不要忽视信息所具有的导向性、密集

性、时效性、整体性和流动性。无论是观念的、实态的，还是潜在的、流动的信息；无论是直接的、间接的，还是内部的、外部的信息；无论是历史的，还是现在的或未来的信息，都是决策不可缺少的资源。另外，要注意不同类型信息对决策的影响是有差异的。除了表现为理论知识、制度结构、法律规范、经验与传统的规范性信息外，还有很多的信息类别影响着决策。如伪信息，包括假信息、过时信息和错位信息。

决策离不开信息，制定政策需要的是准确、及时和适用的信息。但是，在自治县政府公共治理决策过程中，对信息的把握，或者说对社情民意的重视程度不够，掌握的程度也不充分。其原因为：(1) 收集决策信息部门机构单一；(2) 县乡人民代表和政协委员联系群众不够。县（乡）人民代表和政协委员是自治县政府广泛联系群众，收集决策信息，是实现社情民意上传下达的重要纽带。然而，在现实中，县（乡）人民代表和政协委员联系群众的纽带作用发挥是不尽如人意的。有些县（乡）人民代表和政协委员平时不深入自己的选区，不与选民沟通联系，在自治县人民代表会议和政协会议上不反映基层群众的意见，在重大决策上不发挥应有的作用。故群众形象地称呼这些县（乡）人民代表和政协委员为“拍手代表”、“鼓掌委员”。这就使自治县政府公共治理决策失去了了解社情民意的一个重要渠道；(3) 对信访制度收集信息的职能重视不够。信访制度是我国的一项特殊制度，其重要的职能是联系群众，及时反映民意。信访是一种简便、直接、迅速的反映群众意愿的形式。群众来信来访中反映的信息往往是一种宝贵的社会资源。通过这条渠道，可以广泛地了解社情民意，掌握群众的情绪及群众对各项政策的态度，以便有的放矢地调整有关政策，进行合理决策。自治县信访部门应该成为开发、收集、研究、处理民间信息的中心，多渠道、多形式、多层次、多流向地为自治县政府公共治理决策提高有价值的民意信息。但是，自治县政府的一些部门却无法正确对待群众来信来访，反而在来信、来访、上访与政府之间设置障碍，激发矛盾，也失去了收集社情民意的便利渠道；(4) 调查研究不够；(5) 收集信息网络平台不健全。

正是基于以上的原因，我们认为要从如下几个方面努力，以便加强人民群众与政府的沟通渠道的畅通性。

1. 充实自治县政府信息机构，提高信息人员专业化水平

在考虑政府规模可能的条件下，适当增加设信息机构的同时，重点要充实现有信息机构，努力提高现有信息人员的专业化水平。

2. 充分发挥自治县（乡）人大代表和政协委员的作用

自治县（乡）人大代表是通过选举产生的，代表在县域的各阶层、各阶级、各地区、各民族中享有广泛的代表性，他们来自基层选区，与选民保持密切的联系。县域内基层选民的要求与意见可以通过他们反映给县政府决策者。政协委员在收集信息方面具有自身的优势。政协委员普遍具有较高的政治素质和专业素养，他们通过走访、座谈，掌握着大量的社会信息、民众意见和建议等；他们对问题的看法、见解、观点是独到的，具有很高的决策参考价值。县级决策机构要通过人民代表和政协委员这条渠道建立与群众的密切联系。同民主党派、各界代表与社会各个层面的群众沟通交流，收集民意，从而有利于政府能准确了解社情，体察民意。这样就能避免或减少决策时出现的偏差和失误，促进决策的民主化和科学化。要设立人大代表和政协委员联系群众的专门办公室，配备专职、专业的工作人员，用固定的机制健全联系制度，疏通反映社情民意的渠道。

3. 加强自治县政府的信访制度建设工作

信访制度是我国的一项政治制度。它的职能是联系群众、民主监督、调节矛盾、反馈民意、综合协调。目前，自治县信访工作存在的问题是：一是信访机构的地位、权力和职能的界定特殊，有些社会冲突无法通过信访渠道解决；二是信访制度建设不够。为此我们要做好以下几方面的工作：(1) 在县级人民代表大会制度内，设立“人民来信办公室”，提升信访工作权威性；(2) 明确规范信访

工作的性质、职能、机构等，加强制度化建设；（3）在信访办公室内设立社情民意收集、分析机构，为决策提供明确的分析思路和建议；（4）加强信访工作部门之间的合作与交流，建立覆盖社会的信访网络。

4. 注重拓宽信息收集的渠道

通过信访、电话、有线电视、网络通信技术广泛搜集信息。

5. 注意信息收集的方法

多使用抽样调查方法，并将这种方法与填写汇总统计报表、典型调查等方法结合起来，以增强信息的准确性。

（二）健全民主参与决策机制

要健全民主参与的决策机制。为此：

1. 充分发挥自治县政府参谋部门、有关职能机构的作用

2. 拓宽公众与政府决策的沟通渠道

促进公民参与决策、监督决策，以及决策的社会讨论，从而实现透明决策，这是实现决策民主化、科学化的重要组成部分，也是自治县建设社会主义政治文明和实现县域内善治的重要指标。党的十七大指出，“推进决策科学化、民主化，完善决策信息和智力支持系统，增强决策透明度和公众参与度，制定与群众利益密切相关的法律法规和公共政策原则上要公开听取意见”。因此，自治县政府要不断完善人民群众意见表达和利益诉求的制度。比如不定期进行民意调查测验、专门问题的问卷调查，通过建立群众座谈会、报刊讨论、网络论坛、决策公示和听证制度等，让公众就有关问题发表观点和意见。条件成熟的，可以设立公民议事厅，对重大问题请公民代表提出建议和意见，对涉及公众利益的重大决策和项目听取群众意见，也可以以投票表决的方式让群众参与直接政府决策。让群众参与讨论，汲取民智，最后决策。这既符合社会民主化发展的趋势和人民的正当要求，又可防止决策的片面性、盲目性和主观性，从而避免决策的失误。

3. 健全专家咨询机制

自治县政府在有关本县的重大决策之前，必须通过召开专门会议、部分和个别征询等形式，广泛听取资深党政在职和离退休人员、专家、学者的意见，广泛征求县政协组织、各民主党派、工商联等社会团体的意见，对复杂和专业要求高的决策问题，更需要借助相关专家学者的知识和智慧，充分发挥决策者的“内脑”与研究部门或智囊参谋机构的“外脑”相结合的优势，善于使决策者的“善断”与参谋人员的“多谋”紧密结合起来，使他们在重大的调查研究、方案设计、政策咨询、决策论证等等方面发挥作用，成为自治县政府决策者的智囊团、参谋部。自治县政府应根据需要设立一个政府重大决策咨询组织。这样可使自治县决策更加有效合理。

（三）建立规范的决策程序

规范的决策程序应该是：发现问题，确定目标；调查研究，拟订方案；决策公示，群众监督；实施反馈，修正完善。自治县政府公共治理决策要遵循以上程序，并通过制定法规制度，对决策程序要制度化和法制化。

在确定决策目标时，在充分调查的基础上，依据问题的实质、表现形式及其成因，有针对性地、切合实际地制定所要达到的目标。在拟定决策方案时，要围绕决策目标这个中心，通过建立和实行公示听证、专家咨询和决策论证机制，设计多种可行性方案。

在制定决策时，要对各种拟订方案进行预测性评估和可行性评估，制定出最优化的决策。

在决策执行之前，自治县政府要依照法律、法规的规定，向社会公开自己的职责范围、决策目标、决策内容、决策程序和惩戒办法，实行决策公示，从而提高决策的效率和质量，提高决策的透明度。

在执行决策的过程中，要对决策进行反馈修正，随时根据情况的变化，采取适宜措施，及时处理解决执行过程中出现的问题。

在决策执行之后，要及时反馈决策实施的效果和结果，并对决策进行复议，即通过主要是由人大代表或群众代表来对尚未终结的决策进行再次审核和监督，重新复议的活动。实现决策复议，有利于避免决策错误，更好地体现决策的科学化和民主化。

（四）健全决策的责任制度

决策责任制就是决策者必须对其做出的决策负责。而且，这种责任是法律和制度的规定。在西方发达国家，决策责任制是对决策者的强制性要求，对重大的政策失误决策者轻者受到经济处罚和官职降级，重者要追究刑事责任。

近些年来，自治县各级党政机关都在积极推行多种形式的政治责任制。对这方面所作的努力和取得的成绩应予以充分肯定。但有些政策责任制不够科学，主要表现为没有相应的责任追究制度，往往变相为一种政治承包责任制，没有制度化和法制化。应该说，一个良好的决策法制机制离不开决策责任制。每一个决策者都要对自己的决策承担责任，这种责任可能是政治的、法律的，也可能是道义上的。而政治责任和法律责任是最有效的制约机制。当然，这不是束缚决策者的手脚，而是从对党和人民，对法律高度负责的角度，对决策者提出的要求。因为以往由于决策失误给人民、国家的利益造成损失的事情时有发生，由于缺少决策责任制度，决策者因决策失误造成巨大损失却不承担责任。因此，要防止此类事件的发生，就应该建立决策法治机制和决策的法律责任制度，用法律责任约束机制培植、提高和优化决策者的高度责任感和对国家、对人民事业的负责精神，使决策失误减至最低水平。

1. 建立决策失误追究制

由于错误决策导致经济、政治、社会、道义等诸方面不良后果，决策者必须承担由此引发的法律、行政、道义的责任，并依据有关法规予以相应的处理。

2. 建立决策失误赔偿制

这是指因决策失误导致国家和集体经济损失的由决策个人来赔偿。这样向那些不负责任的领导干部亮起了“红灯”，决策失误不再是以前的“花钱买教训”，而是要赔偿经济损失，直到赔个倾家荡产。

3. 决策失误辞职制

决策失误辞职制是规范决策者行为的有效手段。因领导干部个人决策失误或工作过错，造成重大经济损失和政治不良影响的，应当引咎辞职。

（五）建立决策的评估制度

科学的决策评估是依据一定的标准和程序，对政策的效益、效率、效果及价值进行判断的活动。决策评估是对整个决策过程进行评价和判断。以往我们比较重视决策的制定和实施，而忽视了对决策效果的评判。事实上，决策评估是评估决策效果的有效方法，是检测决策效益和效果的重要手段，也是决定政策继续、终止、修正和重新制定的重要依据。因此，合理的决策评估制度是决策科学化和民主化的重要环节。

进行决策评估首先要明确决策评估主体。一般来说，决策评估主体由三方面组成：

（1）是决策对象的评估。它由决策对象通过亲身了解政策和感受政策效果而给予评定。如解决“三农”问题的政策以及该政策实施效果如何，由广大的农民和乡村干部来自己评定。

（2）独立的决策评估系统，即第三方评估。该评估主体由有关专家组成，其优点在专家知识丰富，专业化水平高，视野比较开阔，具有较强的科学性。第三方处于决策者与执行者以及决策实施对象之外，不受利益因素影响。因此，评估比较客观公正。

（3）自我评估。既是政策执行人员自行对政策的影响和实现预期目标的进展情况进行评估。这种方法由于决策者有其利益偏好自己制定的政策完全由自己来评估，容易失去客观性和准确性，很难得出正确的结论。这也是为什么报喜不报忧、弄虚作假、欺上瞒下等现象在现实社会中屡禁不止的制度性根源。

根据世界一些发达国家的成功经验，他们都有一个相对独立于政府的政策评估系统。如由美国哈佛大学政治学和行政学专家对美国各级政府的活动进行独立的研究与评估，评选出 10 名全美“政府创新奖”。届时由在任总统亲自颁奖。美国还有一个民间性质的“全美政府创新委员会”，成员由社会各界名流和专家学者组成，主要职责对政府政策的评估。这些做法值得我们学习。一方面，各级政府要对自己决策的政策进行评估。另一方面，要发挥非政府的评估系统的作用。因此，我们要做好以下三方面的工作：(1) 建立独立的第三方评估体系；(2) 确立科学的评估标准；(3) 制定严格的决策评估程序。一般遵循这样一些特定的程序：制定评估方案、收集和分析评估信息，以及处理评估结果，撰写评估报告。

第二节 我国民族自治县依法治理执行机制的优化

一、自治县公共治理的执行过程中存在的问题

所谓依法治理的执行，是治理机关，尤其是自治县政府行政机关必须由法律授权并依据法律规定来执行上级和本级政府决策、政策和法律法规而进行的全部活动或整个过程。这里所讲的依法，既包括由法律授权和依法办事，也包括一套确认的规范或原则，借以保护广泛的治理权限不被滥用。没有一个健全的依法治理执行机制，再好的决策、政策和法律也只能空摆架子，束之高阁，不能在治理实践活动中实施。更何况自治县作为一级基层政府组织，其公共治理中的执行功能是最显突出、最主要的功能。因此，自治县公共治理中依法执行意义重大。

目前，自治县公共治理执行过程中存在的主要问题依然是依法治理的机制不够健全。具体表现为：

（一）*忽视依法执行*

尽管依法治理执行在行政机关及其工作人员中日益受到重视，

但有些工作人员在治理执行过程中一旦遇到问题时，首要考虑的是领导如何批示的，领导怎么说的，领导的意图是什么，怎样按领导的眼色行事，政府执行行为的随意性和无序性较大。自治县政府的有些领导人法治意识不够强的问题也较突出，在执行决策和政策时，善于搞大规模的政治宣传和动员，热衷于作批示，开协调会。从而出现政府执行部门象征性地执行，有选择地执行，越权执行，违法执行等不依法执行现象。

（二）法制不健全

如公共治理某些领域的某些行为目前处于无法可依的状态。特别是规范政府行为、约束公务人员行为的法规条例还不健全，甚至存在空白的领域。有些领域虽然有行政法律法规，但存在法规之间相互抵触现象。也存在政府部门制定的部门规章，由于职能相互交叉，又因在立法时各自强调自身利益，在审批、罚款、检查等权限上经常纠缠不清。

（三）依法执行观念意识淡薄

尽管多年来，自治县地方深入持久的开展普法，人们法制意识不断增强。但是，长期封建专制和“人治”的国情，旧观念和习惯积淀太深，加上，社会处于新旧体制交替时期难免有一些混乱和无序。自治县政府机关的一些公务人员仍习惯于按“长官意志”和“红头文件”办事，对依法执行的必要性和重要性认识不足，依法执行的自觉性还要有待提高，甚至出现以权压法，以言代法，不顾法律的规定的现象时有发生。所有这些都是缺乏依法执行的表现。

（四）执行主体多头

一项决策出台，往往需要多个部门的分头合作实施。但由于政府许多部门的执行权限界定不清，权力分配又不合理乃至混乱。这样易产生既有权力真空，又有相互侵权力的现象。执行主体多头，容易导致执行目的偏离，有些执行部门不是为了使决策得到有效实施，实现预期目的，而是为了本部门利益或某一集团利益而执行决策。

（五）执行人员行政自由裁量权不准确

行政自由裁量权对政府治理的作用具有重要意义。但目前普遍存在的问题是自治县政府自由裁量权过大且标准过于模糊，造成自由裁量权的滥用。从而产生的危害有：违背法律授权的原意，导致对依法执行的干扰和破坏；增加执法过程中相对人权利的变数，使相对人的权利义务被任意增减；使政府执行决策、政策和法律发生懈怠，回避管理的责任和义务权；使自由裁量成为滋生腐败的源泉，政府权力异化和行政腐败产生。

二、自治县公共治理依法执行实现优化的途径

（一）健全普法宣传机制，提高依法执行意识

在导致自治县政府公共治理中依法执行水平低的众多原因中，依法执行意识淡薄是其中重要的原因。因此，要健全依法执行机制，必须抓好普法宣传教育这项工作，深入持久地开展法制教育宣传活动，以达到增强人们法制意识的目的。政府必须围绕提高三类人的法治意识来开展工作。

1. 加强自治县政府公务员的法治教育宣传

要加强公务员的法制教育宣传工作以提高政府公务员依法执行意识，增强他们依法执行的自觉性。要通过法律讲座、法律培训、法律考试等措施，使政府公务员学法、懂法、用法。

2. 要加强公民的法制教育宣传

通过报刊、图书、电视、广播、互联网等多种载体，发挥社会各方力量，把法律送进城镇、社区和家庭，深入持久地开展法制教育宣传，广泛普及行政法律知识，使广大的城乡群众真正能够学法、懂法、守法、用法、护法，不断增强行政法制观念，为依法执行工作的顺利进行奠定公民良好的思想基础。

3. 要狠抓领导干部的法治宣传教育工作

由于目前我国特殊的行政体制使领导干部拥有相当大的行政自由裁量权，出现大量权力寻租现象。因此，要把领导干部的法制教育提高到更加突出的地位。要坚持定期开展领导干部学法讲座，适时开展领导干部学法考试，并使之制度化。

（二）建立规范的执行程序

规范的执行程序一般包括传播（即决策、政策及法律法规的传播）、组织准备、实际实施、执行反馈和执行评估等环节。

决策、政策及法律法规的传播通常通过下发文件、会议宣告、口头传达等多种形式和渠道来完成。在传播这一环节，对上级的决策、政策或法律内容可以根据本地区、本单位的实际情况，做必要的说明和补充，但不能任意曲解、偷工减料、偷梁换柱或层层加码。

组织准备阶段是决策、政策、法规具体贯彻落实的保障环节。该环节首要的工作是确定执行机构。执行机构一般有常设执行机构和临时执行机构。常规性的、例行性的决策、政策及法律法规的执行，由常设执行机构来执行，而遇到非常规性的、临时出现的涉及全局性问题的重大决策指令，则可组建临时执行机构来执行。但如果在决策目标实现后应立即予以撤销。组织准备环节核心是善于选人用人，知人善用，做到人尽其才、人尽其能。在此基础上还要制定需要的管理规章，包括目标责任制、监督检查制、奖励与惩罚制，使得执行工作责任明确，追究有根据。

实际实施是决策、政策及法律法规执行的中心环节，是上述执行各环节的进一步深化和发展，它直接关系到执行目标是否能实现的问题。一般来说，涉及全局性的重大决策为稳妥起见，可以通过“先试点，后推广”的办法，通过试点，总结经验，吸取教训，逐步推广。

执行反馈环节之所以重要，在于某一项决策或政策科学性和可行性不够完备，或者由于执行者认识水平问题，如对决策和政策意义理解不足，对存在问题的严重性考虑不充分，对决策和政策执行的应用力度不到位等，致使执行行为效果偏离了决策、政策目标，并产生了不良后果。这就需要经常向决策层反馈执行情况的信息，并依据情况和形势的发展变化来及时修正、更新决策或调整决策执行的方式与方法，从而顺利地实现决策目标。当某一决策或政策执行到一定阶段或某一过程时，还需对决策的执行效果进行及时的跟踪评估，也就是这一决策或政策执行后在政治、经济、文化等方面产生的影响进行分析与评估，检查执行方法是否合法、合理和有效。通过及时的跟踪评估，能发现行政执行活动中出现的问题和困难，及时地采取有效的调整，甚至采取亡羊补牢的补救方案，控制决策或政策的实施。

（三）建立执行公示和评议考核机制

目前，随意、任意、暗箱操作地执行决策、政策和法律的现象在自治县执行机关中时有发生。要解决这个问题关键是将执行工作公开化和透明化。建立执行公示机制是解决这一问题的最好办法。执行公示机制就是要求自治县执行机关依照法律、法规和规章的规定，向社会公开明示自己的执行范围、执行内容、执行标准、执行程序、执行时限和违示惩戒办法等，自觉接受社会监督，保证公正、合法地执行，从而提高执行的效率和质量。为此，要具体做到以四点：

1. 公开执行依据

即将政府的决策目标、目的和意义和各执行部门所应用的法律、法规通过各种公示手段告知办事者。在执行过程中，执行者要向执行相对人明示执行者的职责、权利、姓名、监督举报电话、当事人的权利义务等。

2. 增强执行程序的透明度

即公布实施某种法律行为需要条件和程序。

3. 公开收费项目和标准

4. 公布办事的时限

即明确公示办理某具体事的期限。如果在公示的时间内办理不完，按违示处理。

建立执行评议考核机制的目的就是更进一步地充分发挥各方的监督力量，保证执行更加公正、合法和有效。因此，我们必须要从三方面着手开展此项工作：一是建立执行评议考核机构；二是量化执行评议考核内容；三是制定执行评议考核办法。

第三节 我国民族自治县公共治理民主监督机制的优化

一、自治县民主监督机制存在的问题

实践证明，“一切有权力的人都容易滥用权力”、“要防止滥用权力，就必须以权利约束权力”。但是，由于种种原因，自治县现行的监督机制在其内部结构和运行过程中，还存在一些不足，需要进一步的健全和完善。

（一）监督主体地位不高

目前，对自治县政府和公务人员的制约和监督主要有三方面：一是专门的监督机关。如自治县党的纪律检查委员会，自治县政府当中的检察、审计、预防腐败部门以及检察院等；二是各权力部门之间的相互制约和监督，即自治县党委、自治县人民代表大会、自治县政府、自治县司法机关的相互制约与监督；三是自治县民主党派、自治县人民团体、公民和媒体也发挥着重要的监督作用。

从目前自治县以上监督主体来看，在对决策和执行者的监督方面存在监督不力的情况，究其原因主要在于这些监督主体（机构）往往处于附属地位，缺乏必要的独立性，因而监督部门的制约权威和权力不够强大。比如，自治县的人民代表大会及其常务委员会是权力机关，自治县政府行政机关由自治县人民代表大会产生，受自

治县人民代表大会监督并向自治县人民代表大会负责。但目前的问题是，自治县人民代表大会是法律地位高，实际地位低，理论上应用的权力和实际现实中实用的权力有差距。例如，自治县人民代表大会质询监督很少使用，执法监督检查方面存在执法短缺、监督短缺、纠正违法不力等现象。制裁权力如罢免、撤职、免职，接受辞职，撤销违宪、违法的规范性文件等，还不完全具备，没有完全真正体现自治县人民代表大会作为权力机构对行政机关应用的监督权。还有，公民与社会舆论监督的作用没有充分发挥出来。各民主党派的监督由于不具有国家权力的性质，没有法律上的决定权，因而其的监督有时也是流于形式。在自治县行政内部的监督体系中，有行政监督权的监察局、审计局等专门机构，实行的是县政府和上级机关双重领导体制，且赋予的权力是记大过以下的行政处分权，导致这些机构缺少独立性和应有的权威，不能起到有力的监督作用，特别是对自治县政府的领导班子及其“一把手”难以真正有效地进行监督。

（二）监督体系运行不畅

目前，自治县政府已形成了较为齐全的多元政府监督体系。既有权力机关和司法机关组成的法律监督，也有政府及其职能部门通过行政措施进行的行政监督，还有人民群众和社会团体的监督以及舆论监督。按理，这些监督机构只要既守土有责，各司其职，又彼此通力合作，协调一致，密切配合，就能增强自治县政府监督体系的整体功能和合力，充分发挥自治县监督主体全面、监督方式和监督渠道多的优越性。然而，在实际现实中的情况是，各监督部门有时互不联系、互不沟通，各自考虑自己的利益，出现“各唱各的调，各吹各的号”的不协调局面，形成不了合力，有时又发生同一政府行为要么多头监督要么“空白”监督的情况。尤其是对一些界限不清、情况复杂的疑难案件，各监督部门之间相互推卸、扯皮，难以协调解决，致使监督有名无实，大大削弱了监督的整体优势，监督力度也自然弱化。

产生上述情况的原因主要在于，自治县政府内外各种监督之间的关系没能理顺，各种监督主体存在着监督权限、程序、方式、范围等不够具体、清晰、明确的问题。因此，为有效解决上述监督机制存在的问题，增强自治县政府监督体系的效能，必须健全民主监督机制。

二、自治县公共治理中民主监督机制优化的路径

（一）建立健全以权力制约权力的监督机制

由于权力具有正负效应的“双刃剑”功能，以及掌握权力的组织和人员具有追求利益最大化的“经济人”特性。因此，必须在权力与权力之间建立相互制约与监督的机制。在目前情况下，自治县权力制约监督机制的建设需要从以下两个方面开展工作。

1. 加强自治县人大监督制约机制建设

《宪法》和法律明确规定对县级政府的监督是县级人大及其常委会的重要职责。实践证明，强化自治县大监督制约机制是监督制约政府行政权力，防止权力腐败的重要途径。

（1）必须加强自治县人大自身建设。一是应该在自治县人大常务委员会内设立一个专门行使监督自治县政府职权的委员会，直接归属于自治县人大常务委员会，以承担日常监督工作，保证自治县人大监督权的具体落实；二是提高自治县人民代表的素质和监督能力。选拔、推荐和选举自治县人大代表，既要看其政治和工作表现、社会影响，更要考察其参政能力；应逐步减少、杜绝以往县级人大中的荣誉性安排，进一步提高县级人大参与决策和监督能力；可考虑引入公开竞争机制，全民直接选举人大代表；人大代表成员中应不宜有过多的被监督机关的人员。如果代表中被监督机关的人员占的比例太大，那么他们就无法履行自己的监督职责。目前，在各自治县的人大代表中，现任官员担任人大代表的比例过高，无疑给人大代表独立地履行其监督职责造成相当大的障碍。要进一步优化人大代表的知识结构和年龄结构。通过培训或定期举办法制讲座

和专题报告会等多种方式，让自治县人大了解熟悉监督有关部门的法律、法规，以及监督的形式、程序和方法。尤其要注重自治县人大常委组成人员的优化。目前，自治县人大常委组成人员普遍存在年龄偏高，退居二线干部比重偏大，专业人员比例偏低，与自治县人大常委会所肩负职责越来越重，所担负的工作越来越繁重相适应的所需要的旺盛精力、知识储备和专业化水平相差甚远。这一情况应当逐步加以解决。

（2）改革监督方式。其核心问题是由原先抽象的监督变为具体的监督，由一般的监督变为重点的监督。自治县人大所进行的具体监督就是要紧紧围绕群众关心的社会热点、难点来开展工作。如下岗职工生活、减轻农民负担、环境保护、社会治安、政府反腐倡廉、勤政为民、公共事业建设和日用消费品质量监督问题等。自治县人大及其常委会有责任围绕这些问题或其中的一个问题，对有关的部门进行监督，切实关心、维护人民群众的权益和解决人民群众的实际困难。重点监督主要是把监督的重点放在以下几个方面：

第一是自治县国民经济和社会发展计划和财政预决算的监督；第二是自治县重大事项决策的监督；第三是自治县重要人事变更的监督；第四是自治县重大事件处理情况的监督；第五是对自治县经济调控部门，如财政局、物价局、工商局、技术监督局和人事局的监督。

（3）创新监督形式。自治县人大和常委会除了听取和审议民族自治县政府工作报告和汇报，审查和批准民族自治县经济计划和财政预决算，质询、询问、视察、调查、审查规范性文件，受理申诉和控诉，罢免和撤销自治县政府工作人员职务等常规采用的监督形式外，还要不断探索创新型的监督形式，如代表评议、述职评议、法律监督书等。

2. 加强行政监察部门监督制约机制建设

自治县行政监察部门是县政府机构内部行使监督权的机关。它所监察的对象包括有三方面。（1）自治县人民政府各部门及其公务员；（2）自治县人民政府及自治县人民政府各部门任命的其他人员；（3）自治县所属的乡镇人民政府及其领导人员。

它所监察的内容主要有：检查自治县行政机关在遵守和执行国家法律、法规和人民政府的决定、命令中问题；受理对自治县行政机关、公务员和由自治县行政机关任命的其他人员违反行政纪律的控告、检举；检查处理自治县行政机关、公务员和由自治县行政机关任命的其他人员违反行政纪律的行为；受理自治县行政机关公务员和由自治县行政机关任命的其他人员不服其主管行政机关给予的行政处分决定的申诉，以及法律、行政法规规定的其他由监察机关受理的申诉；法律、行政法规规定他由监察机关履行的其他职责。

要完成以上行政监察任务，行政监察机关的具体工作主要有：监察告示、执法监察、廉政监察、行政效能监察、受理检举控告和申述、查处违法违纪案件、宣传教育（对公务员进行遵守法律政纪的宣传教育）和监察队伍的自身建设。

目前，自治县行政监察部门在具体的监察活动中存在的最大问题是缺乏独立性和权威性。产生的原因是，自治县行政监察机关设置在政府内部，其人、财、物权归自治县政府控制，处于被自治县政府领导、支配、控制的地位。因此，很难有效地对自治县政府的违法违纪行为做出强有力的监督。

为了逐步改变这一状况，确保监察部门依法行使监察权，因此必须从以下几方面进行革新。（1）监察部门必须被予独立的地位。要改变目前自治县政府监察部门双重领导为垂直领导体制，不受自治县政府领导。自治县政府监察部门要自成体系，由上级自治县政府监察部门垂直领导。同时，自治县监察部门的领导干部和人员由上级选派，各种经费开支由上级解决；在履行职责时，只对授权组织部门负责，不再受自治县政府的领导和其他机关部门的干扰。这样就能增强监察部门的独立性和权威性。（2）扩大监察部门的一些职权。其内容包括有：一是赋予自治县政府监察部门一定的行政处分权。除了原有的给予违纪人员警告、记过、记大过处分权外，还要赋予监察部门给予违纪人员降级、降职和撤职处分的权力；二是赋予自治县政府监察部门一定经济惩罚处分权。对于一些领导干部因个人原因，如好大喜功、独断专横，造成重大失误，给国家和人民群众利益造成了重大损失，监察部门应用权责令其个人赔偿一定经济损失。对于一些涉嫌经济问题的官员，监察部门应用权责令其申报财产，说明经济来源。如无法说明的，则有权予以没收。（3）健全全方位监察机制。行政监察在事前、事中、事后监察都要全环节的介入，不能舍此取彼，漏掉任何环节的监督。尤其要加强预防监督，从事前监督着手，确立监督目标，科学规划监督计划，使行政监督步入科学化、规范化的轨道。还要重视对违法乱纪行为的追究，强化对重大决策的监控。一旦出现重大决策失误，或发现违法乱纪，应及时排除，做出迅速处理，保证自治县政府治理准确、高效、公正、合法。

（二）建立健全群众监督机制

群众监督是所有监督机制的基础和力量源泉，在所有的监督主体中人民群众是最基本、最直接的监督主体。从本质上看，人民政协、民主党派和群众团体的监督也属于群众监督的范围。要健全群众监督机制主要有三方面的工作要做。

1. 维护群众的有关权益

维护和扩大群众的知情权、参与权、选择权和监督权，坚持走群众路线，完善民主推荐、民意测评和民主评议制度。在考察和提拔干部中，要推行考察工作预告、差额考察、考察结果通报机制，推行领导干部任用前公示制，扩大公示范围。

2. 健全群众参与监控的制度

要切实打破民族自治县政府内存在的“由少数人选人、在少数人中选人”问题，让群众参与干部选拔工作，全面推行“公推公选”、“海选”。要建立群众参与监控干部工作、重大项目投资、财政拨款的制度，逐步形成从决策到最终结果全过程的群众参与跟踪监控机制，探索构建领导干部决策失误和用人失察追究制度。

3. 建立健全群众举报信息体系

包括设立投诉电话、举报信箱和专门的群众举报监督网站。制度化主要领导来信、来访接待日，充分发挥廉政监督信息员作用等。对所有群众的投诉举报，有关部门、监督部门都要查实、反馈、答复，并建立保护举报人和严惩打击报复行为的规章制度，以增强接待投诉举报的信誉度和激发调动群众投诉、群众举报的积极性。

（三）建立健全舆论监督机制

舆论监督是一种软性的监督，不具有强制性。它是通过触及被监督者的心理和良知使其受到道义上的谴责和心理上的煎熬而达到监督的目的。舆论监督的物质载体是广播、电视、报纸、书刊、网络等大众传媒，是群众监督的一种形式。在当今信息社会，舆论监督越来越被人们认可和接受。但在实际工作中遇到的问题是，我们还没有形成法律和制度保障的舆论监督运行机制。要健全舆论监督机制主要有三方面的工作要做：

1. 要保证舆论监督的独立性

用法律和制度明确规定舆论的监督权、披露权、批评权、采访报道程序和侵权责任，以法律和制度的形式保证监督的人事自主权、经济自主权和舆论业务自主权的独立。

2. 健全舆论自律机制

舆论从业人员要提高法律、法规和纪律意识，遵纪守法，严格恪守职业道德，深入基层，深入群众，扎实采访，保持舆论监督的真实性、可靠性和鲜活性。

3. 坚持舆论监督与其他监督相结合

舆论监督要发挥有效性必须与其他监督相结合，尤其要与人大权力机关和政府行政监察等权力机构结合，才能发挥应有的作用。一方面权力监督机构要积极主动充分发挥舆论监督的作用，借助舆论监督来增强自己的监督力度。同时也可从舆论揭露出来的问题中寻找案件的重要线索，进行用力的查处；另一方面，舆论监督只有与权力监督，以及其他监督紧密结合起来，才能完整实现其功能。

（四）建立健全各监督体系的协调机制

自治县的监督体系包括党内监督、行政监督、法律监督、群众监督和舆论监督。这些监督体系应密切配合，协调一致，形成合力。此合力，一方面包括各种监督体系发挥的作用，另一方面也有各种监督体系之间密切联系、协调和配合的作用。为此，我们应做好以下工作。

1. 加强日常联系

可拟建“监督协调委员会”之类的机构，归民族自治县党委统一领导，由各监督体系抽调人员组成。通过这个监督委员会，使监督在案件的受理、调查、移送、处理过程中互通信息，协调关系，互相配合，形成整体合力。

2. 建立统一监督信息情报网

包括建立各自的违法犯罪记录档案库，建立查处腐败案件过程的信息交流和重大案件、疑难案件的通报制度，以强化统一协调作用。

3. 建规章明职责

通过建立各项规章制度，明确各监督体系的职责权限。根据制度规定，各监督体系各司其职，防止推诿扯皮、争权卸责。

第四节　我国民族自治县公共危机治理的预警和应急机制的优化

一、自治县建立预警和应急机制的必要性

在社会主义市场经济快速发展和社会发展正处于转型期的形势条件下，自治县政府无一例外地面临着因各种矛盾和问题所引发的不同程度的危机事件。尤其是近年来，自治县地方突发性公共危机

时有发生，日益成为困扰我国民族自治县地方政府的棘手问题。

中国社会科学院《社会蓝皮书》经过多年实证研究得出的结论：1979年以来我国“社会稳定指数”呈现逐年“负增长”的发展态势。根据有关学者的不完全统计，从1994年到2004年，全国县级以上党政机关受理的信访量持续上升，从1994年400多万件（人）次增加到2004年约1400万件（人）次，10年间平均增长速度达到13%。1994年到2004年全国群体性事件从1万起到7.4万起，年均增长22.2%。[①]

自治县地方不但呈现出这一情况，而且由于民族宗教问题、境外分裂势力的渗透，以及严重的贫困问题，使得自治县政府所面临的稳定问题更要繁重，以至于保持当地社会的稳定以成为自治县政府工作的“第一重任”。结合相关学者的研究，近几年来自治县地方发生的公共危机形态总体上有如下四个特点。

第一，危机事件涉及领域的多样性。目前，在自治县地方发生的危机事件所涉及的领域包括有自然、社会、政治、经济等，几乎所有领域都发生了不同程度的危机事件。如自治县地方频繁发生的水灾、旱灾、地震等自然灾害，以及怀有政治阴谋的非法组织扰乱社会的活动，美国次贷危机的经济影响，等等。

第二，危机事件爆发次数的高频化。近年来，在自治县地方危机事件频发，如矿难、“豆腐渣工程”不断，治安事件攀升，黑社会性质的恶势力抬头等。总之，这些危机事件发生的范围小、区域性强，但发生的频率高。

第三，危机事件爆发规模和危害的扩大化。如法轮功事件（信仰危机）、非典事件（公共卫生、公共管理危机）都是全国性的危机，给社会稳定、经济繁荣带来极大的冲击。

第四，危机事件互动的国际性。随着全球化的深入，国际社会

---

① 胡联合、胡鞍刚、王磊：《关于我国社会不稳定因素变化态势的实证分析》，载《探索》，2007年第6期。

在政治、经济和文化方面的重大变化都会通过网络和其他大众传媒不同程度地影响到我国民族自治县地方，日益猖獗的国际恐怖主义活动也会冲击我国民族自治县地方公民人身和财产的安全。另外，在自治县地方发生的危机事件也会波及世界的其他国家，尤其是靠近边境的自治县和县域内有跨界民族的情况，其所发生的危机事件也会影响到邻近国家和民族的政治、经济和文化。甚至在有些自治县地方发生的危机事件也受到国际敌对势力的操控。

自治县地方危机事件之所以频频发生是有其深刻社会因素的。众所周知，社会结构、社会运行和个体构成了整个社会。这三个环节中任何一个出现问题都可能造成社会不稳定。

社会结构可分为经济结构、政治结构和文化结构。经济结构中存在危及稳定的社会问题又分为产业结构、就业结构、收入分配结构上的问题，如收入差距、失业问题、社会保险、城乡差距、流动人口问题等；政治结构上存在的主要问题是民主参与渠道不畅通、法制不健全；文化结构上存在的问题主要有价值观念混乱、性别差异、民族文化差异、老龄问题等。

多元化、社会结构变迁剧烈都会导致人们在不断出现新的行动内容和选择标准面前缺乏必要的规范引道和约束，原有的规范系统在社会生活中产生混乱，容易使人们在具体行动中出现严重的偏离和越轨。与此同时，由于社会结构剧烈变迁，传统权威失效，旧的社会规范协调矛盾、平衡冲突的主动性和能力减弱，加之，新的社会情况的不断涌现，处于转型期的社会运动环节就会出现两个问题：一是社会整合能力不强导致的问题，如腐败问题、司法不力、行政权力滥用、新闻监督扭曲、基层政权受到冲击等；二是整个社会对新环境产生的新危机应对能力不足，如在生态危机，国际恐怖主义的处理上显得有些力不从心。

个体行为对社会稳定带来冲击的主要形式是犯罪。犯罪事件频发、犯罪率上升会直接冲击公众的日常生活，导致公众安全感降低，危害社会的正常运行。但是真正对社会稳定形成冲击的是社会结构和社会运行中存在的问题。正是经济发展的不平衡（收入差距、城乡差距、区域差距等）和政治体制改革的滞后（权力资本恶性膨胀、宪政体制的缺陷、司法腐败、行政权力滥用、新闻监督乏力）的相互作用造成对社会不满度增加，而传统权威模式又趋于失效，使得旧的政治体制控制宏观、协调矛盾、平衡冲突、遏制腐败的主动性和能力有所减弱，于是公共危机出现就有了制度上的诱因。

社会稳定问题是指那些个人和团体的反叛社会行为引起的社会失序和不稳定的社会现象。反叛社会行为一般是指越轨行为和聚合行为等。这些行为会引发社会动荡，破坏社会秩序，冲击社会稳定。

关于影响社会稳定的反叛社会行为的发生原因，西方著名学者尼尔·斯梅尔塞（Smelser N.J.）认为有如下的因素：（1）结构性助长。指产生反叛社会行为的社会结构或周围环境；（2）结构性压抑。指任何使人感到压抑的社会状态，如贫困、不公正的待遇、冲突、难以捉摸的前途等，都会引发人们通过反叛社会行为来解决问题；（3）普遍的信条。指通过人们对自己所处环境中的问题的认定，形成对问题的看法和信念。它使人们通过对形势了解而做好了行动的思想准备；（4）突发因素。指反叛社会行为的点火器，通常为一个戏剧性的事件。它产生了反叛社会行为的具体环境，加速了反叛社会行为的爆发；（5）行动动员。它标志着反叛社会行为的开始。一般表现为群体内的领袖发动或鼓动者的鼓励口号；（6）社会控制机制。指如何防止、抑制和疏导前五个因素积蓄的力量，决定着反叛社会行为是否发生、破坏力多少。

基于以上的理论阐述，结合自治县地方的实际情况，我们认为，公共危机事件的发生在自治县将是长期的、大量的存在。这些公共危机事件不仅对民众的生命财产，而且对社会系统的价值观念和行为准则构成严重威胁，具有波及面广、危害性大、易引发社会恐慌、灾害效应严重的特点。正因如此，自治县地方政府必须责无旁贷地承担危机管理的重任。然而，公共安全事件的处理和控制有很强的综合性、系统性、专业性和时效性，需要多方面、多部门参与。因此，迫切要求自治县地方政府积极、主动地开展对策研究，努力探索建立处理和控制危机事件快速反应机制，驾驭危机事件。特别是自治县政府处于我国政府体系中的重要层次，直接面层基层群众，其治理对象具有较强的综合性、复杂性、分散性以及较低的教育水准等特征，面对突如其来危害面广的公共危机事件，自治县政府必须建立起一套完整、科学的预警机制，并建立一系列快速、有效的应急机制，才能化解危机，保障社会的有序。

二、自治县公共危机预警和应急机制的优化途径

（一）建立健全公共危机预警机制

公共危机预警就是对公共危机的预测、预报和监测，其根本的目的和作用是识警防患、提前预控。建立预警机制关键的是自治县政府能够及时、全面和准确地收集各种可能导致危机事件的信息，能及时、高效地处理这些信息，并能从多方面、多角度做好应对危机事件的行动预案。

1. 政府部门应提高收集信息能力

（1）强化政府部门的危机意识教育。危机意识是发挥政府各部门收集危机信息的内在动力。在和平时期，政府部门、官员和民众一般都缺乏危机意识，对危机潜伏时期所反映出来的征兆没有充分的警觉，不予足够的重视，导致原本有足够多的时间可以避免或及时采取各种防范措施把危机局势控制在一定范围内，却由于我们缺乏危机意识而产生危机扩散，增加处理危机难度的结果。因此，在平时，政府部门要加强公众危机意识的教育，通过各种教育平台、宣传机构，或通过模拟危机情势，强化政府和公众的危机意识。

（2）建立政府回应机制。政府除加强传统的回应载体（如上访、信件、电话、意见箱）建设外，还必须加强网络基础设施建设。我国民族自治县由于受资金、技术和人才上的影响，政府上网

工程的发展与其他发达县政府相比显得滞后。因此，自治县政府要加强网络基础设施建设的力度，统一规划政府站点，把政府网站变成公众向政府提供信息和政府向公众提供服务的窗口。只要这样，政府的回应才有时效和实效。政府部门要转变观念，由被动接收公众信息向主动接收公众信息。对公众提供信息的项目和内容，进行合理的工作流程设计；对公众提出的问题、意见和建议要进行分类管理，定出管理标准，实施规范操作，形成有效的政府回应机制。

（3）健全危机信息收集的激励与约束机制。我们可以从现有政府各部门工作人员中配备专职信息员，制定工作目标，明确和量化专职信息员的工作任务，以便对其进行考核。要注重对专职信息员收集的信息特别是上报信息的管理工作。认真履行签发手续，由各部门分管领导严格把关，防止信息失真。对那些重要的信息，如事故及重大隐患的报告要进行及时的反馈、催办和查办，使信息反馈及时准确。要重视对重要信息的分析交流，从中发现规律，预测危机发展趋势。要根据专职信息员提供信息多少和重要性程度进行奖励和惩罚，充分调动信息员的积极性。

2. 增强政府部门处理危机信息的能力

增强政府部门处理危机信息的能力，主要指自治县政府部门研究危机事件的科研能力。这些能力包括危机事件的一般规律性研究和危机事件的管理研究。危机事件的一般规律性研究需要自然科学领域和社会科学领域的专家共同完成，任务是对已经搜集到的危机信息进行分门别类的综合、归纳和整理，分析危机发生的几率，危机发生可能产生的危害，并摸索出其规律性，为制定各种危机事件的预案提高借鉴和参考。当然，由于自治县政府的能力有限，可以与上级政府部门资源共享，或求助其他科研机构，但不能不重视这些研究。而危机事件的管理研究则需要管理学专家、政府官员和相关专业工作者共同研究，制定出一套符合自治县县情又可操作的管理方式方法。只要不断加强危机事件一般规律性研究和危机事件管理研究，才能提升自治县政府应对危机事件的预警能力。

3. 提高制定危机事件处理预案能力

自治县政府在充分掌握危机信息的前提下，预先做好一套完整、科学的应对危机事件的行动方案。包括遏制危机方案、消除危机方案、重建或恢复正常状态的方案，使它具有对未来危机事件发生的预测和防范功能。各种预案的制定要根据危机事件的地域性和问题的严重程度在政府各职能机构中进行明确的分工，明确规定各自的管辖范围和具体职责，并通过建立一定的制度和机制来保障。

（二）建立健全公共危机应急机制

自治县政府应急机制，是指当突发性公共危机发生时，能在短时间内调集县域内外各种人员和各类所需物质，并迅速采取有效措施，最大限度地减少公共危机危害效应的一种机制。预警机制和应急机制是紧密相连、不可分开的。应急机制必须是建立在收集信息、科学预测和建立危机预案的基础上，才能平稳有效地远行。建立健全自治县公共危机应急机制，对于降低因公共危机造成的财产损失和人群伤亡率，减轻受灾人群的心理负担，保证自治县社会稳定，增进自治县社会的可持续发展具有重要作用。近些年在民族自治县所发生的一系列影响重大的公共危机事件，其原因尽可归咎为自然的不可抗拒力或人为的违章、违法以及渎职行为等方面的因素，但与缺乏健全完善的公共危机事件应急机制有着重要的关系。建立健全自治县政府公共危机事件应急机制应从以下几方面努力。

1. 建立权威的危机事件处理指挥系统

统一指挥、统一协调，是自治县政府在突发性公共危机发生后及时控制和有效处理的关键。自治县政府应该设立一个全县突发性公共危机事件应急处理指挥中心。由自治县政府有关部门和公安、交通、民政、医疗、消防等职能部门组成，自治县政府主要领导人担任总指挥，负责对全县突发性公共危机事件应急处理的统一指挥、统一协调，对突发性公共危机事件应急处理工作进行指导和监督。这一中心应为常设结构，平常不定期研究应对突发性公共危机事件的战略、具体方案，努力探索自治县危机发生的一般性规律。

总之，为了达到遇到危机事件时做到第一时间反映、动员全社会的目的，公共危机事件应急处理指挥中心应综合县域内外应急服务资源，统一报警、统一指挥、快速反应、资源共享、联合行动，为民众提供紧急救助服务，为全县的公共安全提供强有力的保障。

2. 建立严密的公共危机监测体系

严密的监测是有效应对突发性公共危机事件发生的重要策略。突发性公共危机事件发生的原因是多种多样的，而且是可以监测的。因此，建立完善的公共危机监测体系，尤其是保障发挥监测机构的监测作用。进行有效监测，应着力于消除重大安全隐患，对县域内的公路交通、矿山开采、公众聚集场所等事故高发领域，要加大监测力度，及时发现危机源头以及可能出现的事态。对不符合各类安全要求的要及时进行整改，甚至关闭。进行有效监测，还要监测到企业、机关、学校、社区、村寨等每一个基层单位，监测到容易发生危机的每一个环节。通过监测，坚决整改安全隐患，完善安全防范机制，明确责任，落实到人。只有这样，才能最大限度地减少危机事件发生的概率，真正发挥应急机制的作用。

3. 建立灵敏的信息沟通机制

一个有效的公共危机应急机制必须建立在政府与社会信息灵敏快捷沟通的基础之上。自治县政府要整合组织，减少中间层次，缩短政府决策部门与有关人员信息沟通的距离，使政府决策部门发布的信息更快、更广、更及时。另外，自治县政府要充分发挥现代化的科学咨询的作用，如电话、电视和网络等现代化的传媒，向监测、救治、保障机构发出信息，及时公布真实准确的信息，进行广泛的社会动员。要定期向社会发布权威信息，宣传政府政策，解释疑难，避免因谣传、不实报道甚至歪曲报道造成社会公众的恐慌和心理的忧虑。自治县政府要实行 110 报警服务台、122 交通事故报警台和 120 急救电话三者之间信息通报制度，切实提高交通事故信息传递、现场急救和紧急运转等方面综合反应能力。

4. 建立快捷的医疗救治机制

医疗救治机制是整个应急机制的重要组成部分。自治县政府应该以乡镇为单位，组建反应快速的医疗救治队伍。在人员技术力量上主要由流行病学、骨伤科等临床相关科室的中级职称以上卫生技术人员，以及多学科、多领域的专家构成，在设备配备上要有先进的医疗救护设备和特种交通工具等。另外，要发挥民间救助在应急救治中作用，建立一个政府与民间组织的配合机制、救援中心的组织结构机制和救援中心的紧急动员机制，最大限度地降低伤亡率，保证公民生命安全。

5. 建立常备可靠的后勤保障机制

自治县政府处理公共危机的有效性如何，在一定程度取决于危机指挥系统能否在最短时间内调集所有储备资源来解决危机的能力。因此，在应对突发公共危机事件中，必须建立可靠的后勤保障体系，以便有足够的物资储备。后勤保障体系除要有足够的储备粮、储备棉、储备资金可作应急之用外，还要建立应急药品、疫苗、交通工具、通讯设施、物资商品储备库。

当然，建立常备可靠的后勤保障机制，需要大量资金。自治县政府有必要设立突发公共危机事件的预算外资金，资金可通过中央、上级政府、县政府、社会捐赠共同解决。

第八章　我国民族自治县公共治理工具优化与绩效管理

绩效是管理的永恒主题。提高政府公共治理绩效是政府治理始终追求的基本目标。绩效管理作为一种监控、评价和改进政府公共治理的工具，从20世纪六七十年代以来，在西方发达国家被广泛应用，并于上世纪八九十年代传入我国。基于目前自治县政府对县域内公共治理绩效的追求，通过借鉴西方发达国家绩效管理的经验，深入探讨适合新形势下自治县公共治理绩效管理的实施机制，有助于提高自治县公共治理绩效管理水平，推进自治县公共治理工具的创新。

第一节　绩效管理

——自治县公共治理的新型工具

一、政府绩效管理的内涵与程序

（一）政府绩效管理的内涵

绩效，是企业，尤其是人力资源管理中首先使用的概念。在企业管理中“绩效”内涵有经济、效率和效益三个方面的含义。20世纪90年代以来，绩效概念被引入我国的政府管理中，就出现

“政府绩效管理”。现在“政府绩效管理”已经成为我国政府管理中经常使用的一个时髦词汇。但实际上，至今为此，国内外对政府绩效管理的认识还是见仁见智的。

胡雷（Joseph S. Wholey）等认为，政府绩效管理是改进公共组织和公共项目的生产力、质量、时效性、回应性以及有效性的综合系统，是一种“融入多种判断价值的工具模式”。

奥斯本和普拉斯特里克则认为，绩效管理是“利用绩效管理、绩效标准、奖励和惩罚来激励公共组织”。

美国“国家绩效评估小组”将绩效管理定义为“利用绩效信息协助设定同意的绩效目标，进行资源配置与优先顺序的安排，以告知管理者维持或改变既定目标计划，并且报告成功符合目标的管理过程”。

中国行政管理学会联合课题组的定义是：运用运用科学的方法、标准和程序，对政府机关的业绩、成就和实际工作作出尽可能准确的评价，在此基础上对政府绩效进行改善和提高。①

以上的观点，有的是从绩效管理的对象及其内在价值来揭示绩效管理的本质，有的是从绩效管理的运行机制和操作流程来阐述绩效管理的内涵。实际上，绩效管理本身不是单一的，而是集合了多种管理思想和方法。所谓政府绩效管理，是指政府围绕提高管理绩效这一目标，通过采取一套程序，对政府绩效进行监控、评估与改善，以及因此而作出的制度安排和实施的一系列管理措施、机制和技术的统称。

从绩效管理对象的范围可分为三个层面：微观层面，政府绩效管理是对自治县政府工作人员工作业绩的评价与控制；中观层面，对特定的自治县政府机构履行其职能的效果、服务质量的管理；宏观层面，是对整个自治县政府为满足社会发展和民众需求而提供公

① 中国行政管理学会联合课题组：《关于政府机关工作效率标准的研究报告》，载《中国行政管理》，2003 年第 3 期。

共服务质量、履行其职能的实际效益的测评与反映。

（二）政府绩效管理的程序

1. 确立政府使命与价值

使命为政府所肩负的责任或工作要追求的最高目标，价值则是政府活动所遵循的公正、公平、绩效等行为准则。政府使命与价值是自治县政府绩效管理活动的理念，是绩效管理的基础和前提。因此，首先自治县政府要明确自己使命与价值。然后通过有效的沟通，使自治县政府的使命与价值内化为每一政府工作人员的共同信念和行为指南。

2. 拟定绩效目标与计划

这是自治县公共绩效管理的起点。绩效目标是指自治县公共机构及其工作人员履行职能和承担职责应该达到的具体目标。一般分为组织、部门、项目和个人四方面的绩效目标。绩效计划则是实现这些目标的行动安排，包括自治县公共组织机构及其工作人员为实现绩效目标拥有的财政、物质、技术和权力等的资源和实现绩效目标的具体措施和计划等。

3. 执行绩效监测与反馈

在拟定绩效目标与计划之后，进入实施阶段。这是绩效管理的持续性管理时期。这一时期关键的问题如何及时获取真实、准确的绩效管理状况。

4. 开展绩效评估与激励

这是绩效管理的最后一个环节，是对绩效管理客体实现绩效目标情况的测定与评价，并根据测定结果对其予以一定的奖励与惩罚。绩效管理是结果导向的治理，必须运用科学的标准、方法和程序，对自治县政府绩效进行评定和等次划分。对完成绩效目标的作出客观的评价的同时，对自治县政府绩效进行诊断，发现自治县公共组织机构及其工作人员在管理活动中存在的问题与不足。采取一定的强制力量对绩效管理客体进行奖励与惩罚，以发挥绩效管理和评估的正激励与负激励之效应。

二、政府绩效管理的特性与目标

（一）政府绩效管理的特性

政府绩效管理作为一种新型的政府治理工具，旨在剔除传统命令——控制式管制的缺陷，以适应新形势经济社会发展需求。政府绩效管理的特性表现为高回应性、结果导向、激励性强。

（二）政府绩效管理的目标

绩效管理的目标主要包括三个方面：1. 降低政府成本；2. 提高服务质量；3. 谋求管理创新。

三、政府绩效管理的作用

（一）公共部门实施公共治理的必要手段

通过绩效评估来了解公共部门公共管理活动的现状、做出的成绩、效益状况和所存在的问题等有价值的信息，实现总结经验、解决问题和设计未来目标的目的，从而使公共部门的公共管理活动达到良性的运行状态，也是公共管理的基本要求。

正是因为绩效评估的重要作用，西方国家纷纷将绩效评估这一私营部门采取的管理方法和工具运用到公共部门和其他公共部门中来，并迅即成为西方公共部门实施公共管理的一项有用工具。

（二）有利于科学判断公共部门治理的成绩

绩效管理中的绩效评估必须科学有效，失去科学性和有效性的评估，只能会对公共管理产生误导。若评估是科学有效的，它就是衡量行政工作成败和公共部门能力的重要标志。“为了给选民强调他们能够从所交税收中得到什么，公共部门需要能够测评和汇报他们所取得的成绩。没有汇报的测评、压制或效果很差的汇报对于改善业绩几乎无用。"① 评估就是这样一个了解机制，通过真实有效的评估，可以帮助我们比较全面客观地把握一段时间以来公共部门管理过程的相关信息，了解我们的管理部门、管理人员有没有工作以及工作的好坏。

（三）有利于公共部门合理有效地进行资源配置

"公共部门对公民至少在以下三个方面负主要责任。一是公共部门的支出必须获得公民的同意并按正当程序支出；二是资源必须有效率地利用；三是资源必须用于达成预期的结果。"②

如何促使公共部门更合理、更有效地管好、用好这些公共资源，做到少花钱，多办事，办实事正是公共部门绩效评估所要解决的问题。在公共部门绩效评估中更容易发现公务人员的违纪行为，近年来一些腐败官员行为的暴露有相当一部分是在评估时被发现的。

第二节　自治县政府绩效管理的实践探索

——以松桃自治县"民主评议政风行风工作"为例

一、自治县政府绩效管理的特点

我国政府绩效管理是以"市民评议政府"的形式拉开序幕的。1998年沈阳"市民评议政府"、1999年珠海"万人评政府"，此后南京、深圳等大小城市也先后开展"市民评议政府"活动。现在，市民评议政府已经成为由国务院纠风办统一指导，各级党委和政府组织开展的制度性工作。2005年，在国务院纠风办要求下，"行风

① ［美］阿里·哈拉契米主编，张梦中、丁煌等译校：《政府业绩与质量测评——问题与经验》，中山大学出版社，2003年，第34页。

② 张成福、党秀云：《公共管理学》，中国人民大学出版社，2001年，第272页。

评议”活动正式列入各级党委和政府的年度工作重要日程。2006年，国务院纠风办下发的《指导意见》，标志着市民评议政府的活动已经从自发、试行阶段，进入到有计划、有组织和制度化的阶段。

从以上可看出，我国这种以“市民评议政府”为重要形式的政府绩效管理，起初是东部的发达城市开始，尔后逐步推广到全国。实践证明，通过开展有广泛公众参与的政府评议工作以来，“政风行风”有所改善，政府工作人员的服务意识明显增强，政府各部门的便民利民措施明显增多，原来群众反映强烈的政府机关“门难进、脸难看、事难办”的问题，得到很大程度的缓解，各地群众对政府工作的满意度显著提高。

在我国自治县里，我们认为松桃苗族自治县“2009年机关作风和效能建设集中测评”有一定的代表性。

（一）松桃苗族自治县的基本情况

松桃苗族自治县是1956年全国最早成立的五个苗族自治县之一。地处湘、渝、黔三省交界，素有“黔东北门户”和“一脚踏三省”的美誉。全境约3400平方公里，居住着苗，汉、侗、土家、仡佬、壮、满等16个民族，总人口58万。这里地处武陵地带，雨量充沛，土地肥沃，农林生产得天独厚，被列为全国粮食生产大县，优质花生生产基地县，以及贵州省山木林基地县。非耕地资源也有极大潜力，可供开发作为农、林、茶、牧、果、渔场的土地达300万亩以上。矿产资源是松桃的又一大优势，可开发的品种有30多种。锰储量已探明7000万吨，占全国储量的八分之一，享有“锰都”之称。县产电解锰为国家出口免检产品。

松桃梵净山，这是列为联合国“世纪人与生物圈”基地，中国国家级自然保护区的旅游胜地。著名的云落屯古悬棺，响水洞瀑布，松江小三峡，乾嘉苗民起义古战场，石良红军二、六军团会师遗址，文笔塔等，是境内风格各异的名胜古迹。更令人神往的，还有多姿多彩的民族风情。苗歌、狮舞、接龙舞、傩戏等，颇负盛名。热情奔放的苗族四面鼓舞多次漂洋过海，在国际艺术节上引起巨大轰动，“上刀梯”、“下火海”演出，被列入全国技艺百绝。“四月八”、“龙舟节”等民族节庆活动，又使苗乡成为旅游和文化考察的热点。松桃苗族独具特色的服饰，银饰工艺和习俗，等等，构成了苗族文化支系中一支优秀的代表。

根据2009年统计，全县地方生产总值实现33.09亿元，比上年增长11.1%；其中，第一产业实现增加值12.65亿元，比上年增长5.4%；第二产业实现增加值10.17亿元，比上年增长18.3%；第三产业实现增加值10.27亿元，比上年增长12.5%。财政总收入完成3.35亿元，比上年增长14.2%；其中，地方财政收入完成1.4亿元，比上年增长18%。一般预算支出完成11.9亿元，比上年增长21.6%。规模以上工业实现增加值6.46亿元，比上年增长22.7%。全社会固定资产投资完成20.01亿元，比上年增长49.2%；社会消费品零售总额完成8.4亿元，比上年增长23%。城镇居民人均可支配收入7079元，比上年增长13%。农民人均纯收入2504元，比上年增长9.3%。金融机构存款余额32.79亿元，比年初增长14.7%；各项贷款余额15.88亿元，比年初增长51.7%。其他各项社会事业取得新进展。①

（二）松桃苗族自治县2009年测评特点

1. 指导思想明确

正如《关于2009年松桃苗族自治县机关作风和效能建设集中测评实施方案》② 所说，以邓小平理论和“三个代表”重要思想为指导，以科学发展观为统领，认真贯彻落实十七大和十七届中央纪委三次全会精神，通过集中测评，真实掌握和科学评价各单位的机关作风和效能建设情况，促进党政机关和公共服务行业更好地履行

① 叶德恩：《松桃苗族自治县政府工作报告》（2010年），载松桃苗族自治县政府门户网。

② 《关于2009年松桃苗族自治县机关作风和效能建设集中测评实施方案》，载松桃苗族自治县政府门户网。

职责、依法行政、公正办事、改进服务、提高效率、廉政勤政，使机关单位的办事效率明显提高，工作作风明显转变，履职能力明显增强，社会管理和公共服务明显改进，为我县实现“三争五促四创建”和构建“和谐松桃”提供坚强保证。

2. 测评对象广泛

2009年松桃苗族自治县机关作风和效能建设集中测评单位共计128个。其中，党群系统23个，政府系统50个，垂管单位27个，乡镇28个，完全涵盖了自治县的公共管理组织和机构。比如，政府系统（23个）包括县政府办（含政府督查室、应急办、信息管理中心、国防办、烟办）、县发改局、县经贸局、县教育局、县科技局、县民宗局、县公安局、县民政局、县司法局、县财政局、县人事劳动局、县国土资源局、县建设局、县交通局、县水利局、县农业局、县林业局、县环保局、县卫生局、县人口和计划生育局、县畜牧兽医（渔业）局、县统计局、县粮食局、县乡企局、县文体广电局、县物价局、县审计局、县农办、县扶贫办、县招商局、县行政服务中心（含行政投诉中心）、县安监局、县档案局、县城管局（含客运管理局、城管大队）、县供销联社、县房产局、县旅游局、县卫生监督所、县疾控中心、县信访局、县接待办、县法制办、县会计局、县社保局、县合医局、县交警大队、县医院、县中医院、县供水公司、县妇保站；垂管单位（27个）包括县运管所、县公路管理段、国家统计局松桃农调队、县气象局、县烟草局、县供电局、县食品药品监督局、县质量技术监督局、县工商局、县国税局、县地税局、县邮政局、县电信局、县移动公司、县联通公司、县人民银行、县农业银行、县工商银行、县农业发展银行、县建设银行、县信用联社、县人寿保险公司、县人民财产保险公司、县盐务支局、铜仁银监会松桃办事处、县公积金管理中心、贵州省广播电视网络松桃分公司。

3. 测评主体代表性强

测评参评主体由5个方面707人组成：（1）领导评价：县四大

班子及其办公室主任（秘书长）、县纪委委员共 52 人，占参评人员总数的 7.4%。(2) 管理服务对象评价：被测评单位管理服务对象 238 名，占参评人员总数的 33.7%。其中各类企业负责人代表 80 人；县城区社区群众代表 30 人；县城区各行业工商户代表 60 人；教育、卫生、文化、金融、保险、通讯、供电、供水、邮政、民族、宗教、人武部、武警中队、消防大队等各界代表 68 人。(3) 县直机关单位评价：100 个被测评单位的主要领导及办公室主任共 200 人，占参评人员总数的 28.3%。(4) 乡镇领导评价：各乡镇党委书记、乡镇长、纪委书记、党政办主任共 112 人，占参评人员总数的 15.8%。(5) 社会代表人士评价：离退休老干部 20 人、党代表 5 人、人大代表 15 人、政协委员 15 人、党风廉政巡视员 5 人、行风评议代表 5 人、机关作风和效能建设义务监督员 5 人、特邀监察员 5 人、新闻工作者 10 人、民主党派及无党派人士代表 20 人，共 105 人，占参评人员总数的 14.9%。

3. 测评内容全面

在"评什么"的问题上，按照国务院纠风办的要求，将政务公开、服务质量、党风廉政、执法形象、服务态度、办事效率和工作作风等作为评议主要内容。如《松桃苗族自治县部门（乡镇）机关作风和效能建设考核评价工作实施方案（试行）》中主要考核内容，即被测评单位在以下八个方面的基本情况作出评价。(1) 贯彻执行上级工作部署情况；(2) 班子和队伍建设情况；(3) 机关作风和效能建设情况；(4) 优化经济发展环境情况；(5) 履行职责情况；(6) 完成年度目标任务情况；(7) 其他（包括是否存在向管理服务对象"吃拿卡要"，是否受到县委、人大、县政府和政协通报批评，社会治安、计划生育工作任务是否被否决、黄牌警告和诫勉谈话，是否存在其他违纪违规行为等）。(8) 2008 年参评单位对存在问题的整改情况。

而且，在测评议中注意了对被评单位进行分类，将参评单位按工作性质分为窗口、非窗口，党群、政府，执法、非执法等几类，每一类根据履行职责的不同，测评内容侧重点不同。比如县农业局测评内容又包括12项：（1）实施完成农村沼气建设5000口（10分）；（2）实施完成新建茶园3万亩（10分）；（3）完成松桃县农产品质量安全检测体系建设工程（10分）；（4）“阳光工程”农村劳动力培训1500人（10分）；（5）全面兑现油菜良种补贴、水稻良种补贴、玉米良种补贴、小麦良种和农机购置补贴等惠农政策（10分）；（6）实施粮食增产工程19万亩，其中水稻增产工程13万亩，玉米增产工程6万亩（8分）；（7）实施超级稻示范工程3.5万亩（8分）；（8）实施高淀粉专用红苕高产示范4万亩（6分）；（9）完成水稻机械化插秧示范1.5万亩（6分）；（10）农业适用技术培训2万人次（6分）；（11）新建优质葡萄基地800亩（8分）；（12）建立食用百合产业示范基地2000亩（8分）。这种分类测评有利于提高评议结果的客观性公正性。

4. 测评形式多样

测评有现场问卷、发放测评表、电话随机抽访、服务窗口截访、网上评议、走访、座谈、暗访等多种形式。

5. 测评透明公开

测评对象、参评人员、测评内容与指标、测评方法都事先发文件，通过广播电视、网络媒体大张旗鼓进行宣传，测评的结果网上公布，做到测评透明公开。同时测评公正，未发现各种测评中的不正之风。如《关于2009年松桃苗族自治县机关作风和效能建设集中测评实施方案》中指出，“要严肃测评工作纪律，规定组织实施测评工作的有关单位及其工作人员要坚持原则和标准，认真负责、遵守纪律、保守秘密，自觉维护测评工作的严肃性，不得徇私舞弊、弄虚作假。测评期间，各被测评单位不得索要参评人员名单；不得采取请客送礼、感情投资等不正当手段拉票；不得向参评人员明示或暗示评议评价要求；不得进行广告式自我宣传；不得有其他干扰测评工作的行为。对违反测评工作纪律的有关部门、单位要视情节予以扣分，对相关责任人员要给予批评教育；对情节严重、造成恶劣影响构成违纪的要严肃追究纪律责任。”

二、我国民族自治县测评存在的问题

我们认为，包括松桃苗族自治县在内的政府绩效管理的实践中，在评议主体、评议对象和内容、评议形式、评议的关注点等几个方面还存在一些局限，可以在现有工作框架下进一步加以完善。

（一）存在测评主体与被评对象信息不对称

测评主体与被评对象之间存在的信息不对称，直接影响了“政风行风评议”结果的公正公平，成为“政风行风评议”工作中存在的一个突出问题。

1. 由于普通参评公众不了解被评部门职能和工作形成的信息不对称。即便是测评团员或行风监督员，他们作为人大代表、政协委员可能比一般对政府工作多一些了解，但也不可能了解所有政府部门的职能。在服务窗口的服务对象参评，也未见得了解这个部门的全部职能和全部工作状况，所以他们在填写评议表或调查问卷时，可能有很大的盲目性或片面性。

2. 由测评对象的工作性质形成的信息不对称。评议对象中有许多是行政执法权的部门，让这些行政执法部门与其他政府服务部门一样接受公众“满意度”评议，显然欠妥。因此，选择和组织评议主体的工作还可以进一步完善。

（二）存在被评单位过分看重评议形式和排名结果

政风行风评议结果往往被纳入单位的年度综合考评兑现奖惩，这是测评效果显著的根本原因。但是现在有的地方却出现了新的形式主义现象。如有的地方开展政风行风评议活动，拉横幅、办简报。对群众反映的个案甚至破例解决，但是却没有坐下来深入查找本单位管理层面的问题，没有能够着眼于建立长效机制。

深入探究不难看到，是因为现在各部门的考评指标完成难度大，考评结果往往高度趋同，公众评议的得分事实上成为决定各部门考评名次的关键。所以，一些部门的行风评议重点因此转到评议的排名结果。为了得到一个理想的评议结果，甚至地行风监督员动用“公关”手段，为此一些形式主义的东西出现也在所难免。这就提出要适时地提高评议标准的要求。如在解决了“门难进、脸难看”的问题后，将评议工作进一步推进到解决“事难办”的问题上，这就要求将评议重点转向分清部门的责任、落实责任人、理顺管理体制、提高办事效率，解决一些深层次的总量，而不仅仅是评议工作态度、办理环境、便民措施等浅层次的问题。

（三）存在被动参与以及形式参与测评

目前，存在测评参与者处于被动参与测评的情况。被动参与的主要形式是填写问卷、接受民意调查、网上投票、开座谈会等。被动参与的最主要特征，就是参评者在没有准备、极少思考的情况下，在既有的时间、地点、条件、选项中对政府工作作出评价。

形式参与，其具体表现，一是网上形式评议。现在各县政府的门户网站几乎都设计了意见箱或网上评议的栏目，但实际上多数征求意见或评价选项设计过于简单、笼统，只有“是”与“否”的选项，没有任何实质意义；二是随机形式参评。一些公众被随机抽中做问卷或接受电话调查，但因为问卷设计欠专业，接受调查者很难准确填写和作答。如基层群众满意度问卷调查表，评议的内容是政府职能单位的服务意识、办事效率、政务公开、依法行政、廉政情况五项内容，在满意、基本满意、不满意、不了解四个选项中作选择。即使是县的人代表、政协委员，他们如何填写这样的“测评问卷”，也是“凭感觉”，或一般都“填满意”。他们填写这种问卷的基本依据是模糊的，算是形式参与评议。

为了解决被动参与和形式参与，提高测评的有效性，我们仍需做进一步努力。一是请专业人士制卷，提高评议问卷（调查表）的质量。对普通公民发放的问卷，使用描述性语言，而不是列举政府部门职能或工作要求的概念，以方便民众凭亲身体验回答；二是推行网上评议。网上参评者多数会主动参与的，要结合电子政务的建设，完善网上评议政府的功能，以期收到预期效果。

（四）存在测评成本过高

这里的“成本”，指组织测评所付出的时间、精力、财力和物力。这种动辄组织成千上万人参与的评议，成本太高。另外，每次开展行评工作时，被评单位高度重视，不仅按要求抽调专人，组织专班，安排专用场地，安排专用车辆，保证行评工作需要，还要与各位行员密切沟通，以保证测评员尽可能多地了解本部门的工作。有时被评单位对测评员“工作”的重视程度甚至超过测评工作本身，精力、物力大量的投入，显然偏离了测评的初衷，也提高了测评的成本。

总之，政府绩效管理在松桃苗族自治县已经以“政风行风评议”的形式普及化和制度化了，而且开展的“政风行风评议”也都在转变政风、行风方面收到了显著的成效。但是，不能停留在这样的阶段。有必要以科学发展观为指导，以建设服务型政府为目标，运用政府绩效管理的理论和经验，及时总结经验，不断对转变政风行风工作提出更高的质量要求，即以转变政风行风促进转变职能，分清职责，理顺关系，减少程序，实质便民。最终以通过完善政风行风评议工作，把自治县政府绩效管理提到更高水平。

第三节　我国民族自治县政府绩效管理优化的途径

一、建立健全多元的绩效评估主体

目标责任制考核、行风评议、组织考察和工作检查等，是以往对公共部门绩效评价通常采用的评价方式。这种评价方式绝大多数是上级对下级的评议、同行之间的评议或者是单位内部自身的评议，其主要特征是职能部门对职能部门、上级政府评下级政府。“政府主导非常明显，评估具有自上而下的单向性特征，重视政府主管部门对下级和所属企事业单位的评估与控制，忽视社会对政府部门的评估与监督。”①

从评估主体来看属于同体评估和内部评估，政府既是运动员，又是裁判员。此类评估有一定的优势：评估对象的直接领导熟悉业务、熟悉部属，了解下属部门的运作情况，切身体察班子素质的优劣，工作质量的高低，政令贯通的程度。这种评估也有简化评估程序、节约评估成本的作用。此类评估也存在着缺陷。例如，上级领导在评估下属时，不可避免地或多或少会带有主观影响，产生诸如“晕轮效应”、“马太效应”等现象。自我评估还会导致走过场，流于形式，自我评估的一般倾向会高估自己、邀功评好，有王婆卖瓜之嫌。因此，评估过程一定要有异体的介入，建立多元评估主体结构。公共部门绩效评估主体结构至少应包括专业评估组织、相关非营利组织、直管领导、行政相对人、评估对象自身等。

（一）吸纳公民代表参与评估

对于县级地方政府，多采取多个职能部门联合的形式，吸纳公民代表参与评估还很少见。让公民参与公共部门的绩效评估有一定的科学依据。公民作为评估主体，体现了公共部门绩效管理的核心准则，体现了顾客满意的服务取向，这也是新公共管理运动的一个基本特征。作为公共治理最重要治理主体的公共部门是向全体公民提供服务的，其服务对象理应成为其提供服务绩效的评判者。

诚如亚里士多德所言“一桌饭菜的好坏，只有品尝者最能评判”。公民或者行政相对人公民、特别是评估对象的相对人作为评估主体，可以最直观地体现评估的满意特征，明确评估的价值取向，通过这样一种“使用者介入”机制，将事实与价值取向结合起来，可以增加评估模式的社会相关性。各个被评议的公共服务部门，都应该具有对社会对公民负责的精神，采取换位思考的方法，

① 周志忍：《政府绩效管理研究：问题、责任与方向》，载《中国行政管理》，2006年第12期。

与参与评估的公民达成共识和相互理解。这样才能使绩效评估得出客观的结论，进而去指导以后工作的改善。

美国国家公共生产力中心主任马克·霍哲教授非常重视公民作为评估主体的作用，他认为，“只有政策制定者和市民积极主动地参与业绩评估——即参与让政府机构对他们的开支负责，对他们的行动负责，对他们的承诺负责这样的评估过程，上述的多重目标才能实现”。[①] 公民或者是公共相对人作为公共部门绩效评估的主体是一个复合体，要讲求科学构成。相对人要有一定的参加数量；相对人成分要有适当的结构；相对人成分要有一定的比例。当然，选择哪些公民，选择多少公民参加评估更加科学合理是需要认真设计的。毕竟，公民缺乏专门的评估技术，不太了解政府的运作机制，信息获得渠道有限。

公民参加评估有多种层次，诸如公民在接受公共服务后填写反馈卡，参加调查研究小组，参与架构内的评估鉴定等。我国在廉政建设、勤政建设的过程中开创的行风评议已进行多年，这项活动实际上就是公民作为主体评估公共部门绩效的具体实践。借鉴以往的工作经验，使行风评议更加贴近绩效评估的设计要求，把行风评议纳入绩效评估的轨道，可以规范评估程序，节约评估成本，提高评估成效。

（二）发挥非营利组织与其他机构对政府绩效评估的作用

在国外，非赢利组织参与公共部门的绩效评估相当普遍，而且存在很多成功的例子。美国学者尼古拉斯·亨利在《公共行政与公共事务》一书中有一段介绍：政府会计标准委员会是一个非政府组织，同时，也是拥有制定州与地方政府的一般可接受会计准则权力的唯一实体。20 世纪 80 年代后期，该委员会开始发布州与地方政府绩效报告的分析结果。1994 年，该委员会又公布了由审计师与

① ［美］马克·霍哲著，张梦中译：《公共部门业绩评估与改善》，载《中国行政管理》，2000 年第 3 期。

会计师共同撰写的关于政府“服务努力与完成”情况报告的“概念陈述”。在这位学者看来，政府会计标准委员会就是一个对公共部门进行绩效评估，用以提高政府管理绩效的相对独立的评估主体。“由于这种创制，政府会计标准委员会‘跨出了财务会计的范畴，走进了绩效测量的领域’”。①

其实，在国外，政府内部专门的监察组织也可以同时担负对公共部门进行绩效评估的任务。根据1978年的总监察长法案，美国已形成较为完整的联邦总监察长制度，联邦政府约有60个总监察长办公室，其中，14个内阁部门的总监察长雇用了8万4000多名员工。“总监察长负责揭露政府机构中的浪费欺诈以及滥用现象，而且也负责帮助行政人员消除这些问题。……而且他们审计的性质也改变了，即从传统财务审计法发展到绩效审计，如今至少60％总监察长的审计活动是绩效审计。”② 政府设立的公共投诉中心也是一个特定的评估主体。

此外，在发达国家，依靠独立于政府之外的专门机构进行评估的做法渐成气候。一些国家把政府审计部门作为评估主体，英国的审计委员会、美国的审计总署都是公共绩效评估的生力军，这个经验值得我们重视。我国自治县政府的审计部门在绩效评估中也发挥着非常重要的作用。

（三）优化多元绩效评估主体的结构

多元评估主体在评估活动中要注意相互协作，多元评估主体科学配比是绩效评估有效性的一个关键点。要按照一定的比例组建绩效评估团队，这也需要与考评的具体事项结合起来，要充分发挥各评估主体的相对优势。对于专门组织要加强相关制度建设，对其组成人员要强化责任意识，使他们在工作中做到遵纪守法、廉洁奉

① ［美］尼古拉斯·亨利：《公共行政与公共事务》，中国人民大学出版社，2002年，第311页。

② ［美］尼古拉斯·亨利：《公共行政与公共事务》，中国人民大学出版社，2002年，第333－334页。

公、勤政为民、作风民主和诚实守信。要注重发挥其长处和优势，政府内部专门监察组织的相关人员是综合评估主体的重要构成部分，监督机构依靠某种程度的权威性和广泛性来保证评估的客观公正。甚至，政府内部专门的监察组织还可以作为绩效评估的管理机构。通常，绩效评估过程需要一个专门的评估管理机构，评估管理机构不仅直接负责特定内容的评估工作，而且还是总体评估方案的设计者，各个评估主体间关系的协调者，还要负责评估信息的统计整理和加权换算工作。通常，在整个政府机构中遵循这样的一条原则：评估活动应该由一个符合评估内容的组织来进行；应该由那些不受项目发展结果影响的人们来进行。

我国政府内部专门的监察组织承担效能监察的任务，效能监察就是通过一些制约性的方式手段，提高政府管理绩效。对于绩效评估中的公民，要多鼓励他们在评估中的活动。要认识到公民参与评估的作用和意义。

公众评估有利于引入顾客满意的理念，强化公共部门服务功能。公众参与绩效评估的实质在于政府服务机构与公众的关系上，通过提供各个公共服务机构绩效方面的信息，寻求服务于公众需求的差距，从而对公共部门形成压力，迫使它们提高服务质量和效率。公众参与绩效评估有利于引入顾客导向，增强公共目标和结果的透明度，以市场竞争的方式提供公共服务，这对于公共部门的长期建设具有重要的意义。要注意公民在评估过程中的建议和诉求，同时关注作为个体参与绩效评估的弱势所在。让公民意识到他们参与公共部门绩效评估的重要意义和不可替代性，让更多的公民积极参与到公共部门绩效评估中来。切实扭转公民在现存的绩效评估中被动的局面。

对于非营利组织，要采取相关措施加强其组织建设，发挥其组织效应。同时注重它自身较为狭隘的利益观。非营利组织需要多方面的引导，这方面的工作可以在平时予以实行。实质上，任何一项活动都不是孤立的，要注意对非营利组织的引导放在平时。同时，要注重组织成员综合素养的提高。特别是与人为善、和睦相处、集体利益等观念的培养。以及组织成员的政治意识、国家观念的教育。

在对公共部门绩效评估的过程中也可发挥媒体的作用。媒体可以发挥其传播信息的作用，以便于更多公民和组织关注对公共部门绩效的评估，也可以起到监督的作用。

二、优化绩效评估的内容与指标体系

自治县政府绩效评估存在以下几个方面的问题。

（一）多着眼于内部控制和监督

在发达国家则偏重于外部问责及绩效水平和推动公民监督。“以内部控制和监督为主要目标的绩效评估，必然在评估的目标和侧重点上表现出自己的特点：片中投入、努力、过程、产出而对结果重视不足；即使关注某种结果，也往往立足于上级和领导的立场，而非人民群众关注的结果。一句话，以内部控制为目标，绩效评估内容结构上的公民导向和结果导向必然不足。”① 在一些地方出现的“政绩工程”、“形象工程”都是背离以公民为导向体现，甚至已经引起民愤。

（二）绩效评估关注经济指标，忽视其他方面的评估

这一现象相当普遍，很多地方政府片面追求经济增长速度，“以 GDP 为中心”，变成一些地方用来“一俊遮百丑”的硬指标，容易导致忽视经济增长的效率与质量，不惜以浪费资源、破坏环境为代价发展经济，忽视人的发展和社会全面进步。

因此，要解决好上述问题，政府首先要优化绩效评估内容。学者芬维克认为绩效测量包括三个层面：经济（economic）、效率（efficiency）与效能（effectiveness），即 3E 指标。学者福林再加上

① 周志忍：《政府绩效管理研究：问题、责任与方向》，载《中国行政管理》，2006年第12期。

公平（equity）指标，即成为4E。① 对于较为科学的评估指标应该是这些方面的整合，关于这方面学者做了精心分析。依据塔尔柏特（Talbot）的分析，目前美国行政机关运用3E的情形相当普遍，其中至少有68%的政府机关使用"效果"指标；14%使用"经济"指标；8%运用"效率"指标。在实际的绩效衡量过程中，通常都是以3E指标为关键性的思考主轴。在经济指标内考虑"成本"与"资源"；在效率指标内考虑"资源"与"产出"；在效果指标内考虑"产出"与"结果"。在这样环环相扣的过程中，观察其对"标的群体"所产生的"服务水准"与"接收比率"，如图8－1②：

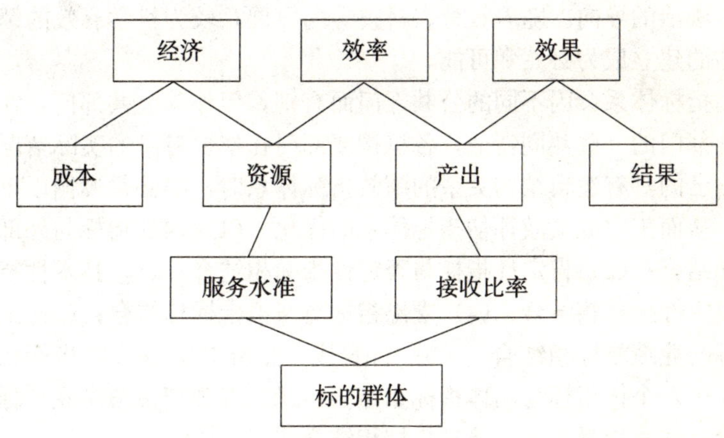

图8-1　3E指标的采用

在自治县公共部门的评估中体现这些指标，也会较好地体现公平性。这也与我国的社会主义国家的性质和本质要求有关。评估地方政府的绩效，要重视内容的选择、指标的定位。政府绩效评估应以经济规划和建设的水平及质量公共基础设施的完善程度，环境绿化、美化的程度，科技文化、教育和社会公用事业的发达程度，以

① 张成福、党秀云：《公共管理学》，中国人民大学出版社，2001年，第272页。
② 张成福、党秀云：《公共管理学》，中国人民大学出版社，2001年，第275—276页。

及公民文明素质和地区现代化水平等为重要指标。然而，一个时期以来，经济产值和增长速度成为地方政府绩效评估中首要的甚至是唯一的关注点，对于公共行政所要达到的多元目标中的其他目标，诸如旨在满足公共性需要的社会问题的解决，公共项目、公共财产公共信息资源等等的发展状况则很少顾及。对于绩效评估，各种主体尤其是政府部门要树立科学发展观指导下的政府绩效观。科学发展观要求政府以实现社会全面、协调、可持续发展为追求目标，因此科学的政府绩效观既要体现效率与公平并重，也要体现经济增长与社会发展并重的价值观。同时，政府绩效的价值导向还应体现民主、法治的导向。随着教育、科技等的发展，较为科学有效的绩效评估的建立成为必然和可能。

指标体系会因不同的公共部门而有别，但作为公共部门，缘于公共部门的一些共同特征，各机构或部门在根据自身的实际情况设计自己的具有逻辑结构关系的绩效指标体系时，都必须遵循以下原则，从而来完成绩效评估指标体系的优化。(1) 内部指标与外部指标相结合；(2) 肯定性指标与否定性指标相结合；(3) 技术性指标与民主性指标相结合；(4) 支出指标与回报指标相结合；(5) 工作指标与业绩指标相结合；(6) 行政成本指标与业务成本指标相结合；(7) 个体指标与团体指标相结合；(8) 客观指标与主观指标相结合；(9) 数量指标与质量指标相结合。[①]

绩效评估中的结果导向关注的是绩效评估本身的绩效。哈佛大学教授巴达赫曾经说过，作为当代政府改革的实践指南，新公共管理"最核心的观点是为结果而管理 (managing for results)，而不是努力去完成那些被期望做的事；最重要的结果之一则是使顾客满意"。要关注绩效本身的科学性，从4E角度考察绩效评估的有效性和意义。力争绩效评估本身的实用性，切实使绩效评估达到改进和指导公共治理的目的。此外，在绩效评估过程中还要注重运用技术

① 卓越：《公共部门绩效评估初探》，载《中国行政管理》，2004年第2期。

方法。与自然科学和企业的考核不同的是，公共服务和公共物品提供极小的考核，在有些方面需要采取技术方法。例如将总目标细化和分解，以达到宏观目标的具体化、模糊目标的具体化；引入经济学和统计学的方法，借助于计算机技术。这样可以为绩效评价提供更广阔的视角和更有效的方法支持，进而达到绩效评估的高效用。

三、加强政府绩效管理的制度建设

（一）建立健全自治县政府绩效激励制度

1. 开展政府部门合理的分权。部门的权力受到多方面的限制，政府人员不能自由地对经费、人事和机构目标进行管理，也就没有相应的节约经费的激励和责任。在分权制度激励下，政府部门有重视产出和降低成本的驱动力。

2. 提倡政府部门之间的适当竞争。政府部门之间的竞争有助于提高政府绩效管理的有效性。政府部门之间竞争可以通过多种渠道进行。政府间预算竞争是政府竞争的方式之一。预算分配工作在内部招标的基础上进行可以提高政府效率。允许政府部门在某些行政工作上开展竞争，以消减政府部门成本，使预算分配到最有效的部门。

3. 实行有效的收益共享和分享节余机制。这是对绩效提高的报酬，即把政府管理人员提高绩效的努力与收益联系起来。这一制度为政府官僚机构和政府管理人员提高绩效提供了经济上的回报。

（二）建立健全自治县政府责任制度

我国政府机关的目标责任制，早期主要是层层经济目标责任制，关注的核心是经济总产值增长和其他相关的经济指标。随着政府职能的转变和政府管理经济方式的改变，政府机构目标责任的内容逐渐开始强调经济社会的全面协调发展。但总的来说，尚处于探索阶段。

从全国的情况来看，各地实践的力度和效果也很不平衡，缺乏全国统一的标准和做法，县级政府绩效管理和绩效责任的建立及落实还未走上制度化、规范化、经常化道路。加强自治县政府绩效责任制度建设，关键要注意解决好以下几个问题。

1. 绩效责任的规范化和具体化。绩效责任要落实，必须有一整套规范化的具体制度和操作程序。因此，绩效责任制度建设应着重在规范化和具体化上。制度内容要具体明确，有可操作性。如在统一的绩效评估和考核标准的前提下，什么样的行为后果要承担责任、承担什么样的责任、由谁来追究、追究谁、怎样追究等都要有一整套具体的规定。

2. 绩效责任制度的综合配套。绩效责任制度要得到具体的落实，必须把考核结果与个人发展、业务成就、收入报酬等真正结合起来，因此必须有一整套与其相配合、相互保证的具体法规。

3. 学习借鉴西方发达国家有效的管理技术和经验，并最终建立符合自身情况、具有自身特色、行之有效的自治县政府绩效责任制度。

（三）建立健全自治县政府绩效审计制度

预算是政府的生命。要有效地控制自治县政府的管理成本、提高自治县政府管理绩效，就必须推行县级政府绩效审计制度，有效地制约与监督自治县政府财政预算活动，建立健全自治县政府绩效审计的内容。政府绩效审计应遵循经济性、效率性、效果性有机融合的原则。

1. 要科学确定自治县政府绩效审计的内容。一般包括：自治县政府财政收支中的行政收支、公共工程收支及种种基金的收支；自治县政府财政收支中有关收益性投资部分。

2. 加强自治县政府绩效审计机构的独立性。

3. 重视自治县政府绩效审计的建设。自治县政府绩效审计应有别于传统的财务收支审计，尤其要考虑未来效益和可持续性。

自治县政府绩效审计的建设职能体现在应将审计目标同自治县政府绩效审计主体的价值最大化目标紧密结合在一起，始终围绕实现自治县政府管理决策效果最大化，使自治县政府绩效审计与内部绩效审计、社会绩效审计构成一个有层次、有秩序的国民经济绩效系统。

（四）建立健全自治县政府绩效信息保障制度

自治县绩效管理是一个信息的收集、加工和处理的过程。绩效信息系统一般具有增进责任性、改善管理和更好地配置资源等三个方面的作用。因此，自治县绩效评价信息的真实性，是地方政府绩效评估的生命。但是，由于人为或非人为的因素，绩效信息的正常流动和真实性受到影响，不利于自治县政府合理决策，从而加剧了自治县政府的运作成本和社会成本，制约了自治县政府绩效管理的发展。为了更好地解决这些问题，我们必须从以下几个方面着手。

1. 加强统计工作。建立健全统计机构，提高统计人员的专业化水平。

2. 强化对报表的交叉核对。要加强统计、财政、银行、国有企业单位的配合与协作，严防和制止做假报表、假数据的行为。

3. 加强统计执法检查。对于在统计报表上弄虚作假且情节严重的行为，应当严肃追究县级领导的行政责任、经济责任，乃至送交执法部门追究刑事责任。

4. 强化统计操作规范化。为了使自治县政府绩效考评及时、完整、真实、准确地提供有关基础数据资料，须确保考评的及时性、准确性和公平性，以便更有效地发挥县级政府绩效考评的导向和激励作用。

第九章　我国民族自治县公共治理效果与公共产品供给优化

公共产品（包括服务）的供给是衡量一个地方政府公共治理效果如何的根本标准，也是自治县政府提高域内公民对自治县政府公共治理满意度的关键。因此，自治县政府要想得到域内公民对自治县政府的最大支持，必须最大限度地为县域的公民提供更多、更高质量的公共产品。本章重点研讨我国民族自治县政府公共治理中如何优化公共产品的供给问题。

第一节　公共产品的基本理论

一、什么是公共产品

（一）公共产品的概念及其分类

公共产品是指具有共同消费性质的产品及服务。如教育、社会保障、公共医疗卫生、就业公共服务、环境保护、公共事业、科技公共服务等。公共产品又可以分为纯公共产品和准公共产品两大类。

纯公共产品是指同时具有非排他性和非竞争性的公共产品。非排他性即一些人在享用公共产品带来的利益的同时，不能排除其他人同时从公共产品中获得利益。非竞争性是指消费者的增加不会引起生产成本的增加，即多一个消费者引起的社会边际成本为零。如国防、社会治安、政府行政等都属于纯公共产品。

准公共产品是指只具有非排他性和非竞争性中的一个特征，或同时具有两个特征但两个特征都不明显的公共产品。准公共产品的范围十分广泛：第一类准公共产品是俱乐部产品。它的特点是其消费具有非竞争性，但却可以轻易地做到排他性，是一种可以排除其他人消费的拥挤性公共产品，如可以收费的公路、桥梁、公共游泳馆、电影院等；第二类准公共产品是共同资源。它的特点是在消费上具有竞争性，但却无法有效的排他性。在对共同资源的消费超过一定的限度后，会带来过度使用的问题，如公共渔场、公用牧场等；第三类准公共产品是其使用和消费局限在一定的地域中，其受益的范围是有限的，即进入才可以消费，而退出就不能够消费了，如社区保安、街道清洁等。

根据以上的划分标准，我国民族自治县城乡主要公共产品可用表 9-1 表示：

表 9-1　我国民族自治县城乡公共产品

民族自治县城乡公共产品			
自治县城乡纯公共产品	城乡准公共产品		
	性质上接近于纯公共产品的城乡准公共产品	城乡俱乐部产品	性质上接近于私人产品的城乡准公共产品
自治县城乡基层政府行政服务、工农业发展战略研究、城乡环境保护、城乡发展综合规划及信息系统、工农业基础科学研究、大江大河大湖改造治理，等等。	城乡义务教育、城乡公共卫生、城乡基本医疗、城乡社会保障，小流域防洪防涝设施建设，农业科技成果的推广、农田防护林、病虫害的防治、中低产田改造、退耕还林、土壤改良，等等。	城乡高中、城乡职业教育、乡村水利灌溉系统、城乡道路建设、城乡文化馆等等。	城乡电信、电网、有线电视、成人教育、自来水、农业机械设备投入、农业多种经营，等等。

（二）公共产品的本质

公共产品的本质是它的公共性。其公共性主要体现在三个方面：一是产品供给结构的公平性。公共产品具有对消费者的非排他性，政府只有公平、均衡地向城乡和不同阶层的社会成员提供公共产品，才能实现社会和经济发展的均衡。否则，将导致公共产品的供给结构失衡，出现比市场失灵更糟糕的政府失灵状况，并带来一系列严重的社会问题；二是产品供给过程的公开性。公共产品供给实际上是政府对公共资源的配置过程，按照公开透明的原则生产和分配公共产品，是市场经济对政府，特别是财政部门依法行政、依法理财的基本要求；三是公共产品供给取向的公正性。这要求政府要按社会公众的集体意愿提供公共产品、弥补市场失灵、维护社会公共利益、实现社会总福利和人均总福利的最大化。

二、西方公共产品理论发展及其启示

（一）西方公共产品理论发展

公共产品理论是当今公共管理学和公共财政学的重要理论。在西方，这种理论已历经200多年的发展，并形成较为完善的理论体系。其发展的简要历程如下：

1. 公共产品研究的古典渊源

时间为18世纪中后叶。代表人物大卫·休谟和亚当·斯密，他们提出“搭便车”和“守夜人”思想 。大卫·休谟是最早发现并提出“搭便车”的理论家，即每个人都会寻找托词以使自己免得承担由此带来的麻烦和花费，而使其他人承担整个负担。亚当·斯密在1776年出版的《国富论》中认为，自由市场这只“看不见的手”能够实现资源的最佳配置。政府只需充当一个“守夜人”。政府的职能有三项：第一，保护社会，使其不受其他独立社会的侵犯；第二，尽可能保护社会上的每个人，使其不受社会上任何他人的侵害或压迫；第三，建设并维护某些公共事业及某些公共设施。因此，对于国家安全、社会安全、司法制度、公共事业等事项，由于“搭便车”的存在，私人缺乏提供的激励，需要政府的介入，用税收筹集资金并提供这些产品。

2. 公共产品研究思想的继续

19 世纪后期，以瓦格纳为代表人物的研究群体让公共产品的思想继续向前发展。1882 年，瓦格纳通过对 19 世纪许多欧洲国家和日本、美国公共支出增长情况的考察，提出了“公共支出不断增长法则”，或称“政府活动扩张法则”，也叫“瓦格纳法则”。其思想是：随着人均收入的提高，人们对包括法律、警察、金融、教育、文化和医疗等公共产品的需求将不断增长，并且超过人均收入的增长，最终政府支出的规模也相应增长。社会发展和学者研究都验证了这一观点。不仅西方市场经济国家的福利开支呈现膨胀趋势，社会主义国家的公共开支也大体符合“瓦格纳法则”，只是其增长速度稍低于西方国家。瓦格纳是最早从实证的角度研究并证实了政府的公共产品供给职责，且不断扩大趋势的学者。

3. 公共产品概念的正式提出

20 世纪中后叶，以瑞典人林达尔（Lindahl，1919）为代表。林达尔在其博士论文《公平税收》中正式提出“公共产品”一词，提出了公共产品供给的“林达尔均衡”思想。他分析了两个消费者共同纳税分担一件公共产品的成本问题，指出每人在总税额中应纳份额应与他从该公共产品消费中所享有的效用价值相等。这些税收份额即为他的税收价格。这个价格就是著名的“林达尔价格”。林达尔的思想解决了公共产品供给所需费用的来源问题，极大地促进了西为公共财政理论以及公共产品理论的形成与发展。

4. 公共产品研究范式的建立

萨缪尔森（Paul. Samuelson，1954）是第一个将公共产品与私人物品两个概念作了明确区分的学者。萨缪尔森认为，“公共产品是指每个人对这种产品的消费都不会导致其他人对该产品消费的减少”。而“私人物品”是指“如果一种物品能够加以分割。那么，每一部分都能够分别按照竞争价格卖给不同的人，而且对其他人没有产生外部效果。”从以上定义可以看出，公共产品天生具有非排他性和非竞争性两个基本属性。正是由于这两个属性，所以人们很难找到一个有效的价格体系来控制公共产品的消费。当公共产品市场中配置资源的价格体系缺失时，政府就变成这个市场的主要配置者，或者由政府的国营企业来垄断提供。

5. 公共产品理论的成型——布坎南和公共选择学派

詹姆斯·M·布坎南将政治决策的分析与经济理论结合了起来，与戈登·图洛克、肯尼思·阿罗等人创立了公共选择理论，成为现代“公共部门经济学”的起源。公共选择理论为公共产品理论走向成熟作出了重要贡献。1965年，布坎南在萨缪尔森等人研究基础上创造性地提出了“俱乐部产品”。萨缪尔森定义的公共产品是“纯公共产品”，在现实社会中，大量存在的是介于公共物品和私人物品之间的“准公共产品”或“混合商品”。所谓俱乐部产品就是这样一类产品、一些人能消费，而另外一些人被排除在外。布坎南使用成本收益分析框架，得出了俱乐部成员的最优规模。他认为，俱乐部成员的最优数量是有限的，并且随着该俱乐部产品数量的边际收益的变化而变化；只要每个成员的边际收益不小于他的边际成本，俱乐部的所有者就能够固化他们的价格，接受新的成员。这样，根据边际成本与收益分析，俱乐部通过接受愿意支付的新成员而达到规模最优。布坎南的“俱乐部产品”拉近了“公共产品”与现实的距离，具有较强的实用性和操作性。

从上面简要回顾中可以看出，西方公共管理学关于公共产品理论的研究可以说源远流长，产生了不同的流派、建立了不同模型，内容庞杂丰富。但归纳起来，主要集中在以下相互关联、不断深化、依次推进的四个层次，即公共产品理论研究范围、公共产品分类、公共产品需求和公共产品供给，具体研究框架如表9—2所示：

表 9—2 西方公共产品理论的研究框架

公共产品理论研究范围	相应理论及实践
公共产品定义及特性	非竞争性、非排他性；不可分割性、共同性、外部性、不可拒绝性等。
公共产品分类	1. 纯公共产品、准公共产品、纯私人产品； 2. 私益物品、收费物品、俱乐部产品、公共池塘物品、公益物品、有益产品； 3. 全球性、国际性、全国性、地方性、社区性公共产品； 4. 有形公共产品、无形公共产品（制度、秩序、服务等）。
公共产品需求	1. 需求偏好间接显示：用脚投票、外部性税、非市场诱导机制等； 2. 需求偏好直接显示：或有估价法。
公共产品供给	1. 公共产品生产、融资与有效供给：公共产品生产的效率性；税收、公债或收费等；公共产品最优供给、均衡条件等。 2. 公共产品供给模式：供给模式选择依据：市场失灵、政府失灵、搭便车、供给效率与公平等；政府供给（多层级）、市场化供给、民营化供给、非营利部门供给、多中心供给、自愿供给等。 3. 公共产品供给效果评价：成本收益分析、绩效评估与审核、财政风险控制等。

（二）西方公共产品理论的启示

1. 科学的认识公共产品理论必须坚持唯物主义观点

西方学者关于公共产品的理论为我们理解公共产品提供了一个视觉。但这也存在不少理论上的缺陷，具体表现为：

（1）关于公共产品定义、特性以及分类的局限性

西方学者把非竞争性和非排他性定义为公共产品最基本的特性（不可分割性、共同性等都是由此基本特性派生出来的），其目的是使定义与特性更具现实解释力。但是，公共产品的这些特性仅是产品具有的物质技术特性，是基于产品自然属性的纯技术性判断标

准。如果仅以这些特性来认识公共产品，一方面会陷入以现象认识现象的错误局面，误导人们仅从物质技术特性即自然属性来认识公共产品，从而忽视对决定公共产品本质的社会属性的认识。西方学者对公共产品的分类主要依据是非竞争性、非排他性程度和产品形态等，这将导致忽视制度和文化形态公共产品的存在。这种分类方法淡化了经济基础对上层建筑的决定作用，实际上就是淡化资本主义生产关系对上层建筑中的政治、法律以及制度等性质的决定作用，粉饰资本主义社会制度的本质。

(2) 关于西方政府满足公共需求和公共利益的虚伪性

"公共需求"和"公共利益"在资本主义条件下具有较大的虚伪性。只有符合资产阶级的利益需求，并为资产阶级共同利益服务时，这种看似社会大众的公共需求，才能成为一种能被满足的需求。即某种公共产品只有在给整个资产阶级带来收益大于损失的时候，才能被有效供给。因此，在资本主义私有制下，社会普通大众公共需求能否满足、公共利益能否维护，取决于这种公共产品能否符合资产阶级共同利益需求、能否为资本主义制度服务的前提条件。只有当资产阶级把"特殊社会"的需求上升为社会的普遍需求，把局部的资产阶级利益上升为社会的公共利益，把资产阶级追求原则上升为社会的普遍原则，社会普通大众的公共需求和公共利益才能得到满足和维护。"公共需求"、"公共利益"的实质是以资产阶级公共需求为出发点，并从根本上为维护资产阶级利益而服务的。只不过，资产阶级把这种"公共需求"和"公共利益"从形式上泛化为社会普通大众的公共需求和公共利益，披上了看似美好的虚伪面纱。由于"公共性"，公共产品供给与公共部门即政府有了天然的联系。但这种由"公共性"引发的政府供给，其实质是为了使资本主义市场经济顺畅运行，满足资产阶级的私利需求。马克思曾指出，在私有制条件下，国家采取的是"一种虚幻的共同体的形式"，即以表面上"公共利益"代表的姿态出现，其实它集中体现了一定社会占统治地位的经济关系性质。

因此，政府活动必须与国家本质保持一致，由政府供给公共产品，根本目的在于为统治阶级共同利益创造一种良好的社会环境，以使整个社会成为实现统治阶级共同利益的有效途径或工具。

(3) 关于以市场失灵作为划分政府、市场公共产品供给边界的局限性

由于公共产品的特性，致使分散的市场力量不能有效提供供给，存在市场失灵问题。从而为政府供给公共产品提供理论依据。"市场失灵"成为划分公共产品政府与市场供给的边界。但是这种划分具有很大的局限性。如果仅以市场尺度为基点，公共产品只能成为市场失灵的附属物，只是市场不能解决才让渡给政府。这种划分的局限性，在于对公共产品（政府）和市场关系的绝对化认识。

(4) 关于唯心史观方法论上的错误性

西方公共产品理论依然沿用的是西方经济学分析范式和惯用的方法论，是从唯心史观出发，把资本主义生产关系看做是天然的、永恒的。不研究生产关系本身，把重点放在物的发展上，用物的关系来掩盖人的关系，并运用个人主义方法看待公共产品问题。这就割裂了经济关系与其他社会制度的关系，无视经济基础对上层建筑的决定作用。从表象出发，将公共产品自然属性与社会属性孤立地区分开。尽管西方公共产品理论在不断修正中完善，但是这些修正与发展沿用的依然是唯心史观看待社会发展的思维方式，归根到底不能用科学的唯物史观看待社会历史变迁中的公共产品。

为此，科学地认识公共产品必须坚持以历史唯物主义为指导，才能科学地揭示其本质。具体来讲，可以从以下几个方面着手：

(1) 公共产品是一定历史条件下的产物。公共产品是为了满足某一特定历史条件下，一定范围内的社会共同需要而存在的。这种社会共同需要得到满足时往往会带来利益共享，最终维护和促进社会经济制度的发展与完善。正是因为这种需要共同性与利益共享性，才会在现实中外在地表现为消费的共同性与受益的非排他性，这两个特性又受到历史条件和社会经济制度的制约。这种制约不仅

体现在公共产品的内容、结构和种类上，还体现在它与私人产品的转换上。认识公共产品，必须看到其是自然属性与社会属性的统一、共性与个性的统一。既不能离开共性，也不能脱离特定的历史条件。因此，从公共产品本质上说，这是在一定社会经济条件下，以一定范围的社会共同需要为出发点，体现社会一般利益共享，为维护和促进其所依附社会经济制度发展和完善的产品。因而公共产品不仅是为了满足社会共同需要，推进利益共享，更是为了维护和促进其所依附的社会经济制度的发展和完善。从这个意义上讲，公共产品更多地体现为一种制度安排与设计，社会属性对公共产品界定起着决定性的作用。

(2) 公共产品供给主体与模式的选择应基于现实社会经济条件。现实社会经济条件决定公共产品供给主体与模式的选择，而且呈现出动态变化。不能绝对地、孤立地看待公共产品供给主体与模式，仅仅认为政府供给公共产品是为了弥补市场失灵，使公共产品成为市场附属物。因此，在公共产品供给主体和模式的选择上，应该坚持供求双层约束下的经济发展动态观。公共产品供给主体有政府、市场、非营利部门等多种主体，也就形成以某个供给主体为主导的供给模式，或是多元参与有所侧重的供给模式。

2. 发挥社会主义的优越性必须大力发展公共产品供给

公共产品是为满足一定范围内的社会共同需要而存在的。当这种社会共同需要得到满足时，往往会带来利益共享，最终维护和促进社会经济制度的发展与完善。公共产品关系到一个社会的存在和发展。因此，提供公共产品和服务不是西方国家的专利，社会主义国家和政府也要大力发展公共产品。这是由公共产品的性质和社会主义性质决定的。因为，公共产品是由一群人所形成的共同需要，而这一群人中的任何个体或个体的组合又不能提供。这时候就需要由政府从社会福利最大化的角度出发来提供。公共产品供给的本质决定了这个提供过程必然是社会主义的。因为，社会主义的重要特征之一是极大地发展经济、改善人民生活、以最小的投入获得最大的公共产品的产出。在私有和公有的混合状态中，私人之间的交易固然可以使私人部门的产出效率最大化。但公共产品的效率最大化问题却面临挑战。

贫困不是社会主义，社会主义的任务就是要解放生产力。实践证明，市场经济的组织形式在一定程度上是调动劳动力积极性、发挥其创造力的最佳形式。因而，以发展生产力为核心目标的社会主义，不能没有市场经济这种组织形式的参与。同时，市场经济的组织形式不是全能的，它的应用范围有一定的局限。它经常失灵的一个最主要领域是在公共产品供给方面。公共产品和准公共产品的生产、供给、定价和管理等，必须由公共组织提供。在现代社会，主要是由政府（包括中央政府和地方政府）提供。社会主义要彰显和发挥其优越性，要想赢得与资本主义相比较的优势，必须高度重视如何为公众提供公共产品的问题，必须明确社会主义的本质要求就是高效、廉价、大量地为公众提供公共产品（服务）。

3. 公共产品的供给要多元化

公共产品供求总量、内容、类型和结构是受经济发展水平和发展阶段约束的。其供给主体和模式，随着经济发展水平和阶段的不同呈现出动态变化。在不同经济发展水平和阶段上，供给主体和供给模式都是不同的。

公共产品供给主体有政府、市场、非营利部门等多种主体，也就形成以某个供给主体为主导的供给模式，或是多元参与有所侧重的供给模式。一般来说，随着经济的发展，公共产品供求结构、供求重点会发生相应的变化，具有阶段性特征。在选择公共产品供给主体和模式的时候，要立足经济发展阶段和水平，把握供求的阶段性特征，并以动态视角正确审视各种供给主体供给能力的大小，选择合理的供给模式。一般来说，当经济发展处于较低阶段时，公共产品更多地由政府供给，居民对维持性公共产品具有更大需求；当经济日益发展时，可以将公共产品市场化供给作为政府供给的补充选择。此时，居民对经济性、社会性公共产品具有更大的需求；当经济发展处于较高阶段时，公共产品供给可以不再主要依赖政府供给，而是形成市场、非营利部门、自愿者等多元供给格局，供给主体和模式呈现出经济发展相适宜的动态变化。

4. 公共产品的供给要不断优化

公共产品的供给是随着社会经济发展与公民需求的不断增长而发展的。因此，不断优化公共产品的供给是社会经济发展的客观要求和公民对政府的期盼。在不断优化政府公共产品和公共服务的实践中，各国提出了公共产品供给的主要原则：

(1) 公民和顾客至上原则。政府要维护公民的各种权益。其中，最好的公共服务是政府对公民权利的最好保护；政府要公开承诺公共产品供给的质量，把公民当成是“上帝”和消费者。

(2) 程序便民原则。公共产品和服务的提供和收费要方便公民，简化手续；办事程序和办事方式要公开，便于公民监督。

(3) 绩效导向原则。政府要给公民提供质量最好、费用最低的公共产品和服务；政府绩效衡量的标准是公民是否满意。

第二节 我国民族自治县公共产品供给的成就与问题

一、我国民族自治县公共产品供给的成就

我国民族自治县各级党和政府历来重视公共产品的供给，并取得了巨大的成就。具体表现在如下四个方面：

(一) 初步建成以公路为核心的立体交通网络

我国民族自治地方历来是山高路远，交通闭塞。因此，建国60多年来，自治县政府一直致力于以交通为核心的基础建设。尤其是近20年来，民族自治县的交通事业迅速发展，一些民族自治县已形成以公路交通为核心，包括铁路、航空、水运的立体交通网络。

比如，在“九五”期间，国家和各有关部门加大了对国家级、省级贫困民族自治县交通发展的投入。仅辽宁、吉林等满族聚居地区民族自治县每县每年增加交通事业补助费 30—50 万元，对重点项目和交通瓶颈问题拨付专项资金，支持民族自治县交通发展。如投资 3000 万元，打通桓仁满族自治县桦本线大凹岭隧道，彻底解决桓仁满族自治县交通“老大难”问题。1998 年前，投资 3000 万元完成丹东市至宽甸满族自治县二级公路改造。对民族自治地方的县（乡）公路、桥涵、路基、黑色路面改造等项目优先安排。1999 年，辽宁省对民族自治地方补助交通事业费 460 万元，修路资金安排 4.2 亿多元，仅新宾满族自治县东南公路一项就安排了 6000 多万元，大大改善了民族自治地方交通落后的状况。辽宁省桓仁满族自治县 13 个乡镇 110 个村，全由公路相连。岫岩县满族自治县实现了乡乡通柏油路，70％的行政村通柏油路，91％的行政村通公路。伊通满族自治县公路建设实现了超常规发展，高速公路出口至北大桥路桥拓宽改造工程，人民大路建设工程，九开公路一、二期工程，伊通镇至西苇镇道路建设工程全部完成，提高了道路等级和通行能力。①

内蒙古呼伦贝尔市为实现通乡、通村公路建设目标，截止 2008 年，在鄂伦春、鄂温克、莫力达瓦达斡尔族三个少数民族自治旗，通乡公路完成投资 4.38 亿元，完成路面 319 公里；通村公路完成投资 3.17 亿元，完成路面 1081 公里，使三少民族自治旗交通状况得到改善。② 甘肃省政府 2009 年启动为民办实事的重要内容——少数民族自治县“500 公里建制村通达通畅工程”，涉及 62 个项目，资金全部由中央和甘肃省财政安排，并在当年建成使用。③

河北大厂回族自治县，地处华北平原，西距北京 42 公里，北

① 资料来源：国家民委门户网站。

② 资料来源：《呼伦贝尔三少民族自治旗建设通乡通村公路》，中国公路网，2008 年 11 月 2 日。

③ 资料来源：甘肃省人民政府信息公开平台。

距首都机场38公里，南距天津港120公里，东距唐山港100公里，是全国距首都北京最近的少数民族自治县，有发达的交通设施。京秦电气化铁路、102国道横贯其县境北部，南部与京沈高速公路擦肩，涿密高速公路将由县境东部穿过，县乡总里程达到180公里，实现了村村通公路、村村通客车，开通了北京938、930公交班线。①

重庆市石柱土家族自治县②计划到2012年将形成“四高一铁一港”的交通网络体系。以石柱为核心，500公里左右的市场辐射半径可涵盖重庆、四川、湖南、湖北、贵州、陕西等六省市，成为渝东枢纽门户，成为成渝地区通往华中和华东地区最便捷的通道。具体交通概况③如表9－3所示：

---

① 资料来源：大厂回族自治县政府公开门户网站。

② 1949年11月19日，建立石柱县人民政府，1984年11月18日成立石柱土家族自治县。位于重庆市东南部的长江南岸，隶属重庆直辖市。自唐武德二年分武宁县置南宾县，迄今已有1380余年历史，县址南宾镇。全县8区、2镇、56个乡。1982年人口普查全县总人口52万，土家族占总人口的72%。全县总面积3012平方公里，有耕地面积48.44万亩，土地肥沃，物华天宝，人杰地灵，是驰名中外的“黄连之乡、长毛兔之乡、绿色之乡”。

③ 资料来源：石柱县人民政府，石柱县招商局，2010年4月6日。

表 9—3：重庆市石柱土家族自治县交通概况

交通方式		起止地点	交通路线	运距（公里）	时间（小时）
公路	往周边省市	石柱—成都	沪蓉高速（建成）	413	3.5
		石柱—武汉		660	5.5
		石柱—长沙	梁黔高速（拟建） 渝湘高速（建成）	667	5.5
		石柱—贵阳	渝黔高速（建成）	572	4.6
		石柱—西安	沪蓉高速（经四川达州到西安）	554	4.5
	往通关口岸	石柱—万州	梁黔高速（拟建）	100	50 分钟
		石柱—涪陵	丰石高速（在建）	87	40 分钟
		石柱—重庆	丰石高速（在建）	160	1.5
			沪蓉高速（建成）	220	2
	往出海口	石柱—上海	沪蓉高速（建成）	1444	12
		石柱—长沙—深圳	渝湘高速——京珠高速（建成）	1460	12
		石柱—重庆—北海	渝黔高速（经贵阳到北海）	1380	12
铁路		石柱—重庆	沪蓉铁路（在建）	165	1
		石柱—成都		503	2.5
		石柱—利川		80	0.5
		石柱—武汉		627	3.5
		石柱—上海		1593	7
		石柱—涪陵—广州	渝怀铁路（建成）	1597	22
		石柱—重庆—北海	渝黔铁路（建成）	1567	38
长江航运		石柱·西沱—重庆		274	1 天
		石柱·西沱—宜昌		385	1 天
		石柱·西沱—武汉		1010	3 天
		石柱·西沱—上海		2054	5 天—7 天

航空	路径及里程	附近机场航班情况		
		往返上海	往返广州	往返北京
	石柱—重庆江北机场（230 公里）	25 个航班/天	27 个航班/天	25 个航班/天
	石柱—万州五桥机场（100 公里）	周二、周五晚	周一、二、四、五、日	每日一班

（二）建成初等和中等教育体系

全国各民族自治县均已建成初等和中等教育体系，全面普及了9年制义务教育。据2007年统计，全国民族自治县普通中学在校生190.62万人，小学在校生319.75万人。[①] 比如，在重庆市石柱土家族自治县，1949年全自治县共有学校27所在校生仅963人。到2002年全县教育得到全面发展。在幼儿教育方面，全县公办幼儿园34所，其中：自治县教委举办示范幼儿园10所，民办幼儿园44所。全自治县幼儿教学班394个，入园幼儿8796人，幼儿入园率39.7%。在小学教育方面，全自治县现有公办小学256所，其中：乡镇中心校33所，完全小学47所，村小175所，特殊教育学校1所，有社会力量举办教学点79个。全自治县小学教学班1485个，在校小学生5万5281人，在编小学教师2916人。在初中教育方面，全县现有单设初中9所，职业中学1所，有教学班447个，在校初中学生2万8389人，在编教职工1644人。在高中教育方面，全自治县现有普通高中3所，有教学班117个，在校学生7729人，在编教职工366人。在中等职业教育方面，石柱土家族自治县第一职业中学校，占地200余亩，建筑面积9万平方米，有15个专业，60个教学班，在校学生3084余人，2000年晋升为全国首批重点高级职业中学校。在成人教育方面，全自治县有专（兼）职成人教育专干3人，专任教师52人，兼职教师37人。有农民文化技术学校32所，有村级成人学校（班）429个。全县青壮年非文盲率98.9%，脱盲学员巩固率98.5%。近五年来举办各种实用培训班2440期，每年受训学员达7万人以上。[②] 2009年，全县在校学生8.44万人。其中普通高中1.04万人，初中2.68万人，职业中学4884人，小学4.23万人。小学学龄儿童入学率99.91%。普通高中毕业生2584人，初中毕业生7048人，职业中学毕业生954人，

① 资料来源：《中国民族统计年鉴2008》，民族出版社，2009年。

② 资料来源：石柱土家族自治县知识，www.qqYWF. com。

小学毕业生 8453 人。普通高中招生 4008 人，普通初中招生 8910 人，职业中学招生 2314 人，小学招生 7270 人。全县有专任教师 4697 人，其中普通高中 480 人，普通初中 1346 人，职业中学 135 人，小学 2736 人。有特殊教育学校 1 所，幼儿园 25 所。①

在河北大厂回族自治县，目前已全面实施了九年义务教育，基本普及学前三年教育和高中阶段教育，其职业教育学校是全国的示范学校。仅 2006 年为进一步加强九年制义务教育和普及高中教育工作，全年教育投入达到 3947 万元，政府投入布局调整工程和危房改造工程资金 253 万元，对本自治县内的霍各庄小学、芦庄小学等 16 所学校进行了危房改造，合并学校 3 所，改造、维修校舍面积 7822 平方米，其中改造 D 级危房 4248 平方米，彻底消灭了原有 D 级危房。另外，继续救助农村贫困家庭学生参加义务教育，政府拨付“两免一补”救助资金 36 万元，使全县 1516 名农村贫困家庭学生享受了免费发放教科书和减免学杂费的照顾。从 2007 年春季开始全自治县义务教育阶段在校生实行免除学杂费。椐 2007 年统计全县 1 万 209 名学生免交春季、秋季学杂费总额为 203 万 5950 元，秋季又免除义务教育阶段中小学生课本费共计 38.5 万元，对 90 名贫困学生补助生活费 6700 多元。②

（三）建成较完善的公共医疗卫生体系

全国各民族自治县均已建成较完善的医疗卫生体系。据 2007 年统计，全国民族自治县共有医院、卫生院 2286 个，医院、卫生院技术人员 6 万 3371 人，医院、卫生院床位 5 万 9388 个。③ 比如，重庆市石柱土家族自治县，2002 年底全县有医疗卫生机构 47 个，其中县属医疗卫生机构 7 个（县医院、县中医院、疾病预防控制中心、妇幼保健所、县卫生技术培训中心、卫生监督所、皮肤病防治

① 资料来源：石柱土家族自治县政府信息公开门户网站。
② 资料来源：大厂回族自治县政府信息公开门户网站。
③ 资料来源：《中国民族统计年鉴 2008》，民族出版社，2009 年。

院)，乡镇卫生院 32 个，工业及其他部门 8 个。另外还有村卫生站 120 个、个体医疗机构 22 个。全县共设病床 746 张，卫生部门 744 张，工业及其他部门 20 张。县属医疗卫生机构 275 张、乡镇卫生院 469 张。全县共有医疗卫生职工 1351 人（全民 792 人、集体 424 人、卫生局招聘 135 人，县级 379 人、乡镇级 971 人)，属财政差额预算 784 人，经费自理 567 人，卫生技术人员 1191 人，其他技术人员 2 人，管理人员 55 人，工勤人员 103 人。卫生技术人员中，执业医师 307 人、执业助理医师 179 人，注册护士 235 人、药剂人员 65 人、检验人员 25 人、其他 380 人。具有大专以上学历 216 人、中专学历 476 人、无学历 508 人。高级技术职务 23 人、中级技术职务 210 人 、初级技术职务 593 人、无技术职务 374 人。县级医疗卫生单位有房屋面积 3 万 600 平方米、业务用房 1 万 8689 平方米，乡镇卫生院有房屋面积 5 万 6393 平方米，业务用房 3 万 1608 平方米。业务用房占房屋总面积的 57.8%。县级医疗卫生单位拥有大中型设备包括 800mA X 光机 1 台、B 超机 3 台、纤维胃镜 1 台、心电图机 2 台、激光治疗机 1 台、电动牙科椅 3 台、手术显微镜 1 台、万分之一分析天平 3 台、各种分光光度计 3 台、救护车及工作用车 8 台、计算机 10 台、CT 机 2 台、彩色多普勒超声仪 1 台、自动生化分析仪 2 台、体外震动碎石机 2 台。[①] 2009 年，有卫生机构 34 个（不含个体诊所)，病床 1027 张，卫生技术人员 935 人，其中执业医师 343 人，执业助理医师 186 人，注册护士 258 人，每千人平均拥有卫生技术人员 1.7 人。

又比如，河北大厂回族自治县内有县级医院 2 所、乡级医院 5 所，村村设有医疗站。另有妇幼保健院、疾控中心数所。已形成了覆盖县乡村三级的公共卫生医疗体系，建立了完备的疾病防控、应急救治、处置突发公共卫生事件的机制。[②] 另外，地处西南边陲的

① 资料来源：石柱土家族自治县政府信息公开门户网站。

② 资料来源：大厂回族自治县政府信息公开门户网站。

云南金平苗族瑶族傣族自治县，近年来，农村卫生基础设施建设也明显改善。建立了较完善的公共卫生和医疗服务体系，进一步提高了疾病预防控制和救治服务能力，基本实现人人享有初级卫生保健的目标，每千人拥有医务人员和病床数分别为1.2人和1张，大力推行新型农村合作医疗，参合率达78.5%。①

（四）建立较完善的城乡社会保障体系

全国各民族自治县均已建成较完善的城乡社会保障体系。这一体系主要包括城乡基本医疗保险、城乡养老和失业保险制度的建立和相关政策措施的落实。

以河北大厂回族自治县为例，从2006年10月1日起，该自治县在城镇职工基本医疗保险的基础上，实行了公务员医疗补助和企业补充医疗保险，形成了以基本医疗保险为主体，以大额医疗保险、公务员医疗补助、企业补充医疗保险为补充的医疗保障体系。目前，城镇职工养老、医疗和失业保险覆盖面均达到98%以上，城乡“低保”实现全覆盖。

2006年，大厂回族自治县开展了农村医疗惠民工程、五保户集中供养工程和农村社会保障工程，全年支出养老、医疗保险金、革命伤残军人医疗费、城乡低保、下岗再就业资金、灾害救济、农村医疗救助等各项经费5237万元。其中全年优先安排并发放离退休人员养老费3757万元，使全自治县1324名行政事业单位离退休人员和1392名企业离退休人员及时领到养老费，并适时提高了养老费标准，及时为离退休人员补发增加的养老费。支出360万元医疗保险资金，为全自治县医保人员及时核销医疗费用，减轻个人医疗负担。另外，筹集资金21万元，救助受灾贫困农民752户；拨付158万元用于就业再就业服务培训及劳动力市场建设等工作，全年就业再就业培训5734人，其中下岗失业人员728人；发放下岗

① 资料来源：云南金平苗族瑶族傣族自治县政府信息公开门户网站，2008年12月5日。

职工生活保障金8万元，解决387名企业下岗职工生活困难问题；发放农村低保资金33.2万元，救助农村贫困对象624户1386人，发放城镇低保资金69万元，救助各类城镇贫困居民340户749人；发放大病救助金12.4万元，救助农村、城镇大病患者近300人，有效防止了被救助对象因病致贫、因病返贫现象。2007年11月总投资462万元，规划面积2973平方米，建筑房屋121间，能容纳180名农村五保户老人集中供养的县中心敬老院建成并投入使用，实现了农村“五保户”集中供养。

自2007年初起，河北大厂回族自治县全面加快城乡救助体系建设步伐，降低救助起伏线，提高救助标准，扩大保障面。仅在该年12月底，农村低保对象723户1587人，占农业人口的1.89%，共发放农村低保金68万元，月人均补差42元。城镇低保对象353户758人，共发放低保金81万8406.5元。①

近年来，云南金平苗族瑶族傣族自治县社会保障和救助制度也不断建立和完善，使城乡居民得到更多的实惠。2008年，城镇参加养老、医疗、失业、工伤、生育保险人数分别达2800人、9300人、5800人、2100人、1900人。农村参加社会养老保险人口达896人；城镇居民享受低保人口占全县非农业人口的23%，月人均补差134.8元；发放农村低保金额1080万元；参加农村新型合作医疗人口23.3万人。②

总之，我国各个民族自治县政府自成立以来，尤其是近年来，始终把公共产品的供给作为政府工作的奋斗目标，并且取得了突出成绩。但依然存在公共产品的供给不能满足人民群众日益增长的物质文化需求的问题。

---

① 资料来源：大厂族自治县政府信息公开门户网站。

② 资料来源：云南金平苗族瑶族傣族自治县政府信息公开门户网站，2008年12月5日。

二、我国民族自治县公共产品供给的突出问题

公共产品的供给和消费是居民生活综合质量和现代化程度的主要标志。从全国民族自治县范围看，我国民族自治县公共产品不仅总量短缺，总体质量较低，供给不足，供求结构不合理，层次和优化程度及现代化水平不高，总体功能和效率低，供求矛盾突出。而且，新兴的、现代化的公共产品发展缓慢。尤其是现代都市生活设施，如供气、供热、供水等设施在一些自治县尚刚刚起步。具体有如下表现：

（一）教育发展滞后，人力资源素质不高

过去我国实行义务教育的政策是“分级办学，以县为主”，国家投资、地方筹资和民众集资相结合的体制，国家投入所占比重明显偏小。

由于自治县经济落后，财政困难，人均收入低，尤其是自治县农民的收入更低，更加无力负担教育附加费和集资，致使义务教育经费严重不足，义务教育发展严重落后于发达地区。近年来，随着国家教育政策的调整，民族自治县基础教育经费增长较快。但从基础教育人均支出额来看，东、西部的差距不仅没有缩小，反而有扩大的趋势。

1998 年，我国普通小学生均教育经费支出为 625.36 元，最高的上海为 2621.16 元，最低的贵州为 296.44 元，生均教育经费支出的比值为 8.84。2005 年，我国普通小学生均教育经费支出为 1327.24 元，最高的上海为 7940.77 元，最低的贵州为 885.91 元，生均教育经费支出的比值为 8.96。

1998 年，我国初中生均教育经费支出为 1101.84 元，最高的上海为 3523.46 元，最低的贵州为 520.78 元，生均教育经费支出的最高额与最低额的比值为 6.77。2005 年，初中生均教育经费支出为 1498.25 元，最高的上海为 8421.50 元，最低的贵州为 1010.96 元，生均教育经费支出的最高额与最低额的比值为 8.33。2005 年，

全国普通小学生均预算内公用经费为 166.52 元，最高的上海为 1865.70 元，最低的广西为 59.22 元，上海是广西的 31.5 倍。初中全国平均为 232.88 元，上海为 2114. 13 元，广西为 96.96 元，上海是广西的 21.8 倍。

民族地区中小学教学条件差。许多小学没有规范的校舍、桌凳、活动场所。许多地方学生要跋山涉水，步行数小时上学；学校没有基本的教具，不能满足教学的需要。西部民族地区学校危房多。据《中国教育统计年鉴》（2005）提供的数据，当年全国小学危房率 5.79％，东部地区 2.50％，西部地区 8.64％；初中危房率全国 3.99％，东部地区 1.56％，西部地区 4.58％。西部地区的中学危房率是东部地区的 2.94 倍。

民族地区缺少合格的教师。有资料显示，20 世纪末西部地区小学教师合格率仅为 20％。民族地区国民人均受教育年限短，文盲率高。目前，我国国民人均受教育年限已超过 8.5 年，北京、上海已超过 10 年，而少数民族地区人均受教育年限普遍低于全国平均水平，内蒙古 7.1 年、新疆 6.89 年、广西 6.37 年、宁夏 6.14 年、云南 5.64 年、青海 5.08 年、贵州 5.05 年。

据调查，金平苗族瑶族傣族自治县拉祜族文盲率为 90％；河口瑶族自治县有的瑶族村寨青壮年文盲率达 95％以上。2005 年 1％人口抽样调查结果显示，全国 15 岁以上年龄段人口文盲率为 11.04％，其中男性为 5.86％，女性为 16.15％。在民族 8 省区中，人口文盲率除广西和新疆略低于全国平均水平外，其他省区都超过了全国平均水平。内蒙古为 11.25％，云南为 20.07％，贵州为 21.41％，青海为 24.07％，西藏为 44.84 ％。女性文盲率在贵州、青海分别为 32.32％和 33.18％，最高的西藏达 55.76％，高于全国水平 2—3 倍。[①]

① 雷振扬：《我国民族地区基本公共服务存在的问题与对策思考》，载《中南民族大学学报》，2008 年第 6 期。

（二）公共卫生事业发展滞后，群众健康水平较低

在过去相当长的时期内，我国公共卫生投入严重不足，城乡供给失衡，大多数农村人口没有任何社会化的疾病医疗保障，农民生老病死主要靠自己解决。这种状况在经济社会发展滞后的民族自治县尤为严重。据赵延东等人的调查，西部农村贫困家庭中，有长期或慢性病人的比例为61.5%，城镇地区贫困家庭中有慢性病或残疾人的比例为23.5%。这说明在西部城乡，贫困现象与恶劣的健康状况密切相关，“因病致贫”仍是一个相当普遍的现象。有25%的农村贫困家庭一年的医疗费支出超出了其全年的收入。仅支付医药费用一项就使这些贫困家庭陷入入不敷出的困境。

据“中国西部省份社会与经济发展监测研究”课题组调查，在整个西部地区，农村家户饮用自来水的仅占0.8%，饮用井水占56.5%，饮用开放的自然水源占30.2%，饮水安全的只占51.6%，不安全的占48.4%。在宁夏、青海、西藏等高原、干旱地区，农牧民饱受缺水之苦。在内蒙古，农村牧区有近300万人需要解决饮水问题。在青海，农牧区饮用高氟水、高砷水、污染水及局部严重缺水地区的人数有173.1万人。饮水不安全导致了近年来比较严重的水性地方病发病率明显提高，内蒙古、新疆、宁夏等地新发现200多万人饮用高砷水致病问题。[①]

（三）社会保障不健全，农村社保水平低

自治县农村低保起步晚。2005年以前，全国建立城乡低保制度的有北京、天津、上海和浙江、广东、福建、江苏等省，主要是沿海和经济较为发达的地区。民族8省区实行的是传统的农村特困户救助政策，基本没有实行农村低保政策。2006年以后，随着国家社会保障政策的调整，民族自治县才相继开始实施农村最低生活保障制度。

① 雷振扬：《我国民族地区基本公共服务存在的问题与对策思考》，载《中南民族大学学报》，2008年第6期。

自治县农村社保水平低。从2007年第二季度农村低保标准看，农村低保水平呈现东、中、西部地区经济社会发展水平的现实差异。统计显示，农村低保标准低于年600元的县、市、区数，全国平均水平为35.7%，东、中、西部分别为12.3%、38.3%、59%；农村低保标准超过1080元的县、市、区数，全国为15.7%，东、中、西部分别为39%、4.8%、2%。京、沪两市的农村低保标准全部越过1天1美元的国际贫困线。至2007年第三季度，农村低保制度在全国2663个涉农县（市、区、旗）全面实施。全国平均低保标准每人每月67元，上海233元、广东134元、贵州56元、新疆53元、云南52元、内蒙古51元、广西46元、青海45元、宁夏37元，其中8省区都未达到全国平均水平。

不仅民族地区农村最低生活保障水平低于全国平均水平，民族地区城市最低生活保障水平与全国平均水平比较也存在较大的差距。2006年，全国城市最低生活保障平均标准为每人每月169.6元，西藏、宁夏、青海由于城市人口较少，人均保障水平略高于全国水平，分别为225.5元、172.3元、171.9元。其他民族省区都低于全国平均水平，云南168.2元、贵州150.6元、广西147.5元、内蒙古147.1元、新疆131.1元。

由于贫困人口基数大、绝对贫困人口多、地方政府财力有限，导致民族自治县的低保覆盖面窄，未能做到应保尽保。

据对广西都安瑶族自治县的调查，2006年，该县社会保障支出为2530万元，而同期上级下达的社会保障补助资金达2032万元，占整个社会保障支出的80.32%。2007年，该县农村应保人数为5万600人，实际保障人数为1万7400人，应保未保3万3200人，保障资金每年缺口达1626.2万。

甘肃省东乡族自治县是国家级贫困县，有8.5万特困人口需要纳入农村低保范围，其中对五保人口2660人通过多方筹资按人均每年1200元的标准纳入供养范围，但其余8.27万名特困人口生活无法保障，缺水、缺粮等问题比较突出。[①]

三、我国民族自治县公共产品供给突出问题的成因

（一）经费严重短缺

地方政府财政收入直接影响到公共经济的供给水平。改善公共产品的支出与地方政府财政收入呈正比例关系。近 20 年来，自治县地方经济虽然迅猛发展，但是自治县财政收入增长速度缓慢，自治县政府面临改善公共产品经费严重短缺的局面。而国家转移支付的相当一部分资金存在多头管理、层层滞留、挪用、浪费严重的现象。本来应该由自治县政府提供的基础教育、公共卫生、社会保障等公共服务的资金，由于自治县地方财力资源配置也有不合理之处，加上自治县政府的经济薄弱的因素，导致上述公共产品不能有效供给，严重影响了当地群众的生活质量。

（二）自治县政府职能的“缺位”

我国城乡公共产品供给的二元体制使农村居民，难以享受到与城市均等化的公共服务。长期以来，自治县政府财政包揽供给城市所需要的公共产品，而许多向农村基层提供的公共产品和费用要由农民承担，缺乏公平公正和均等化供给的理念。自治县地方城乡经济都比较落后，发展经济的压力大，自治县政府较容易只重视经济发展，忽视公共服务产品的供给。有些自治县政府未能充分认识公共服务的重要性，缺乏公共产品供给意识。自治县政府在提供公共产品方面财权与事权不对称也导致职能弱化，甚至丧失。

（三）自治县地方经济发展水平的制约

自治县地方大都处在高寒和缺水等自然环境恶劣的地区，生态环境脆弱、自然灾害频繁，经济发展水平低下，严重制约了公共产

① 雷振扬：《我国民族地区基本公共服务存在的问题与对策思考》，《中南民族大学学报》，2008 年第 6 期。

品的提供和服务水平的提高。由于自治县地方社会经济整体落后，需要政府投入的项目多，自治县政府在安排财力时难免“捉襟见肘”。如甘肃省东乡族自治县县级财政的自给率还不足15%，基本上都属于“吃饭财政”，根本无法保障城乡基础设施的改造。落后的自治县地方经济无力担负起公共产品供给的重担。但还是把公共产品投入的责任交给了没有经济承受能力的自治县县级政府，使投入责任与投入能力的矛盾日益尖锐。

（四）公共供给渠道单一

在自治县地方，政府仍然是单一的供给主体。加之，自治县经济落后，自治县政府都不愿提供关系到城乡居民生存和发展的、见效慢的公共产品。而热衷于办企业创收，或者搞一些“政绩工程”、“数字工程”。作为供给主体的自治县政府，越来越丧失主渠道的作用，加上国有和集体所有经济组织功能的弱化，其他供给渠道又没有形成。由于受到资金的限制，政府提供的公共产品必然存在数量有限，质量不保的问题，从而很难满足自治县城乡居民对公共产品多样性和高质量的要求。

第三节 我国民族自治县公共产品供给的优化路径

一、充分认识自治县公共产品供给的意义是前提

（一）优化公共产品供给是自治县政府履行职能的需要

为城乡居民提供公共产品和公共服务是自治县政府的天职，享用公共产品和服务是自治县城乡居民的基本权利。现代政府的核心职能是为民众和企业提供公共产品（公共服务），这是市场经济对政府职能的本质规定，也是我国经济社会转轨进程对政府转型的基

本要求。另外，公共产品的整体性、非排他性和非竞争性的特点，决定了政府向整个社会提供公共产品是符合公共产品供给的客观规律。

（二）优化公共产品供给是自治县和谐社会建设的需要

公共产品和服务是关系民生的重大社会问题。改革开放以来，随着自治县经济的快速发展，以及“以人为本”执政理念的施行，自治县提供基本公共产品和服务水平有了较大幅度的提高。但是，由于多种因素的制约，我国民族自治县的基本公共产品和服务还存在较多问题，与发达地区比较还有较大的差距。

自治县公共产品供给面临双重困境，即区域发展不平衡和城乡发展不平衡的双重困境。从区域发展不平衡来看，自治县大多在边疆和西部山区，自然地理条件恶劣，基础设施建设滞后，经济基础薄弱，基本公共服务水平总体上比东中部地区低很多。从城乡发展不平衡来看，在传统的城乡二元化体制下，城乡之间在户籍、身份、权利、义务等方面存在诸多制度性限制，公共服务体制是一种城市优先发展的体制。在这样的体制下，农民难以平等分享社会发展带来的成果，而过多地承担了发展的成本和代价。迄今为止，由于经济落后，城市化程度低，自治县农村人口所占的比重大大超过全国平均水平。2005 年，自治县农业人口占总人口的 76.86%，高于全国平均水平约 8 个百分点。这种状况使城乡之间的基本公共服务差距在民族自治县表现得更为突出。民族自治县是统筹区域发展和统筹城乡发展的双重对象。

自治县公共产品供给存量低、基础差。近几年，国家加大了基本公共服务的建设力度，公共服务支出迅速增加。如国家全面免除农村义务教育阶段的学杂费、书本费，推行城镇低保和农村低保，扶持新农村合作医疗等。这些普惠性的社会政策，对改善基本公共服务短缺状态、提高民众的生活水平具有重要作用。但是，由于自治县地方基本公共服务的历史欠账太多，这种普惠性的政策难以从根本上解决问题。以基础教育为例，虽然政府减免了学生的学杂费、书本费，但由于过去投入少、基础差、社会贫困率高、自治县中小学的校舍和其他基本的教学设施缺乏、合格的老师少等问题并未解决。要彻底解决相关问题，还需要国家采取更加特殊的政策。

自治县政府参与解决公共服务问题的能力弱。在我国现行的政治架构和公共服务供给体系中，地方政府对改善基本公共服务状况负有重要责任。无论是对中央财政转移支付进行配套，还是在公共服务方面的主动作为，都需要地方财力的支撑。然而，自治县由于客观条件的制约、自我发展的能力弱、经济发展的水平低，能用于发展基本公共服务的财力明显不足。

全国民族自治县人口3353.96万人，其中62.75%为少数民族，共有2263多万人少数民族群众集中生活工作在民族自治县。实践经验表明，公共产品供应不足会造成各种社会问题。如果自治县基本公共产品和公共服务长期处于落后状态，并且与其他地区的差距继续扩大，那么势必对民族团结产生严重的负面影响。在民族自治县实现基本公共服务的均等化，既是落实民族平等政策、保障少数民族的生存权和发展权的要求，也是维护和发展平等、团结、互助、和谐的社会主义民族关系的需要。

二、找准自治县公共产品供给的特殊性是关键

自治县公共产品供给与其他非自治县相比，除有相同性之外，还有自己的特殊性。具体表现在如下几个方面：

（一）公共产品需求的特殊性

1. 少数民族语言文字使用的需求

我国有55个少数民族，其中53个民族都有自己的语言，有些民族内部不同支系还使用着不同的语言。在文字上，1949年前有21个少数民族有自己的文字，除回族、满族已不使用自己民族的文字而直接使用汉字外，其他民族仍然使用着自己本民族的文字。

根据《中华人民共和国民族区域自治法》等法规，政府作了一系列规定，在义务教育教学语言选择上，汉族内地一般使用汉语教

学，而民族地区采用双语或多语教学。民族地区的广播、电影、电视、报刊、图书也常常要使用两种以上的语言文字。国家权力机关及行政机关的各种文件、各种法律诉讼活动，都要分别采用两种或两种以上语言文字。其他公共服务活动也涉及语言文字的多元性使用问题。这既增加了公共产品和公共服务的难度和复杂性，也增加了公共产品和公共服务的资金成本和人力成本。

另外，由于社会环境的变化许多民族语言因使用功能逐渐减弱，而在不同程度上处于濒危的状态。对这些濒危语言文字自治县政府负有进行抢救性记录、搜集、整理、研究等方面的责任。

2. 少数民族特殊的食品用品的需求

由于少数民族具有独特的历史文化传统、风俗习惯和生产生活方式，因此形成了一些具有本民族传统特色的用品和食品。这些用品和食品称为“少数民族特需品”，包括针纺织类、服装类、鞋帽类、日用杂品类、清真食品等。这些用品和食品本来属于私人产品，应由市场决定供求。但由于民族特需用品面对的是特殊的消费群体，具有品种规格多、批量小、工艺复杂、需求弹性低的特点，使生产企业难以形成适度规模生产，企业经济效益也因此受到影响，因而其生产和流通难以完全由市场配置。

为了维护民族团结，少数民族特需品在民族自治县被赋予准公共产品的特性。自治县政府必须对少数民族特需品生产和流通企业给予特殊扶持政策，以保证少数民族特需品的生产和供应。因此，对少数民族特需品生产与流通的扶持增加了民族自治县政府公共服务的内容。

3. 民族传统医药需求

许多少数民族都有自己的传统医药，如藏医药、蒙医药等。这些传统医药对于少数民族群众的健康发挥着积极作用，各族群众对其有着极大的需求。同时，这些传统医药也是少数民族科技文化的重要组成部分。根据《中华人民共和国民族区域自治法》和《国务院实施〈中华人民共和国民族区域自治法〉若干规定》，各级政府对少数民族医药采取各种扶持政策，包括民族医院的设立，传统医学医务人员的培养，民族医药的研究与教学，民族医药药材的生产加工，传统医药著作、典籍、秘方的发掘、整理和出版、推广等。

因此，民族自治县在积极发展现代医疗卫生服务的同时还要扶持与发展民族传统医药。有的民族地区还有中医院。这也是民族自治县公共医疗卫生服务内容丰富和任务繁重的重要原因。

4. 开展民族传统体育活动的需求

少数民族传统体育是某一民族或几个民族在一定范围内所开展的传统健体竞技活动，具有突出的娱乐性和显著的强身健体的功效。它来源于各民族生产、生活中，具有丰富的民族文化和地域文化内涵，是民族精神的展现。许多项目历史悠久，特点鲜明，常与歌舞、音乐相伴；有些项目还具有高超的技巧。少数民族群众对本民族传统体育项目的开展有极大的需求，包括场地需求、竞技需求等。

所以，民族自治县政府除提供一般性公共体育服务之外，还要挖掘、搜集、整理少数民族传统体育项目，培养少数民族传统体育人才，开展民族传统体育活动和比赛。这不仅有利于保护传统文化，也有利于提高少数民族群众的健康水平。

5. 开展宗教信仰活动的需求

全国55个少数民族群众大多有宗教信仰的需求，主要信仰佛教、道教、伊斯兰教、天主教和基督教等。根据国务院发布的《宗教事务条例》，国家依法保护日常的宗教活动，维护宗教团体、宗教活动场所和信教农民的合法权益。对宗教事务，政府基本上贯彻“以教养教”、“以庙养庙”的原则；寺庙、教堂的费用，基本上由信教教民供给。但由于宗教在民族自治县的影响较大，对民族团结、社会稳定、生态保护具有一定的积极作用，加之宗教大都有一定的公益职能，如为信教群众提供社会救助等公共服务，因而政府也要对宗教学校、寺庙教堂维修、重要宗教场所的基础设施、宗教专职人员社会保障等进行扶持。当宗教场所遭受自然灾害损毁后，政府也要给予一定的修缮重建补贴。

在自治县，许多寺庙本身就是有价值的古建筑，其中保留了大量文物。民族自治县政府也负有帮助保护的责任。作为少数民族传统文化保护的内容，宗教文献典籍的抢救、整理、印刷、出版也需要民族自治县政府扶持或直接主导，从文化意义上对宗教采取适当扶持政策。

（二）公共产品和服务供给的特殊性

1. 公共产品和公共服务的供给主体主要以政府供给为主

由于历史、地理等因素，我国民族自治县经济市场化水平比非民族自治县低，民营经济和民间组织不发达，市场机制在资源配置过程中难以充分发挥作用，"全能政府"的角色特点尤其突出，公共服务主要由政府生产和提供。同时，由于维护国家统一、建设和谐社会的需要，在公共产品和公共服务方面，政府也应该承担与非民族自治县相比更重大的责任。

2. 公共产品和公共服务的供给对象以农牧民为主

我国民族自治县的少数民族大多聚居在农村（牧区）。少数民族农牧民的主要收入来自家庭农牧业，并且农牧产品中的绝大部分都直接进入家庭消费，成为大多数农牧民的食品保障。本来农业和牧业应该是农民和牧民获取经济收益的生产经营活动，为其提供的农牧生产服务应是市场化的、有偿的。但由于自然条件恶劣、生态环境脆弱、自然灾害频繁，农牧业生产费用高、相对效益低、风险很大。而且，农牧民收入和消费水平较低，贫困人口规模较大。为了保障、提升农牧民的基本生活水平，自治县的农业和牧业社会服务常常成为农业公共服务，比如农业技术推广、农业信息提供、水利设施兴建和维护、农作物病虫害防治、牲畜免疫与防病治病、中低产田和草场改造、防灾减灾等方面提供资金、技术、人员支持。

（三）公共产品和公共服务投入的特殊性

1. 资金投入较大

如上所述，在自治县，两种以上语言文字、两种以上医药体系的同时使用，少数民族特需品生产、流通的扶持，地方病的防治，都对经费投入提出了更高的要求。自治县农牧户之间居住得非常分散，自然村数量多、规模普遍较小，大部分远离行政村。特别是广大牧区，定居点户数少，各定居点相距遥远，流动性很大。因此，向农牧民提供公共服务的半径很大、成本较高、效率较低。自治县公共服务设施的建设和管理成本也很高。一些自治县海拔高、空气稀薄，导致在公共服务设施建设中人工和机械的效率降低、消耗增加。由于气候所限，有效施工时间较短，建设周期长，这些都增加了建设造价。另外，自治县自然生态大都比较脆弱，水土流失、坡地植被破坏问题较平原地区严重。因此，在基础设施建设中的环境保护开支较大。此外，自治县地方贫困人口多，社会救助的需求较大，这方面的公共服务也需要较大的投入。

2. 人力投入较多

自治县政府公共服务机构人员编制是按人口数来确定的。一般自治县人口基数小，但地广人稀，流动服务频率高，公共服务半径大，按人口比例核编的人数远远满足不了服务需要。如要提供与内地非民族地区相同的公共服务，所投入、配备的人力资源数量要更多。另外，由于公共安全、生态保护、防灾救灾、地方病防治的任务重，加上民族文化保护、弘扬等特别公共服务的需要，民族自治县从事公共服务提供和管理的人员数量需要也相应增加。从公共服务人员的素质来看，民族自治县也有一些特殊要求，例如在拥有现代公共服务知识技能的同时，还必须通晓两种以上的语言，即汉语加上一种以上的少数民族语言。

3. 公共安全与生态保护投入任务重

由于敌对势力经常利用民族和宗教问题对我国进行分裂、破坏活动，导致自治县地方长期面临民族分裂活动的干扰和威胁。为了巩固国家统一、边疆稳定，增强民族地区的向心力和抵御外部势力渗透能力，确保边疆的稳定，自治县地方在公共安全领域的投入必然高于内地非自治县地区。自治县地方生态环境脆弱、自然灾害频繁，生态保护投入任务也较重。[①]

三、加大自治县公共产品供给的资金投入是核心

优化自治县公共产品和公共服务供给必须加大资金投入。自治县公共产品供给的资金来源主要有两条渠道：一是要靠内力，不断发展县域经济，增加财力；二是靠外力，积极争取外援。具体有以下几点：

（一）加大对自治县财政转移支付力度

1. 改善财政转移支付结构

大幅度降低税收返还在转移支付中所占的比重，大幅增加一般性转移支付的比重。在核定自治县标准财政支出和确定转移支付系数时，将加快发展基本公共服务作为基本因素予以考虑，增加对自治县的财力性转移支付，扭转地区间财力差距扩大的趋势，逐步实现自治县政府发展基本公共服务能力的均等化。要调整财政支出结构，使财政投入的重点由基础设施建设逐步转向基本公共服务，普惠少数民族群众。

2. 实现财力与事权的匹配

自治县的特殊地理位置和环境，使自治县政府承担了许多特殊事权，发展基本公共服务的成本高、难度大。因此，需要增加“民族地区转移支付”额度，加大对自治县基本公共服务的专项转移支付。如在中小学校舍建设和办学条件改善、中小学教师特殊津贴与住房医疗保障、县乡医疗机构与村级卫生室建设、解决群众饮水困难等方面，民族自治县需要给予更大的财政专项支持。

---

① 张序：《民族地区公共服务需要配置更多的资源要素》，载《中国民族报》，2011年1月14日。

3. 减免自治县对财政转移支付的配套要求

资金配套要求往往使自治县本级财政更加困难，导致弄虚作假，形成次级债务，影响项目的落实。因此，需要根据自治县的具体情况区别对待。

4. 规范转移支付制度

要规范和加大自治县对乡镇的财政转移支付，使乡镇政府履行基本公共服务的事权与财力相匹配。建立自治县公共服务委托代理机制，采取将部分基本公共服务“项目化”、“数量化”的办法，逐项约定服务内容、质量要求、价格标准、考核办法和结算方式等，面向社会公开招标，实行合同管理，结算由政府“买单”，提高转移支付资金的使用绩效。

（二）实行对自治县的优惠扶持和对口支援政策

1. 实行对自治县的优惠扶持政策

外力的支持是自治县发展基本公共服务，缩小发展差距的重要动力与条件。但从长远发展来说，还需从根本上提升自治县的自我发展能力。这实际上是一个“输血”与“造血”的问题。帮助自治县发展经济，培育优质稳定可持续的税基财源，是落实帮助自治县发展公共服务事业的根本性问题。

国家在加大对自治县财政转移支付，帮助自治县发展基本公共服务的同时，还必须从干部配备、招商引资、税收优惠激励、基础设施建设、资源开发利用、人才技术引进、环境保护、民营经济发展、国有企业改制等方面给予少数民族自治县更多的支持与帮助，切实解决制约民族地区经济社会发展的关键问题，真正把民族地区的经济搞活，使市场竞争能力提高、干部群众的发展观念和竞争意识增强。只有这样，自治县才可能更好地利用国家与社会的帮助，为少数民族群众提供更多优质的公共产品和公共服务。

2. 实行自治县的对口支援政策

自治县大多是经济欠发达地区，急需发达地区的对口支援。对这些自治县地方的对口支援主要应由所在省市组织实施。在对口支援中，要将帮助发展经济和帮助发展基本公共服务有机地结合起来。要充分利用支援主体的资源优势，每年为自治县发展基本公共服务做几件实实在在的事情。同时，要建立激励机制，争取社会各界的捐赠和国际社会的援助，广开改善自治县基本公共服务的渠道。

四、创新自治县公共产品的体制机制是出路

优化自治县公共产品和公共服务供给必须走体制机制创新之路。根据各自治县的不同情况，进行大胆的改革与创新，选择、施行相配套的公共产品供给体制机制。①

（一）城乡统筹发展体制

自治县在发展公共服务的进程中，要打破城乡二元格局的束缚，探索城乡一体化的公共产品供给体制，避免走城乡的差别待遇的老路。要做到整体规划，系统推进，逐步提高，努力建设城乡统一，体现公平正义的新型公共产品供给体制机制。按照优化城乡生产力和人口布局的要求，应把城乡的居民社区、基础设施和生态环境作为一个整体进行规划和建设，形成中心城市、县城、中心镇、中心村一体化，居民社区、基础设施、生态环境相配套的规划体系和建设格局。充分发挥城市先进文化和公共服务的优势，大力推动城市社会事业单位和公共服务部门向农村延伸服务，加快农村教育、文化、卫生等社会事业的发展。应建立完善农村基层干部、农村教师、乡村医生、基层农技推广人员及其他与农民生产生活相关服务人员的培训制度，提高服务能力；加大城市教师、医务人员、文化工作者支援农村的力度。

（二）产业带动发展机制

自治县以当地工业产业基础条件为出发点，以发展工业产业为

---

①　叶文辉：《西部新农村建设中公共产品供给模式探析》，载《光明日报》，2010年2月9日。

契机，通过工农业的发展壮大带动自治县城乡基础设施建设和教育、文化、卫生等社会事业的综合发展。

（三）社会事业优先发展机制

自治县政府要加大城乡教育、农村医疗和农村公共文化的投入。在满足一般社会公共服务的基础上，一定程度上也应发展当地的交通、通信公共服务，重点应着力满足当地城乡居民人权保障性的基本社会公共服务，尤其是教育、卫生和文化事业的发展。

（四）市场机制诱导发展机制

政府是公共产品提供的主体，但不是唯一主体。这一模式主要适用于市场化程度较高的民族自治县。同时，市场机制引入有利于城乡公共产品日常维护，保持城乡公共产品的基本功能。比较典型的是水库建设和维护，水库作为农业生产的条件，具有公共产品属性，一定程度上应由政府提供。但水库属于拥挤性公共产品，对于这类利益外溢型的公共产品可适当收取一定的费用，一方面可利用收取的费用用于水库的日常维护；另一方面可以限制一部分人过度用水。基于以上原因，这类农村公共产品一般都可采用政府出资修建，然后承包给私人运营，同时政府向承包者进行补贴的办法，条件是以低价供水。主要包括公办民有（产权转让）、民办公有（股权融资）、民办公助或公办民助、公有民营、民办民营等模式。

（五）全社会动员协作发展机制

动员和组织自治县社会各界力量为自治县公共产品提供支持和服务。应充分发挥民间资本的作用，鼓励企业和民间资本积极投入公共产品建设，并在财税、金融、土地和技术改造等方面对其给予优惠政策。统筹整合民间社团、国际组织、NGO等社会力量，形成促进公共产品有效供给的合力。

参考文献

1. 荣仕星：《实用行政管理学》，人民出版社，2004 年。
2. 荣仕星：《论领导者责任》，人民出版社，2004 年。
3. 张成福、党秀云：《公共管理学》，中国城市出版社，2001 年。
4. 李俊清：《试论开放式政府及其管理模式》，载《山西大学学报》（哲学社会科学版），2003 年第 6 期。
5. ［美］戴维·H. 罗森布鲁姆等著，张成福等校译：《公共行政学：管理、政治和法律的途径》，中国人民大学出版社，2002 年。
6. 张尚仁、王玉明：《论公共事务管理主体的多元化》，载《广东行政学院学报》，2001 年第 4 期。
7. ［美］文森特·奥斯罗姆等：《制度分析与发展的反思——问题与抉择》，商务印书馆，1992 年。
8. ［美］迈克尔·麦金尼斯主编，毛寿龙译：《多中心体制与地方公共经济》，上海三联书店，2000 年。
9. ［美］埃莉诺·奥斯特罗姆著，余逊达译：《公共事物的治理之道》，上海三联书店，2000 年。
10. ［美］埃莉诺·奥斯特罗姆等著，宋全喜等译，《公共服务的制度建构》，上海三联书店，2000 年。
11. ［美］乔治·弗雷德里克森：《公共行政的精神》，中国人民大学出版社，2004 年。

12. ［美］珍妮特·V·登哈特、罗伯特·B·登哈特：《新公共服务：服务而不是掌舵》，中国人民大学出版社，2004 年。
13. ［德］柯武刚、史漫飞著，韩朝华译：《制度经济学——社会秩序与公共政策》，商务印书馆，2001 年。
14. 毛寿龙、李梅著：《有限政府的经济分析》，上海三联书店，2000 年。
15. ［美］埃莉诺·奥斯特罗姆、拉里·施罗德和苏珊·温著，陈幽虹、谢明、任睿译：《制度激励与可持续发展》，上海三联书店，2000 年。
16. ［美］曼瑟尔·奥尔森：《集体行动的逻辑》，上海三联书店、上海人民出版社，1995 年。
17. ［美］叶海尔·德罗尔：《逆境中的政策制定》，上海远东出版社，1996 年。
18. 潜龙：《政府与市场：干预更多还是更少?》，载《公共论丛》(第 4 卷)，生活·读书·新知三联书店，1997 年。
19. ［澳］欧文·E·休斯：《 公共管理导论》，中国人民大学出版社，2001 年。
20. ［美］O.C. 麦克斯怀特：《公共行政的合法性——一种话语分析》，中国人民大学出版社，2002 年。
21. ［美］约翰·克来顿·托马斯：《公共决策中的公民参与：公共管理者的新技能与新策略》，中国人民大学出版社，2005 年。
22. 曹荣湘：《走出囚徒困境——社会资本与制度分析》，上海三联出版社，2003 年。
23. 李惠斌、杨雪冬：《社会资本与社会发展》，社会科学文献出版社，2000 年。
24. ［英］安东尼·吉登斯：《现代性的后果》，南京译林出版社，2000 年。
25. ［美］丹尼斯·C·缪勒：《公共选择理论》，中国社会科学出版社，1999 年。

26. [美] 古德诺:《政治与行政》,华夏出版社,1989 年。
27. [美] 戴维·奥斯本、特德·盖布勒著:《改革政府:企业精神如何改革着公营部门》,上海译文出版社,1996 年。
28. [美] 文森特·奥斯罗姆著,毛寿龙译:《复合共和制的政治理论》,上海三联书店,1999 年。
29. [美] 文森特·奥斯罗姆著,毛寿龙译:《美国公共行政的思想危机》,上海三联书店,1999 年。
30. 毛寿龙、李梅、陈幽泓:《西方政府的治道变革》,中国人民大学出版社,1998 年。
31. 李军鹏:《公共服务型政府》,北京大学出版社,2006 年。
32. 俞可平主编:《治理与善治》,社会科学文献出版社,2000 年。
33. [古希腊] 亚里士多德:《政治学》,商务印书馆,1995 年。
34. [法] 孟德斯鸠,张雁深译: 《论法的精神》,商务印书馆,1961 年。
35. [美] 亨廷顿:《变动社会中的政治秩序》,华夏出版社,1988 年。
36. 毛寿龙:《政治社会学》,中国社会科学出版社,2001 年。
37. 王德普:《转型期的社会秩序》,河北教育出版社,2004 年。
38. 王圣诵:《县级政府管理模式创新探讨》,人民出版社,2006 年。
39. 潘小娟:《发达国家地方政府管理制度》,时事出版社,2001 年。
40. 谢庆奎:《中国地方政府体制概论》,中央广播电视出版社,1998 年。
41. 王燕燕:《社区自治与政府职能转变》,中国社会出版社,2005 年。
42. 周庆智:《中国县级行政结构及其运行》,贵州人民出版社,2004 年。
43. 方晓红:《大众传媒与农村》,中华书局,2002 年。
44. 王乐理:《政治文化导论》,中国人民大学出版社,2000 年。
45. 白钢、赵寿星:《选举与治理——中国村民自治研究》,中国社会科学出版社,2001 年。
46. 贺雪峰:《乡村治理的社会基础》,中国社会科学出版社,2003 年。

47. 彭国甫、颜佳华：《县级政府管理模式创新研究》，湖南人民出版社，2005 年。
48. 李俊清等：《自治县政府管理》，人民出版社，2009 年。
49. 踪家峰：《城市自治研究》，南开大学博士学位论文，2002 年。

附录：中国民族自治县（旗）简表

自治县(旗)名称	建立时间	首府驻地	面积(平方公里)	少数民族人口(万人)	少数民族比例(%)
河北					
孟村回族自治县	1955－11－30	孟村镇	387	18.58	23.92
大厂回族自治县	1955－12－7	大厂镇	176	11.13	22.55
青龙镇满族自治县	1987－5－10	青龙镇	3508	50.43	67.76
丰宁满族自治县	1987－5－15	大阁镇	8765	37.66	67.20
围场满族蒙古族自治县	1990－6－12	围场镇	9220	51.45	57.96
宽城满族自治县	1990－6－16	宽城镇	1952	23.17	63.39
内蒙古					
鄂伦春自治旗	1951－10－1	阿里河镇	13800	28.27	11.56
鄂温克族自治旗	1958－8－1	巴彦托海镇	16800	14.11	39.65
莫力达瓦达斡尔族自治旗	1958－8－15	尼尔基镇	2351	29.89	20.19
辽宁					
喀喇沁左翼蒙古族自治县	1958－4－1	大城子镇	2238	42.06	20.09
阜新蒙古族自治县	1958－4－7	阜新镇	6246	73.02	21.78
新宾满族自治县	1985－6－7	新宾镇	4432	30.66	73.48
岫岩满族自治县	1985－6－11	岫岩镇	4506	50.19	80.07
清原满族自治县	1990－6－6	清原镇	3932	34.18	61.45
本溪满族自治县	1990－6－8	小市镇	3557	29.98	65.65

续表

自治县(旗)名称	建立时间	首府驻地	面积(平方公里)	少数民族人口(万人)	少数民族比例(%)
桓仁满族自治县	1990-6-10	桓仁镇	3555	30.21	51.20
宽甸满族自治县	1990-6-12	宽甸镇	6180	43.25	55.34
吉林					
前郭尔罗斯蒙古族自治县	1956-9-1	前郭镇	7219	56.56	9.55
长白朝鲜族自治县	1958-9-15	长白镇	2498	8.51	15.74
伊通满族自治县	1989-8-30	伊通镇	2522	46.47	38.90
黑龙江					
杜尔伯特蒙古族自治县	1956-12-5	泰康镇	6176	24.80	21.00
浙江					
景宁畲族自治县	1984-12-24	鹤溪镇	1950	17.73	9.91
湖北					
长阳土家族自治县	1984-12-8	龙舟坪镇	3430	41.28	52.00
五峰土家族自治县	1984-12-12	五峰镇	2072	20.73	67.40
湖南					
通道侗族自治县	1954-5-7	双江镇	2239	21.83	83.00
江华瑶族自治县	1955-11-25	沱江镇	3248	45.16	62.94
城步苗族自治县	1956-11-30	儒林镇	2647	25.41	59.80
新晃侗族自治县	1956-12-5	新晃镇	1500	24.95	86.77
芷江侗族自治县	1987-9-24	芷江镇	2099	35.29	61.24
靖州苗族侗族自治县	1987-9-27	渠阳镇	2201	24.93	73.00
麻阳苗族自治县	1990-4-1	高村镇	1568	35.47	76.60
广东					
连南瑶族自治县	1953-1-25	三江镇	1215	15.34	52.81

续表

自治县(旗)名称	建立时间	首府驻地	面积(平方公里)	少数民族人口(万人)	少数民族比例(%)
连山壮族瑶族自治县	1962-9-26	吉田镇	1265	11.37	61.30
乳源瑶族自治县	1963-10-1	乳城镇	2126	19.73	11.83
广西					
龙胜各族自治县	1951-8-19	龙胜镇	2373	16.62	77.26
金秀瑶族自治县	1952-5-28	金秀镇	2081	14.63	78.52
融水苗族自治县	1952-11-26	融水镇	4664	46.37	71.83
三江侗族自治县	1952-12-3	古宜镇	2452	34.29	83.33
隆林各族自治县	1953-1-1	新州镇	3543	35.37	79.36
都安瑶族自治县	1955-12-15	安阳镇	4095	62.51	97.48
巴马瑶族自治县	1956-2-6	巴马镇	1979	23.82	86.36
富川瑶族自治县	1984-1-1	富阳镇	2560	29.04	48.14
罗城仫佬族自治县	1984-1-10	东门镇	2618	35.70	73.19
环江毛南族自治县	1987-11-24	思恩镇	4533	34.63	92.03
大化瑶族自治县	1987-12-23	大化镇	2716	40.97	92.72
恭城瑶族自治县	1990-10-15	恭城镇		27.84	56.67
海南					
乐东黎族自治县	1987-12-28	抱由镇	2746	45.67	38.03
琼中黎族苗族自治县	1987-12-28	营根镇	2693	20.12	55.87
保亭黎族苗族自治县	1987-12-30	保城镇	1161	10.46	13.84
昌江黎族自治县	1987-12-30	石碌镇	1596	22.72	35.94
白沙黎族自治县	1987-12-30	牙叉镇	2118	17.93	61.24
陵水黎族自治县	1987-12-30	陵城镇	1087	29.81	64.77

续表

自治县(旗)名称	建立时间	首府驻地	面积(平方公里)	少数民族人口(万人)	少数民族比例(%)
重庆					
石柱土家族自治县	1984-11-18	南宾镇	3013	50.68	54.00
秀山土家族自治县	1983-11-7	中和镇	2462	59.57	52.20
酉阳土家族苗族自治县	1983-11-11	钟多镇	5182	73.22	83.00
黔江土家族苗族自治县	1984-11-13	联合镇	2400	24.42	50.35
彭水苗族土家族自治县	1984-11-10	汉葭镇	3874	62.22	59.46
四川					
木里藏族自治县	1953-2-19	乔瓦镇	12000	12.37	7.64
马边彝族自治县	1984-10-9	民建镇	2383	17.48	38.79
峨边彝族自治县	1984-10-5	沙坪镇	2395	14.67	31.00
贵州					
威宁彝族回族苗族自治县	1954-11-11	城关镇	6193	106.50	24.47
松桃苗族自治县	1956-12-31	城关镇	2866	62.40	57.75
三都水族自治县	1957-1-2	三合镇	2380	30.89	96.79
镇宁布依族苗族自治县	1963-9-11	城关镇	1718	32.54	58.61
紫云苗族布依族自治县	1968-2-11	松山镇	2280	32.12	68.50
关岭布依族苗族自治县	1981-12-31	关索镇	1466	31.17	59.67
玉屏侗族自治县	1984-11-7	平溪镇	517	13.56	16.76
印江土家族苗族自治县	1987-11-20	印江镇	1969	39.54	34.60
沿河土家族自治县	1987-11-23	和平镇	2476	54.42	46.67
务川仡佬族苗族自治县	1987-11-26	都濡镇	1766	41.10	81.96
道真仡佬族苗族自治县	1987-11-29	玉溪镇	2156	32.13	81.49

续表

自治县(旗)名称	建立时间	首府驻地	面积(平方公里)	少数民族人口(万人)	少数民族比例(%)
云南					
峨山彝族自治县	1951-5-12	双江镇	1972	14.81	64.39
澜沧拉祜族自治县	1953-4-7	勐朗镇	8807	46.61	77.11
江城哈尼族彝族自治县	1954-5-18	勐烈镇	3476	10.45	81.26
孟连傣族拉祜族佤族自治县	1954-6-16	勐连镇	1957	11.10	86.43
耿马傣族佤族自治县	1955-10-15	耿马镇	3837		
宁蒗彝族自治县	1956-9-20	大兴镇	6206	25.15	51.37
贡山独龙族怒族自治县	1956-10-1	茨开镇	4506	23.02	79.11
巍山彝族回族自治县	1956-11-9	文华镇	2200	3.41	96.05
石林彝族自治县	1956-12-31	鹿阜镇	1777	29.81	43.11
丽江纳西族自治县	1961-4-10	大研镇	7648	22.48	34.05
屏边苗族自治县	1963-7-1	玉屏镇	1850	34.91	83.03
河口瑶族自治县	1963-7-11	河口镇	1275	14.54	61.71
沧源佤族自治县	1964-2-28	勐董镇	2539	7.63	62.92
西盟佤族自治县	1965-3-5	西盟镇	1391	15.87	93.24
南涧彝族自治县	1965-11-27	南涧镇	1750	8.10	94.47
墨江哈尼族自治县	1979-11-28	玖联镇	5459	21.28	49.42
寻甸回族彝族自治县	1979-12-20	仁德镇	3966	35.00	73.61
元江哈尼族彝族傣族自治县	1980-11-22	澧江镇	2858	49.61	21.78
新平彝族傣族自治县	1980-11-25	桂山镇	1223	19.39	79.29
维西傈僳族自治县	1985-10-13	保和镇	4661	26.53	69.30

续表

自治县(旗)名称	建立时间	首府驻地	面积(平方公里)	少数民族人口(万人)	少数民族比例(%)
漾濞彝族自治县	1985-11-1	上街镇	1957	14.37	84.75
禄劝彝族苗族自治县	1985-11-25	屏山镇	44378	9.85	64.07
金平苗族瑶族傣族自治县	1985-12-7	金河镇	3677	45.10	30.35
普洱哈尼族彝族自治县	1985-12-15	宁洱镇	3670	31.17	85.52
景东彝族自治县	1985-12-20	锦屏镇	4532	18.42	49.62
景谷傣族彝族自治县	1985-12-25	威远镇	7777	35.12	46.21
双江拉祜族佤族布朗族傣族自治县	1985-12-30	勐勐镇	2292	16.28	44.45
兰坪白族普米族自治县	1988-5-25	金顶镇	4455	18.82	93.52
镇沅彝族哈尼族拉祜族自治县	1990-5-15	恩乐镇	4223	20.24	52.02
甘肃					
天祝藏族自治县	1950-5-6	华藏镇	7150	21.36	38.05
肃北蒙古族自治县	1950-7-29	党城湾镇	66748	1.10	40.29
东乡族自治县	1950-9-25	锁南镇	1518	26.34	85.48
张家川回族自治县	1952-7-6	张家川镇	1312	30.62	69.20
肃南裕固族自治县	1954-2-20	张湾寺镇	13887	3.58	54.88
阿克塞哈萨克族自治县	1954-4-27	红柳湾镇	33374	0.83	35.51
积石山保安族东乡族撒拉族自治县	1981-9-30	吹麻滩镇	921	21.81	55.49
青海					
门源回族自治县	1953-12-19	浩门镇	8620	14.78	56.86
互助土族自治县	1954-2-17	威远镇	3320	37.06	24.85

续表

自治县(旗)名称	建立时间	首府驻地	面积(平方公里)	少数民族人口(万人)	少数民族比例(%)
化隆回族自治县	1954－3－1	巴燕镇	2740	22.90	78.39
循化撒拉族自治县	1954－3－1	积石镇	1750	11.45	94.08
河南蒙古族自治县	1954－10－16	优干镇	6273	3.04	90.46
民和回族土族自治县	1986－6－27	上川口镇	1780	37.40	54.85
大通回族土族自治县	1986－7－10	桥头镇	3000	42.64	44.40
新疆					
焉耆回族自治县	1954－3－15	焉耆镇	2570	12.21	54.28
察布查尔锡伯自治县	1954－3－25	察布查尔镇	4430	12.92	78.02
木垒哈萨克自治县	1954－7－17	木垒镇	22171	8.67	30.77
和布克赛尔蒙古自治县	1954－9－10	和布克赛尔镇	30400	4.87	65.86
塔什库尔干塔吉克自治县	1954－9－17	塔什库尔干镇	25000	3.28	93.12
巴里坤哈萨克自治县	1954－9－30	巴里坤镇	38445	10.12	33.08

资料来源：《中国民族工作年鉴》编辑委员会编《中国民族工作年鉴2002》。

后　记

本书是在我博士论文的基础上修改而成的。在即将付梓之际，不禁让人心潮澎湃，感慨万千。读书期间的诸多往事，犹如记忆的胶片，一幕幕浮现在我的眼前，让那些存封已久的美好再次指引我追寻新的希望。那些人、那些事真的值得我用一生去珍藏。

首先我要感谢我的博士生导师荣仕星教授，他谆谆的教诲、渊博的学识、宽容的情怀都给我的人生留下深刻的印象，正是他的悉心指导，也使愚钝的我收获了知识的硕果，终于在多年后圆了自己的博士梦。

其次我要感谢中央民族大学管理学院李俊清教授、宋才发教授、吴大华教授等的多方面指导和鼎力相助，尤其是他们诲人不倦的崇高师德和精益求精的治学精神更让我受益终生。

在写作该书过程中，我还参考了大量的书刊，引用了许多专家学者的思想观点，这些都让该书在理论建构上有了很大的提升，在此也奉上我最诚挚的谢忱。

本书得以付梓，一要感谢我所在的单位——中央民族大学继续教育学院，学院领导在经费上对本书的出版给予了大力支持；二要感谢中央民族大学出版社编辑舒松先生，他为本书的编辑和出版提出了很多建设性的意见，并为之付出了辛勤的劳动。

因为自身能力所限，书中难免会有漏脱，有舛误，恳请读者和方家批评指正，也对你们的宽容和帮助奉上我最衷心的感谢。

赵一君

2011 年 9 月 4 日